Bertrandt (Hrsg)
JUS(T) BETWEEN US

JUS(T) BETWEEN US

Dein Begleiter für das Jus-Studium &
den Einstieg in die juristische Karriere

herausgegeben von

Mag.ª Dora Bertrandt
Gründerin der *Paragraphinnen*

Bibliografische Information der Deutschen Nationalbibliothek
Die Deutsche Nationalbibliothek verzeichnet diese Publikation
in der Deutschen Nationalbibliografie; detaillierte bibliografische Daten
sind im Internet über http://dnb.d-nb.de abrufbar.

Das Werk ist urheberrechtlich geschützt. Alle Rechte, insbesondere die Rechte
der Verbreitung, der Vervielfältigung, der Übersetzung, des Nachdrucks
und der Wiedergabe auf fotomechanischem oder ähnlichem Wege, durch Fotokopie,
Mikrofilm oder andere elektronische Verfahren sowie der Speicherung
in Datenverarbeitungsanlagen, bleiben, auch bei nur auszugsweiser Verwertung,
dem Verlag vorbehalten.

Es wird darauf verwiesen, dass alle Angaben in diesem Fachbuch
trotz sorgfältiger Bearbeitung ohne Gewähr erfolgen und eine Haftung
der Herausgeberin, der Autorinnen oder des Verlages ausgeschlossen ist.

Dieses Buch enthält Links und QR-Codes zu externen Webseiten Dritter,
auf deren Inhalte wir keinen Einfluss haben. Daher können wir auch keine Gewähr
für diese fremden Inhalte übernehmen. Für die Inhalte der verlinkten Seiten ist stets
der jeweilige Anbieter oder Betreiber der Seiten verantwortlich. Im Laufe der Zeit
können die Adressen vereinzelt ungültig werden und/oder deren Inhalte sich ändern.

ISBN 978-3-7093-0721-2

© Linde Verlag Ges.m.b.H., Wien 2025
1210 Wien, Scheydgasse 24, Tel.: 01/24 630
www.lindeverlag.at
Satz: psb, Berlin
Druck und Bindung: Prime Rate Zrt.,
H-1044 Budapest, Megyeri út 53

INHALT

Vorwort 17

§ 1
Jus-Studium ohne Filter: Das, was dir keiner sagt **19**
1. „In welchem Semester bist du?" 20
2. The Struggle Is Real 21
3. Der unerwartete Grund, warum sich manche leichter tun 23
4. Perfektionismus versus optimale Vorbereitung 24
5. Arbeitserfahrung bringt Perspektive,
   aber zieht das Studium in die Länge 26
   Exkurs: Warum das Jus-Studium in Österreich so theorielastig ist... 27
6. Ellbogenmentalität war gestern 27
7. Der erste Eindruck zählt 28
8. Der Abschluss ist das Ziel und gleichzeitig die Startlinie 29
9. Pausen sind wichtig 30
10. Nein zu einer Sache, heißt ja zu etwas anderem 31
11. Fazit 32

§ 2
Zeitmanagement **33**
1. Von persönlichen Zielen und Prioritäten –
   wie setzt man Prioritäten? 34
   1.1. Die eigenen Ziele definieren und Meilensteine abstecken 35
   1.2. Prioritäten festlegen 37
        Eisenhower-Prinzip 38
        Ivy-Lee-Methode 38
        ABC-Analyse 39
   1.3. Evaluierung der Prioritäten und Anpassung
        des eigenen Zeitmanagements 39
   1.4. Bewährte Zeitmanagement-Methoden 39
        Timeboxing 40
        Die Pomodoro-Methode 40
        Eat the Frog 41
        Die ALPEN-Methode 41

2. Exkurs: Prokrastination arrivederci! 43
   2.1. Prokrastination oder einfach Faulheit? 44
   2.2. Die alltägliche „Aufschieberitis" überwinden – gewusst wie! 45
   2.3. Ein 15-Punkte-Fahrplan gegen die Prokrastination 46

§ 3
Lernen soll gelernt sein **55**

1. Die Lernmatrix: Der Weg zum effektiven Lernen 56
   1.1. Übersicht der Lerntypen im Studium 57
         Visueller Lerntyp 57
         Auditiver Lerntyp 57
         Motorischer Lerntyp 58
         Kommunikativer Lerntyp 59
         Exkurs: Die Kritik an den Lerntypen 59
2. Methodisch zum Erfolg: Schlüsselstrategien
für effektives Lernen 61
   2.1. Mind Maps 61
   2.2. Karteikarten 62
   2.3. Zusammenfassungen 63
3. Effektive Lernpfade: Strategien für Lernpläne 64
   3.1. Bestimme ein Ziel 65
   3.2. Überblick über den Lernstoff 65
   3.3. Lernstoff strukturieren 65
   3.4. Aktivitäten festlegen 66
   3.5. Zeitplan abschätzen 66
   3.6. Erstelle einen Ablaufplan 67
4. Erfolgreich in neue Rechtsgebiete eintauchen 67
   4.1. Ein Blick in das Inhaltsverzeichnis 67
   4.2. Gesetzessystematik verstehen und Eselsbrücken anwenden ... 68
   4.3. Prüfungsschemata 69
   4.4. Formulierungen und Obersätze vormerken 69
   4.5. Clever auswendig lernen 70
   4.6. Fälle, Fälle, Fälle 71
5. Konzentration 72
   5.1. Wie ist es möglich, die Konzentration zu verbessern? 72
         Produktive Lernumgebung schaffen 72
         Ablenkungen minimieren 72
         Pausen! 73
         Mit Bewegung und Ernährung die Konzentration boosten 73
         Motivation 74

6. Rückschläge als Sprungbrett: Wege nach einer Klausurniederlage ... 74
   6.1. Die Rückkehr der Motivation 76
   6.2. Öffentlich zugeben, dass man bei einer Prüfung
       nicht erfolgreich war 76

§ 4
Tipps für mündliche und schriftliche Prüfungen 79
1. Der erste Eindruck beginnt vor der Prüfung 79
2. Die Prüferinnen kennenlernen 80
3. Gesetzestexte richtig markieren 81
4. Prüfungssituation simulieren 83
5. 24 Stunden vor der Prüfung 83
6. Wahre Freunde sorgen dafür, dass man
   die Prüfung durchzieht 84
7. Gutes Auftreten ist wichtig 84
8. Prüfungen im Überblick durchgehen 85
9. Strukturierte Lösungen 86

§ 5
How-To: Juristische Recherche 89
1. Die Quellen 90
   1.1. Juristische Datenbanken 91
   1.2. Judikatur und Gesetzestexte im Rechtsinformationssystem
       des Bundes (RIS) 92
   1.3. Die Homepage des Parlaments für neue Gesetzesvorhaben ... 94
   1.4. Europäische Rechtsgrundlagen im EUR-Lex 94
2. Der Weg zur guten Recherche 95
   2.1. Kenne den Sachverhalt 95
   2.2. Kenne die Rechtsfrage(n) 95
   2.3. Kenne die gesetzliche Grundlage 96
   2.4. Datenbanksuche eingrenzen 96
   2.5. Kommentare dienen einer guten ersten Orientierung 97
   2.6. Das erste Ergebnis ist nur selten das beste 98
   2.7. Finden der „herrschenden Meinung" (hM) 98
   2.8. Gesetzesmaterialien konsultieren 99
   2.9. Gerichtsentscheidungen finden 99
   2.10. Einbeziehung von Suchmaschinen 99
   2.11. Üben, üben, üben 99
3. Die Zukunft der juristischen Recherche (Stichwort KI) 100

§ 6
How-To: Wissenschaftliches Arbeiten 101
1. Ablauf einer wissenschaftlichen Arbeit.. 101
2. Das „richtige" Thema finden 102
   - 2.1. Schreibe in einem Rechtsbereich, der dich interessiert 102
   - 2.2. Grundlagenthema versus aktuelles Thema 103
   - 2.3. Schlage deiner Betreuerin ein Thema vor................................... 103
   - 2.4. Augen auf bei der Betreuerinnenwahl... 104
   - 2.5. Grenze das Thema ein 104
3. Wie beginnen?.. 105
   - 3.1. Nicht sofort mit dem Schreiben beginnen 105
   - 3.2. (Viel) Zeit für ein ausführliches Studium des Schrifttums einplanen.. 106
   - 3.3. Eine stringente Struktur festlegen 106
   - 3.4. Wie strukturiert man richtig?... 106
   - 3.5. Die Literatur den einzelnen Kapiteln zuordnen......................... 107
4. Was muss man beim Schreiben beachten?.. 107
   - 4.1. Die ersten Seiten sind die schwersten 108
   - 4.2. Das Inhaltsverzeichnis Kapitel für Kapitel abarbeiten.............. 108
   - 4.3. Zeit für das Schreiben reservieren.. 108
   - 4.4. Einen Gedankengang immer zu Ende bearbeiten..................... 109
   - 4.5. Klare Sätze... 109
   - 4.6. Von Beginn an sauber zitieren... 109
   - 4.7. Literaturverzeichnis mit jedem Zitat anpassen......................... 110
5. Was man generell beachten sollte.. 110
   - 5.1. Sollte man mit anderen über seine Arbeit reden?.................... 110
   - 5.2. Termine mit der Betreuerin einhalten.. 111
   - 5.3. Musterkapitel forcieren 111
   - 5.4. Keine Angst vor der Plagiatsprüfung 111
   - 5.5. Wie oft muss man zitieren?... 111
   - 5.6. Darf ich eine Fußnote aus einer anderen Arbeit übernehmen, wenn das zitierte Buch nicht verfügbar ist?............................... 112
   - 5.7. Muss man immer die Primärquelle zitieren?............................. 113
   - 5.8. Darf man KI zum Verfassen der Arbeit einsetzen?................... 113
6. Worauf kommt es bei der Bewertung der Arbeit an?...................... 113

§ 7
Wann ist der richtige Zeitpunkt für die Berufserfahrung?........................ 115
1. Wann ist der richtige Zeitpunkt für den Berufseinstieg?................. 116
2. Was tun, wenn man es sich nicht leisten kann, nicht zu arbeiten?... 117

3. Wie viele Arbeitsstunden sind neben dem Studium realistisch? 117
4. Welche Möglichkeiten gibt es, um Berufserfahrung zu sammeln? ... 119
    4.1. Studentische Mitarbeit in Kanzleien oder Unternehmen 119
    4.2. Praktika oder Trainee-Programme 119
    4.3. Studienassistenz an der Universität 119
    4.4. Jobs außerhalb des juristischen Bereichs 120
    4.5. Ehrenamtliches Engagement 120
5. Wie holt man das Beste aus der Berufserfahrung heraus? 120
    5.1. Eigeninitiative zeigen 121
    5.2. Netzwerk aufbauen 121
    5.3. Empfehlungsschreiben einholen 121

§ 8
Spezialisierungen **123**
1. Die Wege zur Spezialisierung 124
2. Worauf soll man bei der Auswahl der Spezialisierung achten? 125
    2.1. Anzahl an verfügbaren Plätzen bzw das Ergebnis
         der Bewerbung 126
    2.2. Der mit der konkreten Spezialisierung verbundene Aufwand 126
    2.3. Eigene Fähigkeiten und Vorkenntnisse 126
    2.4. Zukunftsperspektiven 127
3. Wie und wo informiere ich mich richtig? 127
4. Der richtige Zeitpunkt 128
5. Die Vor- und Nachteile einer Spezialisierung im Studium 129
6. Die Vor- und Nachteile eines Wechsels der Spezialisierung 131
7. Angebot an Wahlfächern an ausgewählten
   österreichischen Fakultäten 132
    7.1. Universität Wien 132
    7.2. Wirtschaftsuniversität Wien (WU) 133
    7.3. Johannes Kepler Universität 134
    7.4. Karl-Franzens-Universität 134
    7.5. Universität Innsbruck 135
    7.6. Paris Lodron Universität Salzburg 135

§ 9
Go International! **137**
1. Vom Hörsaal in die weite Welt! 140
    1.1. Erasmus+ 140
    1.2. Joint Study Program 141

2. Auslandspraktika – von WKO über die EU
bis hin zu Rechtsanwaltskanzleien 142
   2.1. Volontariatseinsatz an einem AußenwirtschaftsCenter
   der WKO 142
   2.2. Praktikum bei der Europäischen Union 143
   2.3. Praktikum in einer Rechtsanwaltskanzlei oder einem Unter-
   nehmen 144
3. Finanzierung 144
4. Summer und Winter Law School 145
5. Postgraduale Ausbildung im Ausland 146
6. Als (absolvierte) Juristin im Ausland arbeiten – geht das? 147
   6.1. Als Unternehmensjuristin ab in die freie Wirtschaft! 147
   6.2. Leidenschaft Rechtsanwaltskanzlei – in Europa
   und international 148
   6.3. Ambition Europäische Union 148
   6.4. Verwaltung und Justiz 149
   6.5. Traumziel USA 149

§ 10
Dr.ⁱⁿ iur. oder LL.M.? **151**
1. LL.M (Master of Laws) 152
   1.1. Vermittelte Skills und Kompetenzen 152
   1.2. Zulassungsvoraussetzungen 153
   1.3. Dauer, Kosten und Finanzierungsmöglichkeiten 154
   1.4. Bewerbungsmodalitäten und Zeitplan 156
   1.5. Ablauf und Inhalt des Studiums 157
2. Die juristische Promotion (Dr.ⁱⁿ iur.) 157
   2.1. Formale Voraussetzungen, Dauer und Kosten 158
   2.2. Der Weg zur Dr.ⁱⁿ iur. – ein Überblick 159
   2.3. Vermittelte Kompetenzen und Mehrwert einer Promotion
   für die eigene Karriere 161
3. Die Qual der Wahl 163

§ 11
Mental Health im Studium und beyond **165**
1. Challenges während des Studiums 166
   1.1. „Lostheit" 166
   1.2. Die Last der Erwartungen 167
   1.3. „Mid-Studium-Loch" 171

1.4. „Zukunftstraum" verloren	173
1.5. Prüfungsangst	174
1.6. Freunde finden, Freunde verlieren	182
2. Professionelle Hilfe	184
3. Wohlfühl-Checkliste	185

§ 12
Soft Skills als Karriereboost? **187**

1. Rhetorik	189
2. Verhandlungen und Verhandlungstechniken	190
3. Körpersprache	191
4. Networking	192
5. Kritisches Denken oder „Out of the box"-Denken	193
6. Nein-Sagen (ohne schlechtes Gewissen)	193

§ 13
Mag.ᵃ iur und was nun? – Der Abschluss und
die Gerichtspraxis **195**

1. Zulassung zur Gerichtspraxis: Was benötige ich?	198
1.1. OLG Wien (Sprengel Wien, Niederösterreich, Burgenland)	198
1.2. OLG Linz (Sprengel Oberösterreich und Salzburg)	198
1.3. OLG Graz (Sprengel Graz und Kärnten)	198
1.4. OLG Innsbruck (Sprengel Tirol und Vorarlberg)	199
2. Was ist die Zuteilung und kann ich einen Zuteilungswunsch angeben?	200
3. Ansuchen abgegeben – was nun?	201
4. ELAN-RP	201
5. Arbeitszeit	202
6. Der erste Tag am Gericht	203
7. Der Alltag in der Gerichtspraxis	204
8. Beurteilungen durch Ausbildungsrichterinnen	205
9. Übungen für Rechtspraktikantinnen	206
10. Übernahme	206
10.1. Übernahmeverfahren im OLG-Sprengel Wien	207
10.2. Übernahmeverfahren im OLG-Sprengel Linz und Salzburg	208
10.3. Übernahmeverfahren im OLG-Sprengel Innsbruck	209
10.4. Übernahmeverfahren im OLG-Sprengel Graz	209
11. Nachträgliche Übernahme	210
12. Am Ende der Gerichtspraxis	210

§ 14
Was kann ich mit Jus alles machen? **211**
1. Das Jus-Studium und seine Möglichkeiten 211
2. Erfahrungen aus erster Hand:
   Berufliche Perspektiven von Juristinnen 212
   - 2.1. Richterin – Interview mit Mag.ª Martina Ladentrog 212
   - 2.2. Rechtsanwältin – Interview mit Mag.ª Veronika Zinterl 217
   - 2.3. Notarin – Interview mit Mag.ª Elisabeth Lentner LL.M. 221
   - 2.4. Steuerberaterin – Interview mit MMag.ª Julia Seitz 225
   - 2.5. Unternehmensjuristin – Interview mit Mag.ª Sarah Plasser 228
   - 2.6. Juristin im Ministerium – Interview mit Mag.ª Julia Schmid 230
   - 2.7. Universitätsprofessorin – Interview mit
     Prof.ⁱⁿ Dr.ⁱⁿ iur. Julia Nicolussi 233
   - 2.8. Selbständige Personalberaterin, Personalvermittlerin – Interview mit Mag.ª Carina Stiglbauer MA, MSc (KCL), Assoc CIPD 237
   - 2.9. Unternehmerin – Interview mit Mag.ª Larissa Cuturi Mafed 240
3. Fazit 245

§ 15
Karriereplanung und Bewerbung **247**
1. Wie plane ich meine Karriere richtig? 247
   - 1.1. Nachdenken 247
   - 1.2. Spezialisierung 248
   - 1.3. (Sommer-)Praktika und Beschäftigungen während
     des Studiums 248
   - 1.4. Auslandserfahrung 249
2. Die Bewerbung 249
3. Wie finde ich eine geeignete Stelle? 250
4. Bewerbungsunterlagen 251
   - 4.1. Praxistipps: Bewerbungsunterlagen im Allgemeinen 252
   - 4.2. Praxistipps: Lebenslauf (CV) 254
   - 4.3. Praxistipps: Motivationsschreiben 255
5. Bewerbungsgespräch 256
   - 5.1. Praxistipps: Wie bereite ich mich richtig auf ein Bewerbungsgespräch vor? 256
   - 5.2. Praxistipps: Bewerbungsgespräche 257
6. Netzwerken und Social Media 259

§ 16
Das erste Berufsjahr **261**

1. Hilfreiche Tipps für das erste Berufsjahr im Überblick 262
   - 1.1. Wissen auffrischen 262
   - 1.2. Keine Angst vor Fehlern 264
   - 1.3. Der gute erste Eindruck – freundlicher Umgang mit Kolleginnen 267
   - 1.4. Start in den Arbeitsalltag – vertraut machen mit den internen Abläufen 271
   - 1.5. Selbständiges Arbeiten 277
   - 1.6. Mut, Fragen zu stellen 279
   - 1.7. Eigeninitiative zeigen 280
   - 1.8. Die Motivation, freiwillig mehr zu geben 282
   - 1.9. Gegenseitige Unterstützung im Arbeitsalltag 285
   - 1.10. Selbstbewusstes Auftreten vor Mandantinnen und Kundinnen 288
   - 1.11. Natürliches Auftreten und ordentliches Erscheinungsbild 290
2. Fazit 292

§ 17
Wissenswertes über die Studienstandorte **293**

1. Linz 293
   - 1.1. Studienangebot 294
   - 1.2. All about JKU 295
   - 1.3. Die besten Lernplätze 296
   - 1.4. Immer am aktuellen Stand 298
   - 1.5. Bucket-List für die Studienzeit in Linz 299
2. Graz 299
   - 2.1. Studienangebot 299
   - 2.2. All about KFU 299
   - 2.3. Die besten Lernplätze 300
     - RESOWI-Bibliothek 300
     - RESOWI (höhere Etagen oder andere Bauteile) 300
     - Hauptbibliothek 300
     - Bibliotheken anderer Universitäten in Graz 300
     - Im Sommer draußen 301
   - 2.4. Tipps für Sparmäuse 301
     - Bücher ausborgen 301

	Gebrauchte Bücher kaufen	301
	Kodizes zum Hörerscheinpreis erwerben	301
	Essensvergünstigungen	302
	Mobilitätsermäßigung	302
	Kulinarik	302
2.5.	Besondere Must-Knows	303
	Die App Studo	303
	Uni Graz Newsletter	303
2.6.	Bucket-List für die Studienzeit in Graz	303
3. Innsbruck		304
3.1.	Studienangebot	304
3.2.	All about LFU	305
3.3.	Die besten Lernplätze	305
3.4.	Geld sparen beim Bücherkauf? So einfach geht's!	306
3.5.	Informationsquellen	307
	Innsbrucker Tipps & Tricks	307
	Neue Stadt – was nun?	308
3.6.	Bucket-List für die Studienzeit in Innsbruck	309
4. Salzburg		309
4.1.	Studienangebot	310
4.2.	Die besten Lernplätze	310
	Bibliothek Toskanatrakt	310
	Bibliothek Unipark	311
	Cafés	311
4.3.	Salzburger Tipps	311
	Studentenmittwoch	311
	Kostenloser Kaffee	311
	USI-Kurse/USI-Gym	311
	Spritzerstände	312
	Studienergänzungen	312
	Gretchen-App	312
4.4.	Bucket-List für die Studienzeit in Salzburg	312
5. Wien		313
5.1.	Universität Wien (Juridicum)	313
	Studienangebot	313
	Die besten Lernplätze	313
	Juridicum-Tipps	314
5.2.	Wirtschaftsuniversität Wien (WU Wien)	315
	All about WU	316

Lernplätze 316
Bücherbörse 317
Informationsquellen 317
Insider Tipps & Tricks 318
Bucket-List für die Studienzeit in Wien 318

Karrieremöglichkeiten bei ausgewählten
***Paragraphinnen*-Partnerinnen** **321**

Übersicht über ausgewählte *Paragraphinnen*-Partnerinnen
in Österreich **331**

VORWORT

Um den Zweck dieses Buches wirklich zu verstehen, sollte man die Geschichte der *Paragraphinnen* kennen. Die *Paragraphinnen* sind ein Verein, dessen Ziel es ist, Studentinnen und junge Juristinnen durch Know-how zu fördern. Unsere Überzeugung ist klar: Frauenförderung ist dann erfolgreich, wenn man jungen Frauen nicht nur die nötigen Informationen vermittelt, sondern ihnen auch die Werkzeuge an die Hand gibt, um ihren eigenen Weg selbstbewusst und erfolgreich zu gestalten.

Aus dieser Überzeugung heraus bieten wir nicht nur eine Vielzahl praxisorientierter Veranstaltungen, sondern auch ein innovatives Mentoring-Programm, einen inspirierenden Podcast – und jetzt diesen wegweisenden Guide an. Dieser Guide ist besonders, weil er die Leserinnen nicht nur durch das Jus-Studium führt, sondern sie auch beim Übergang ins Berufsleben begleitet. Er geht damit weit über die üblichen Studienratgeber hinaus. Darüber hinaus stellen wir hilfreiche Werkzeuge wie Lernpläne per QR-Code zum Download bereit, damit man sich voll und ganz auf den Inhalt des Buches konzentrieren kann.

Was diesen Guide so wertvoll macht? Er ist **innovativ**, weil er gezielt auf die Bedürfnisse von Studentinnen und angehenden Juristinnen abgestimmt ist – von den ersten Schritten im Studium bis zum Einstieg in die Praxis. Er ist **informativ**, weil er nicht nur grundlegendes Wissen vermittelt, sondern auch mit Geheimtipps und weiterführenden Quellen zu den juristischen Studien in Österreich aufwartet. Dabei werden Themen angesprochen, die sonst oft im Verborgenen bleiben. Und der Guide ist **inspirierend**, weil er aufzeigt, wie eng die Erfahrungen im Studium mit dem späteren Berufsleben verbunden sind. Zitate von erfahrenen Juristinnen aus der Praxis machen deutlich: Alles, was man im Studium lernt, hat einen direkten Einfluss auf die berufliche Laufbahn.

Dieser Guide ist ein stetiger Begleiter für Studentinnen – so, wie es die *Paragraphinnen* durch ihre Arbeit und Events bereits sind. Er soll ihnen während des gesamten Studiums zur Seite stehen, Inspiration liefern und Sicherheit geben.

Ein herzlicher Dank gilt dem Autorinnen-Team, bestehend aus den *Paragraphinnen*-Leads und -Mitgliedern. Mit ebenso viel Hingabe und Engagement, wie sie das gesamte *Paragraphinnen*-Programm in Wien, Innsbruck,

Graz, Linz und Salzburg gestalten, haben sie auch diesen Guide zum Leben erweckt. Ein besonderer Dank geht an *Mag.ª Carina Stiglbauer*, die das Buch mit ihren wertvollen Tipps zu den Themen Bewerbung und Karriere bereichert hat. Dank gebührt auch unseren Partnerinnen aus ganz Österreich, die sich mit uns der Frauenförderung in der Juristerei verschrieben haben.

Abschließend möchten wir uns beim Linde Verlag bedanken, der unsere Vision im Hinblick auf Frauenförderung nicht nur vollinhaltlich teilt, sondern uns zudem die wirklich einzigartige Möglichkeit gegeben hat, unser Wissen zu Papier zu bringen und so die nächste Generation von Juristinnen zu unterstützen. Mehr über die *Paragraphinnen* gibt es unter www.paragraphinnen.at.

Die Paragraphinnen

§ 1

JUS-STUDIUM OHNE FILTER: DAS, WAS DIR KEINER SAGT

Autorin: Dora Bertrandt

Das Studium der Rechtswissenschaften – es ist geprägt von langen Lerntagen, intensiven Prüfungsphasen und einer Fülle von Literatur. Es ist zweifellos anspruchsvoll, dennoch entscheiden sich Jahr für Jahr Tausende Studierende bewusst für diesen Weg. Warum? Die Gründe sind so vielfältig wie inspirierend.

Einige sind fasziniert von der Welt des Rechts und brennen dafür, einen positiven Einfluss auf die Gesellschaft auszuüben. Andere sehen im Jus-Studium eine solide Grundlage für ihre berufliche Zukunft. Vielleicht hat die eine oder andere Person sogar durch Serien wie „Suits" den Wunsch entwickelt, einmal wie *Jessica Pearson* oder *Harvey Specter* zu sein. Unabhängig von den Beweggründen eint sie alle das Wissen: Der Weg zur Magistra iuris oder einem gleichwertigen Abschluss ist herausfordernd, aber auch eine lebenslange Belohnung. Ganz nach dem Motto: *„Pain is temporary, but a law degree is forever."*

Warum aber stellt das Studium der Rechtswissenschaften eine solche Herausforderung dar? Die Antwort liegt auf der Hand: Es ist nicht einfach, weil es nicht einfach sein soll.

Zwei Hauptgründe lassen sich identifizieren, die die meisten Studierenden im Verlauf der universitären Ausbildung hören werden: Erstens sind juristische Berufe per se anspruchsvoll und mit großer Verantwortung verbunden. Zweitens erfordert das Rechtssystem selbst – mit seinen Vorschriften, Prozessen und spezifischen Fähigkeiten – eine intensive Vorbereitung während des Jus-Studiums. An beiden Aussagen ist etwas Wahres dran.

Es ist auch wahr, dass besonders der Studienbeginn einschüchternd sein kann. Umgeben von Paragraphen, die alle gleichermaßen wichtig erscheinen, und Mitstudierenden, die auf den ersten Blick besser vorbereitet sind, können Selbstzweifel aufkommen: „Bin ich gut genug?", „Falle ich zurück?", „War dieses Studium die richtige Wahl?" Diese Gedanken sind normal.

Doch wie im Leben selbst ist auch das Studium nicht immer so, wie es auf den ersten Blick erscheint. Hier sind zehn Aspekte über das Jus-Studium, die selten erwähnt werden, jedoch die Wahrnehmung der Studienzeit und die Einstellung zum eigenen Fortschritt positiv beeinflussen können.

1. „In welchem Semester bist du?"

Früher oder später wird jeder mit dieser Frage konfrontiert werden, egal ob unter Kommilitoninnen oder im Familienkreis. Diese Frage kann oft negativ konnotiert sein. Vielleicht hat man eine Prüfung verschoben oder ein Semester nicht ganz so erfolgreich abgeschlossen, und plötzlich fühlt man sich zurückgeworfen. Besonders in solchen Momenten kann diese scheinbar unscheinbare Frage schmerzhaft sein. Aber dabei ist die wichtigste Erkenntnis – die Studiendauer ist nicht entscheidend, und hier kommt die Antwort, warum:

Die traditionelle Vorstellung, dass eine Jus-Studentin dann erfolgreich ist, wenn sie ihr Studium in der Mindeststudienzeit mit guten Noten abschließt, hat sich seit Jahrzehnten kaum verändert. Diese Sichtweise gründet sich auf dem Gedanken, dass Studentinnen sich ausschließlich dem Studium widmen können, ohne zusätzliche Verpflichtungen wie Arbeit oder familiäre Verpflichtungen.

Heute ist diese Perspektive nicht mehr zeitgemäß. Nicht nur das Studierendenleben hat sich gewandelt, sondern auch die Anforderungen des Arbeitsmarktes haben sich verändert. Arbeitgeberinnen schätzen nicht nur einen Universitätsabschluss mit guten Noten, sondern auch praktische Erfahrungen, vielseitige Fähigkeiten und soziale Kompetenzen. Daher überrascht es nicht, dass weit über 60 % der Studierenden berufstätig sind, zusätzliche Verpflichtungen haben oder sich außerhalb des Studiums engagieren. Eine durchschnittliche Studentin ist berufstätig, vielseitig und hat auch Interessen und Verpflichtungen außerhalb des Studiums.

Diese Mehrfachbelastung spiegelt sich oft in der Studiendauer wider. Deshalb ist es nicht ungewöhnlich, dass die große Mehrheit der Absolventinnen die vorgesehene Studienzeit überschreitet und das Studium in durchschnittlich zwölf statt acht Semestern abschließt.

Es ist wichtig zu verstehen, dass die Dauer des Studiums nicht allein über den Erfolg oder die juristischen Fähigkeiten einer Absolventin entscheidet. Diejenigen, die neben dem Studium arbeiten oder andere Verpflichtungen haben, bringen zusätzliche wertvolle Fähigkeiten und Lebenserfahrungen mit.

Wie sollte man also auf die Frage nach der Studiendauer reagieren? Zunächst sollte man sie nicht persönlich nehmen. Oft ist es bloße Neugier oder ein Zeichen der Wertschätzung für die unterschiedlichen Wege, die Menschen gehen, um ihre Ziele zu erreichen. Wichtiger als die Zeit, die man für das Studium benötigt hat, sind die Lernkurve, die **Erfahrungen** und das erworbene Wissen.

Das Studium sollte nicht nur auf das Erreichen eines Abschlusses reduziert werden, sondern auch als Zeit des persönlichen Wachstums, der Entdeckung und der Bereicherung durch soziale Kontakte betrachtet werden.

Die Anzahl der Semester ist letztlich nur eine Zahl und kein entscheidendes Kriterium für Erfolg oder die berufliche Zukunft.

2. The Struggle Is Real

FUN FACT
Selbst die Kommilitoninnen, die in den Vorlesungen besonders sachkundig und gut vorbereitet wirken, haben ihre Herausforderungen im Studium. Das Jus-Studium ist anspruchsvoll und stellt alle vor individuelle Grenzen. Viele kämpfen mit der Einhaltung von Fristen, verschieben Prüfungen und fürchten das Scheitern.

Warum scheint es einigen so leicht zu fallen, mit diesen Herausforderungen umzugehen, während andere sich schwer damit tun, darüber zu sprechen? Warum bleibt der „Struggle" oft ein Tabuthema?

Die Antwort ist überraschend einfach: Viele zögern, zuzugeben, dass das Jus-Studium schwer ist. Zwei Faktoren spielen hierbei eine Rolle: die strenge Fehlerkultur und der menschliche Stolz.

Das Feld der Rechtswissenschaft, sei es in der Praxis oder im akademischen Bereich, ist traditionell konservativ und lässt wenig Raum für Fehler zu. Auch wenn die Verantwortung groß ist, vergessen wir manchmal, dass die Studienzeit eine Zeit der Ausbildung ist, ähnlich den ersten Berufsjahren. Hier dürfen Fehler passieren, aus denen wir lernen können. Die Universität, besonders unsere eigene Alma Mater, sollte ein Ort sein, an dem mit Fehlern offen umgegangen wird.

Der persönliche Stolz spielt ebenfalls eine große Rolle. Es ist menschlich, sich in einem positiven Licht zu präsentieren. Es ist nicht einfach, zuzugeben, dass man eine Prüfung nicht bestanden hat, während andere über ihre Erfolge sprechen.

Was bedeutet das alles? Das nächste Mal, wenn jemand behauptet, das Studium sei nicht so anspruchsvoll, sollte man dies kritisch hinterfragen. Die Wahrheit ist, dass jede von uns ihre eigenen Kämpfe in diesem herausfordernden Studium hat, ob sie sichtbar sind oder nicht. Wenn man selbst mit Schwierigkeiten kämpft, ist es wichtig zu wissen, dass man damit nicht allein ist.

Anstatt allein mit diesen Gedanken zu bleiben, ist es hilfreich, mit anderen darüber zu sprechen und die eigenen Fehler einzugestehen. Wie im Leben gilt auch hier: Geteiltes Leid ist halbes Leid. Es ist wichtig, ehrlich zu sich selbst zu sein, Hilfe anzunehmen und anderen zu helfen. Dies stärkt nicht nur die soziale Kompetenz, sondern wird auch im späteren Berufsleben von großer Bedeutung sein.

Es hilft auch, den „Struggle" als etwas Positives zu sehen. Als kleine Hilfe kann man sich diesen Satz merken: *„Struggling means sucessfully not giving up."*

TIPP
Für mehr Themen rund um die Herausforderungen im Studium höre in unsere Podcast-Folge „The Struggle is real" hinein.

3. Der unerwartete Grund, warum sich manche leichter tun

Es ist bekannt, dass Menschen verschiedenen Lerntypen zugeordnet werden können, wie etwa dem auditiven, visuellen, kommunikativen und motorischen Lerntyp. Es ist entscheidend zu erkennen, welcher Lerntyp man ist und welche Methoden am besten funktionieren. Eine Person vertieft sich gerne wochenlang in Bücher, eine andere lernt besser durch den Besuch von Vorlesungen und Kursen, und wieder andere bevorzugen Gruppendiskussionen über Fälle. Keine Methode ist besser oder schlechter – es kommt auf den individuellen Lerntyp an.

Das Studium der Rechtswissenschaften besteht aus zwei Hauptelementen: dem Studium von Büchern und der Teilnahme an Lehrveranstaltungen. Daher gibt es zwei Hauptansätze: intensives Lesen von Büchern, Gesetzen und anderen Materialien oder die aktive Teilnahme an Vorlesungen, Kursen und anderen Lehrveranstaltungen (oder eine Kombination aus beidem).

Es gibt immer die eine Person, die scheinbar mühelos eine Prüfung nach der anderen besteht. Man fragt sich dann, warum einige Studierende schneller vorankommen als andere, obwohl alle verantwortungsbewusst auf dasselbe Ziel hinarbeiten.

Hier ist das Geheimnis: Studierende, die visuelle Lerntypen sind und am besten durch Lesen lernen, haben oft einen Vorteil. Es ist zeitlich effizienter, ein oder zwei Bücher durchzugehen, als jede Vorlesung eines Semesters zu besuchen. Diese visuellen Lerntypen lernen oft alleine zu Hause oder in der Bibliothek und bereiten sich gewissenhaft auf die Prüfungen vor, indem sie ein Buch nach dem anderen durchgehen. Weil sie mit dem Stoff schneller vorankommen, absolvieren sie auch mehrere Prüfungen in kürzerer Zeit.

Im Gegensatz dazu verbringen auditive Lerntypen viel Zeit in Vorlesungen, was zeitintensiv ist. Sie hören gerne zu und legen ihre Prüfungen üblicherweise zum Haupttermin am Ende des Semesters ab. Diese Personen fallen durch ihre Präsenz den Prüferinnen vermehrt positiv auf und profitieren durch aktuelle Hinweise der Vortragenden (zB wissen sie, dass ein Themengebiet besonders prüfungsrelevant ist, weil es immer wieder in der Lehrveranstaltung besprochen wird).

Studierende, die motorische oder kommunikative Lerntypen sind, investieren viel Zeit in Zusammenfassungen, Umschreibungen und die Arbeit in gemischten Lerngruppen, was ihre Vorbereitungszeit verlängert. Bei mehreren Lehrbüchern von mehr als 600 Seiten ist es durchaus eine Herausforderung, umfassende Karteikärtchen zu verfassen. Das heißt aber nicht, dass die Lernmethoden gänzlich geändert werden sollen. Ganz im Gegenteil, sie sollen nur bewusst eingesetzt werden (indem etwa nur die wichtigsten Kapitel mithilfe von Karteikärtchen gelernt werden oder die schwierigsten Fälle innerhalb der Lerngruppen besprochen werden).

Anhand dieser Beispiele wird bewusst, dass die gewählte Lernmethode die Studienzeit beeinflussen kann. Aus diesem Grund ist es wichtig, sich nicht mit anderen zu vergleichen. Wie und wie schnell man lernt, beeinflusst nicht die Qualität des Wissens oder des Studiums.

Anstatt sich zu vergleichen, ist es entscheidend, die besten Lernmethoden für sich selbst zu finden und diese effektiv einzusetzen. Mehr zum Thema Lernen gibt es im Kapitel § 3.

TIPP
Unabhängig davon, was man tut – bunte Textmarker sollten sparsam und gezielt eingesetzt werden. Wenn jede Seite im Lernbuch bunt markiert ist, kann dies oft zu einer erheblichen Zeitverschwendung führen.

4. Perfektionismus versus optimale Vorbereitung

> „In der Praxis wird früher oder später jeder die Erfahrung machen, dass es unmöglich ist, immer alles zu wissen und auf alle Eventualitäten vorbereitet zu sein. Unser Job hat viel mit Learning by Doing zu tun. Eine gute universitäre Ausbildung, im Rahmen derer man sich die notwendigen Tools aneignet, und eine gewissenhafte Vorbereitung auf die jeweilige Causa sind die Grundvoraussetzungen, um in unvorhergesehenen Situationen entsprechend reagieren bzw agieren zu können."
>
> *Maria Praher*, Partnerin, SAXINGER Rechtsanwälte

Sehr früh im Studium wird uns beigebracht, dass man sich vor der Prüfung nicht fürchten muss, wenn man sich darauf vorbereitet hat.

Die perfekte Vorbereitung für jeden Prüfungsantritt wäre, jede Vorlesung zu besuchen, alle relevanten Lehrbücher zu lesen, alte Prüfungsangaben zu lösen, sämtliche Materialien durchzugehen, zusätzliche Kurse zu belegen und viel zu üben.

Abgesehen davon, dass dies bei besagtem Lernpensum und anderen Verpflichtungen wie der Arbeit schlichtweg unrealistisch ist, kann man trotz der bestmöglichen Vorbereitung immer noch schlechte Ergebnisse erzielen oder sogar bei einer Prüfung durchfallen.

Trotz bestmöglicher Vorbereitung kommt bei der Prüfung immer noch der Faktor Mensch ins Spiel. Es kann passieren, dass die Prüferin keinen guten Tag hat oder dass man selbst nicht in der besten Tagesverfassung ist. Das Jus-Studium fordert viel, und es gibt gute und schlechte Tage. Genauso wie im Berufsleben. Doch es bietet auch die Chance, an Herausforderungen zu wachsen und sich ständig zu verbessern. Fehler sind Lerngelegenheiten, keine Makel.

Man wird nie perfekt vorbereitet sein – und das ist in Ordnung! Das Ziel ist die gewissenhafte und optimale Vorbereitung und damit persönliches Wachstum und neues Wissen – keinesfalls Perfektion. Die gibt es ohnehin nicht.

Eine optimale Vorbereitung ist wichtig, doch genauso wertvoll ist das Bewusstsein, dass es immer etwas geben wird, das man nicht perfekt beherrscht. Es ist entscheidend, realistisch zu bleiben und auf das eigene Wissen zu vertrauen. Man sollte stolz darauf sein, sein Bestes gegeben zu haben. Nervosität ist normal und zeigt nur, dass einem etwas am Herzen liegt. Wenn man das nächste Mal die Schmetterlinge im Bauch spürt – sei es vor einer Prüfung, einem Bewerbungsgespräch oder einer anderen Herausforderung –, sollte man sich daran erinnern, dass diese Schmetterlinge ein Zeichen dafür sind, dass einem die Sache wichtig ist.

Sobald man erkennt, dass man etwas nicht im Detail weiß, ist man tatsächlich bestmöglich vorbereitet. Denn nur diejenige, die intensiv gelernt hat, weiß, wo ihre Grenzen liegen, und kann daran arbeiten. Wer nicht ausreichend gelernt hat, erkennt die Probleme meist gar nicht und glaubt fälschlicherweise, alles zu wissen. Das wahre Lernen liegt im Erkennen und Überwinden der eigenen Schwächen.

TIPP

Diese Weisheiten sollte man sich besonders dann ins Gedächtnis rufen, wenn man darüber nachdenkt, sich von einer Prüfung abzumelden.

5. Arbeitserfahrung bringt Perspektive, aber zieht das Studium in die Länge

Etwa 60 % der Studierenden in Österreich sind berufstätig. Dass Arbeitserfahrung von unschätzbarem Wert ist, ist allgemein bekannt. Ein Blick auf aktuelle juristische Stellenausschreibungen bestätigt, dass einschlägige Erfahrungen ein wichtiges Einstellungskriterium sind.

Es ist daher naheliegend, so früh wie möglich praktische Erfahrungen zu sammeln. Viele studentische Jobs im juristischen Bereich bieten zudem ein attraktives Gehalt. Allerdings sollte man bedenken, dass ein regulärer Job neben dem Studium den Studienfortschritt verlangsamen kann. Die Faustregel lautet: Wer das Studium zügig abschließen möchte, sollte sich auf Sommer- und Winterpraktika konzentrieren.

Wenn man während des Studiums kontinuierlich arbeitet, wird sich die Studiendauer wahrscheinlich verlängern. Das liegt nicht an fehlendem Fleiß, sondern an der Arbeitsbelastung. Viele Studierende arbeiten zehn bis zwanzig Stunden pro Woche, machen Überstunden und unterstützen Kolleginnen. Dadurch bleibt weniger Zeit zum Lernen oder für persönliche Interessen.

Saisonale Praktika bieten eine hervorragende Alternative. Sie finden meist in den Ferien statt und hinterlassen einen positiven Eindruck im Lebenslauf. Diese Praktika bieten die Möglichkeit, verschiedene Berufsfelder, Arbeitgeberinnen und Arbeitsstrukturen kennenzulernen, was besonders hilfreich ist, wenn man sich noch nicht sicher ist, welchen beruflichen Weg man einschlagen möchte. Wenn man hauptsächlich durch Praktika Berufserfahrung sammelt und den Fokus klar auf das Studium legt, sollten die akademischen Leistungen wohl überdurchschnittlich sein. Der Lebenslauf und die Zeugnisse sollten klar zeigen, dass der Schwerpunkt auf dem Studium lag, ohne die wertvolle Arbeitserfahrung zu vernachlässigen. Mehr zum Thema Berufserfahrung gibt es im Kapitel § 7.

Wenn man auf einen Job angewiesen ist, was absolut legitim ist, verlängert sich wahrscheinlich die Studienzeit, aber man sammelt wertvolle Berufserfahrung und sieht das Recht in der Praxis. Kontinuierliche Berufstätigkeit weist auf hohe Organisationskompetenz und Zuverlässigkeit hin und wird oft als akzeptabler Grund für eher durchschnittliche Studienleistungen betrachtet.

Egal, ob man sich für einen (Neben-)Job oder Praktika entscheidet, die Erfahrung hilft dabei, den Fokus zu bewahren und neue Perspektiven zu gewinnen. Warum ist das wichtig? Weil das Studium sehr theoretisch ist. Man lernt viel Theorie und Fachvokabular, doch es kann schwierig sein, den Praxisbezug zu erkennen. Warum ist das so?

Exkurs: Warum das Jus-Studium in Österreich so theorielastig ist

Im Gegensatz zum Common-Law-System, das sich stark auf Fälle und die Praxis konzentriert, legt die kontinentale Rechtstheorie großen Wert auf Theorie. Man geht davon aus, dass man das optimale Verständnis erreicht, wenn man mit der Theorie beginnt und sich dann erst zum Schluss den Fällen widmet. Das ist der Grund, warum die meisten juristischen Bücher mit einer historischen Einführung und Theorien beginnen und man während des Studiums kaum Schriftstücke sieht. Die Idee dahinter ist, wie gesagt, dass man die Theorie verstehen muss, bevor man zur Praxis kommt.

Die Theorie ist selten so spannend wie die Praxis, was oft zu Langeweile oder Frustration im Studium führen kann. Manche Studierende geben das Studium auf, weil sie den praktischen Nutzen nicht sehen. Was hilft, den Fokus zu bewahren, ist die praktische Anwendung des Gelernten. Egal ob in Kanzleien, im öffentlichen Dienst oder anderswo – erst durch die Praxis gewinnt man wirkliches Verständnis. Und Verständnis ist das, was eine gute Juristin von einer durchschnittlichen unterscheidet.

6. Ellbogenmentalität war gestern

Im Studienalltag und in der beruflichen Praxis sind „Frau Kollegin" und „Herr Kollege" gebräuchliche Anreden, die eine gewisse Form der Kollegialität und Zusammenarbeit suggerieren. Doch gerade in der akademischen Welt, die eigentlich von einem Geist der Kooperation und des gemeinsamen Lernens geprägt sein sollte, begegnen wir häufig ungewollter Rivalität.

Es kursiert das Gerücht, dass an manchen juristischen Fakultäten den neuen Studierenden zu Beginn des Semesters nahegelegt wird, nach links und rechts zu schauen und sich vorzustellen, dass eine von ihnen das Studium nicht bestehen wird. An anderer Stelle wiederum werden Erstsemester mit der ermutigenden Botschaft begrüßt, dass sie die Zukunft repräsentieren. Diese unterschiedlichen Herangehensweisen können verständlicherweise ein Konkurrenzdenken unter den Kommilitoninnen hervorrufen.

Doch ist dies tatsächlich gerechtfertigt? Die Realität zeigt, dass der spätere berufliche Erfolg nicht allein durch akademische Leistungen im Studium entschieden wird. Teamfähigkeit ist oft eine Voraussetzung.

Die Konkurrenzmentalität zeigt sich oft in scheinbaren Kleinigkeiten, sie kann jedoch weitreichende Folgen für die berufliche Zukunft haben. Studentinnen neigen dazu, ihre Notizen und Studienmaterialien nicht zu teilen, insbesondere wenn diese besonders hilfreich sind. Häufig werden diejenigen, die bei Prüfungen durchfallen, belächelt, und deren Wissen wird abgewertet, während eigene Leistungen oft in einem übertriebenen Licht dargestellt werden.

Diese Einstellung ist nicht nur unhöflich, sondern auch eine wenig vorteilhafte Vorbereitung auf die berufliche Zukunft. Der Spruch „Man sieht sich immer zweimal im Leben" gilt auch im juristischen Bereich. Die Kommilitoninnen von heute werden die Kolleginnen von morgen sein. Anstatt eine Kultur der Konkurrenz zu pflegen, sollten wir versuchen, ein unterstützendes Netzwerk aufzubauen, Freundschaften zu schließen und uns gegenseitig zu fördern.

Spätestens ab jetzt sollte der Austausch von Notizen und Tipps mit einem „Gerne!" beantwortet werden. Der gemeinsame Erfolg beginnt mit einer Haltung der Offenheit und der Unterstützung.

7. Der erste Eindruck zählt

Viele Studierende verfolgen das Studium der Rechtswissenschaften nicht nur aus praktischen Erwägungen oder weil sie von populären Serien wie „Suits" beeinflusst sind, sondern auch aus einer tiefen Überzeugung für Fairness und Gleichheit sowie einem Sinn für Gerechtigkeit. Diese Werte sind fest in der österreichischen Verfassung verankert, finden jedoch im universitären Alltag oft nur eingeschränkt Anwendung.

Es ist unbestreitbar, dass einige Rechtsgebiete komplexer sind als andere, einige Lehrbücher umfangreicher und manche Prüfungstermine herausfordernder. Diese Unterschiede sind unvermeidliche Aspekte des Jus-Studiums, auf die wir keinen direkten Einfluss haben. Was wir jedoch positiv gestalten können, ist unser Auftreten in Lehrveranstaltungen und bei mündlichen Prüfungen. Hierbei ist der erste Eindruck von großer Bedeutung.

Natürlich steht das fachliche Wissen im Vordergrund, aber auch die „Begleitumstände" tragen zur Gesamtbewertung bei. Besonders bei mündlichen Prüfungen zahlt es sich aus, auf Details wie die Ausdrucksweise, ein gepflegtes äußeres Erscheinungsbild, eine freundliche Begrüßung und eine offene Körpersprache zu achten. Es kann hilfreich sein, sich auf der einen Seite im Voraus bei der Prüferin für ihre Zeit zu bedanken oder, wenn es die Situation zulässt, ein wenig Small Talk einzubauen. Auf der anderen Seite sollte man es vermeiden, mit Dingen wie einer Wasserflasche, Traubenzucker oder ohne Studierendenausweis oder Kodex zur Prüfung zu erscheinen, da dies oft fehlende Vorbereitung signalisiert und negativ auffällt.

Der erste Eindruck beginnt jedoch bereits in der Lehrveranstaltung. Auch wenn es nicht immer gerne gehört wird: Mitarbeit zahlt sich aus und ist die beste Möglichkeit, einen positiven Eindruck zu hinterlassen.

Es gibt viele Aspekte des Studiums, die sich nicht steuern lassen. Wenn man jedoch die Gelegenheit hat, sich positiv hervorzuheben, sollte man diese nutzen. Mehr zu den Tipps und Tricks bei mündlichen und schriftlichen Prüfungen gibt es im Kapitel § 4.

Nicht nur im Studium, sondern auch im Berufsleben spielt der erste Eindruck eine zentrale Rolle. Mehr dazu aber im Kapitel § 16.

8. Der Abschluss ist das Ziel und gleichzeitig die Startlinie

Die Universität präsentiert sich als faszinierender Mikrokosmos, ein lebendiges Ökosystem mit eigenen Regeln und Hierarchien. Zu Beginn des Studiums entsteht oft der Eindruck, dass hier alles Wissenswerte für die Zukunft vermittelt wird. Doch in Wahrheit ist ein abgeschlossenes Studium lediglich der erste Schritt auf dem Weg in die juristische Welt – es stellt die Eintrittskarte dar, jedoch nicht das Alleinstellungsmerkmal.

Im Jahr 2023 haben Tausende Studierende ihr Jus-Studium erfolgreich abgeschlossen. Unabhängig vom Studienort bringen diese Absolventinnen vergleichbares fachliches Wissen und ein ähnliches Verständnis des Rechts mit. Das zeigt, dass das akademische Wissen während der Studienzeit zwar von zentraler Bedeutung ist, es jedoch die zusätzlichen Fähigkeiten sind, die den entscheidenden Unterschied in der Praxis ausmachen.

Neben dem theoretischen Wissen spielen insbesondere individuelle Hard- und Soft-Skills eine zentrale Rolle. Diese Fähigkeiten, die sich je nach persönlichen Interessen und Neigungen stark unterscheiden können, sind es, die eine Person hervorheben und prägen. Die Studienzeit bietet eine herausragende Gelegenheit, diese Fähigkeiten zu entdecken und zu verfeinern. Auch wenn das Studium herausfordernd ist, wird selten so viel Zeit für die persönliche Weiterentwicklung eingeräumt.

Je früher das persönliche Alleinstellungsmerkmal – die „Unique Selling Proposition" (USP) – gefunden wird, desto vorteilhafter. Diese einzigartigen Stärken und Fähigkeiten sind entscheidende Begleiter auf dem Weg durch die juristische Welt. Weitere Einblicke, welche Fähigkeiten im beruflichen Alltag besonders wertvoll sind, finden sich im Kapitel § 12.

Das Studium sollte nicht nur als akademische Ausbildung betrachtet werden, sondern auch als eine bedeutende Phase der Selbstentfaltung und Weiterentwicklung. Die zusätzlichen Qualitäten und persönlichen Stärken werden dazu beitragen, sich in der juristischen Landschaft hervorzuheben und herausragend zu brillieren. Es ist eine einmalige Gelegenheit, sich selbst neu zu entdecken und besondere Talente zu formen.

TIPP
Hard- und Soft-Skills lassen sich besonders gut in einem informellen Rahmen wie etwa in *Paragraphinnen*-Veranstaltungen erlernen. Ein Besuch dieser Veranstaltungen ist daher besonders empfehlenswert.

9. Pausen sind wichtig

Studieren ist wichtig. Arbeiten ist auch wichtig. Und Ruhen ist ebenso wichtig. Es passiert schnell, sich von der Vorstellung leiten zu lassen, dass man immer produktiv sein kann und muss. Das ist aber nicht realistisch. Die Zeit der der toxischen Produktivität und die „Hustle Culture", die beide der juristischen Welt nicht fremd sind und die Arbeitsleistung als das einzig Wertvolle und Wahre hochgelobt haben, ist vorbei.

Heute wissen wir, dass das Gehirn bei unzureichendem Schlaf nicht die volle Leistungsfähigkeit erbringen kann und dass erhöhter Stress eine Ursache für zahlreiche Krankheiten ist. Wir wissen auch, dass die psychische Gesundheit große Auswirkungen auf unser Wohlbefinden hat. Aus diesem Grund ist es wichtig, einen gesunden Tages- und Arbeitsrhythmus zu etablieren, und die Studienzeit ist die perfekte Zeit dafür.

Lange Studientage und einzelne Momente, in denen man durchhalten muss, sind unvermeidlich. Dennoch hat man während des Studiums genügend Zeit, eine Balance zu finden und gesunde Gewohnheiten für den Umgang mit Stress zu etablieren.

Man darf die Pausen nicht als Zeitverschwendung werten oder daran glauben, dass man sie etwa verdienen muss. Vielmehr sollte man die ausreichende Ruhezeit als Investition für die zukünftige Produktivität sehen. Denn nur wenn man sich körperlich wohlfühlt, kann man die volle Leistung erbringen.

10. Nein zu einer Sache, heißt ja zu etwas anderem

Das Jus-Studium fordert viel Selbstdisziplin. Das Lernpensum ist groß, und oft ist Disziplin wichtig, um sich an Prüfungstermine und die eigenen Erwartungen zu halten. In Freundeskreisen, wo viele Studienrichtungen aufeinandertreffen, kommt es oft vor, dass es verschiedene Lernpensa gibt und die Personen um einen herum kein Verständnis dafür aufbringen, dass die Lerntage lang sein können – beispielsweise, wenn einer Einladung nicht gefolgt werden kann, weil die Prüfung bevorsteht, oder sich der spontane Kaffee nicht ausgeht, wenn die Vorlesungszeit ruft, oder gar ein Abend abgesagt werden muss, weil die Tage im Büro länger werden. Diese Situationen können aufkommen und sind keinesfalls einfach zu bewältigen. Natürlich möchte man neben dem Studium nach wie vor eine gute und engagierte Freundin, ein gutes und engagiertes Familienmitglied sein. In solchen Situationen kommen häufig Schuldgefühle und ein schlechtes Gewissen ins Spiel oder die Befürchtung, dass man etwas verpassen wird (umgangssprachlich bekannt als „FOMO"). In diesen Situationen hilft ganz besonders folgender Satz: „Nein zu einer Sache, heißt ja zu etwas anderem." Wenn eine Einladung abgelehnt wird, sagt man einer besseren Prüfungsvorbereitung zu. Wenn man sich gegen einen Serienmarathon entscheidet, um zu lernen, geht man einen Schritt auf die bessere Note zu. Wenn man sich dafür entscheidet, länger im Büro zu bleiben, um in einer heiklen Situation auszuhelfen, und kann man deshalb an dem Abend nicht mit Freunden fortgehen, entscheidet man sich auch dafür, sich als vertrauenswürdige Mitarbeiterin zu präsentieren.

Diese Art des Umdenkens ist natürlich nicht alles. Sie schafft eine positive Perspektive für einen selbst in schwierigen Momenten. Genauso wichtig ist aber eine offene und ehrliche Kommunikation im Freundes-, Arbeits- oder Familienkreis. Deshalb sollte man stets die Erwartungshaltung kommunizieren. Das kann heißen: „Ich bereite mich seit Wochen auf diese Prüfung vor und möchte sie unbedingt bestehen. Deshalb muss ich leider absagen. Stattdessen möchte ich dich aber in der kommenden Woche auf einen Kaffee einladen." So schafft man Klarheit und signalisiert, dass einem die Freundschaft ebenso am Herzen liegt.

11. Fazit

Das Jus-Studium ist eine herausfordernde Zeit. Das ist nichts Neues. Es ist aber auch eine Zeit der Weiterentwicklung.

Die Studienjahre sollten prägend sein und junge Menschen dabei unterstützen, ihre Persönlichkeit zu entwickeln. Dazu gehört es, die eigenen Interessen zu kultivieren, Risiken einzugehen, so viel wie möglich zu erleben, wertvolle Beziehungen aufzubauen, die Intuition und Kreativität zu fördern, Fehler zu machen und aus ihnen zu lernen. Es ist die Zeit, in der man für sich definieren sollte, welche die eigenen Werte sind, wofür man steht, wie man in Zukunft arbeiten und leben möchte. Je mehr man über sich selbst in dieser Zeit lernt, desto weniger können dies andere definieren.

Diese Zeit ist mehr als das Studium, mehr als die Paragraphen, die man lernt, und mehr als man glaubt. Es ist die Zeit, in der man sich und seine Zukunft formt!

§ 2

ZEITMANAGEMENT

Autorin: Eva-Maria Böhm

> „Zeitmanagement bedeutet nicht nur, immer effizienter zu arbeiten, sondern auch, sich bewusst Freiräume zu schaffen, um die gewonnene Zeit nach den eigenen Vorstellungen zu nutzen. Je früher man lernt, seine Zeit gut zu planen, desto mehr kann man die Freiheit genießen, die Dinge zu tun, die einem persönlich wichtig sind."
>
> *Laura Gleinser*, Rechtsanwältin, CHG Czernich, Haidlen, Gast & Partner Rechtsanwälte

Wer kennt es nicht? Die To-do-Liste ist unendlich lang und reicht von „Wohnung putzen" bis hin zu „arbeiten" und „lernen". Man hetzt von einem Termin zum anderen und am Ende des Tages kann man nur drei von fünf Punkten auf der Liste abhaken – und das kann ganz schön frustrierend sein. Die Erwartungshaltung an das (tägliche) Maß Produktivität und das Leistungsmotiv sind in unserer stark ausgeprägten Leistungsgesellschaft beinahe surreal hoch – und das, obwohl etwa auch „faulenzen", und damit das Beiseiteschieben von mühsamen Aufgaben, manchmal das Produktivste sein kann, das wir tun können. An einem sonnigen Tag auf dem Balkon sitzen und ein gutes Buch lesen, einfach nur auf der Couch liegen und in die Lieblingsserie eintauchen oder Freunde auf einen Cappuccino treffen kann die persönlichen Ressourcen in kurzer Zeit wieder auffüllen. Regelmäßige Pausen erhöhen unsere Leistungsfähigkeit, Effizienz sowie Kreativität und verringern unser Stresslevel.

Doch wie schafft man es nun, sämtliche anstehenden Aufgaben zeitgerecht und effizient zu erledigen und regelmäßig Zeit für Ruhepausen,

„Quality Time" mit Familie und Freunden sowie bestenfalls noch die eine oder andere Sporteinheit unter einen Hut zu bringen? Warum ist das Festlegen von Zielen, das Setzen von Prioritäten so wichtig? Wie sagt man „Prokrastination" den Kampf an? Wie sieht solides und damit auch effizientes Zeitmanagement eigentlich aus? Gutes Zeitmanagement ist eine der wichtigsten Fähigkeiten, die man im Studium erlernt und die uns ein Leben lang im Berufsalltag begleitet. In diesem Kapitel beleuchten wir diese Thematik ausführlich, räumen mit Mythen auf und bieten zahlreiche Tipps und Tricks, um den Alltag erfolgreich und entspannt zu meistern.

1. Von persönlichen Zielen und Prioritäten – wie setzt man Prioritäten?

Wirft man einen Blick auf die eigene Aufgabenliste, wird einem manchmal ganz schön schummrig. Alle Aufgaben erscheinen wichtig, streichen möchte man auch keinen Punkt, und bestenfalls sollten alle Tasks gleichzeitig abgearbeitet und erledigt werden. In manchen Situationen findet man auch keinen sinnvollen Anfang oder fühlt sich mit der Vielzahl von Aufgaben, mit denen man konfrontiert wird, schlicht überfordert. Dann heißt es ganz klar: Prioritäten setzen! Es muss entschieden werden, was zum gegenwärtigen Zeitpunkt tatsächlich am wichtigsten ist – um sich dann zunächst auch nur darauf zu fokussieren. Das bedeutet natürlich nicht, dass die anderen Projekte und Aufgaben aus den Augen verloren werden, sondern nur, dass man sich diesen bewusst an einem späteren Zeitpunkt zuwenden wird und diese zunächst ins „Hinterkämmerchen" schiebt. Durch gezielte Priorisierung ausgewählter Aufgaben werden Energie und Ressourcen gebündelt. **Klare Prioritäten schaffen Zeit, helfen dabei, Struktur in den Alltag zu bringen, minimieren mentalen Druck und bilden damit den Kern von effizientem und effektivem Zeit- bzw Selbstmanagement.**

Um überhaupt Prioritäten setzen zu können, muss man sich zunächst seiner eigenen Ziele bewusst sein, und zwar kurz- wie auch langfristig. Diese sind dabei natürlich nicht starr, sondern können und werden sich im Laufe der Zeit und des Lebens (zum Teil auch grundlegend) verschieben und verändern. Was uns heute wichtig ist und am Herzen liegt, kann morgen schon ganz anders aussehen. Nachdem sich die persönlichen Ziele, Karriereziele oder auch allgemeinen Lebensziele wandeln, müssen auch die Prioritätenlisten und damit das Zeitmanagement wiederkehrend angepasst werden.

Mit diesen drei Schritten gelingt die Prioritätensetzung:

1.1. Die eigenen Ziele definieren und Meilensteine abstecken

Die eigenen Ziele zu definieren, bedeutet im Wesentlichen, sich darüber im Klaren zu sein, wohin die Reise gehen soll und was dafür konkret zu tun ist. Viele Menschen machen den Fehler, sehr effizient an den falschen Dingen zu arbeiten – es werden Abläufe optimiert und effizienter gestaltet, um am Ende des Tages die Aufgaben schneller umsetzen zu können. Läuft man damit jedoch nur schneller in die falsche Richtung, ist einem leider nicht geholfen. Zielsetzung bedeutet somit, zuerst den eigenen Kompass auszurichten:

→ **Was** möchte ich erreichen?
→ **Warum**?
→ **Wie** komme ich dorthin?

Zu Beginn steht also zunächst die Frage, wie das ganz persönliche Ziel denn aussieht oder besser: **Wo will ich hin und „was" will ich konkret erreichen?** Ganz gleich, ob man sich neue Fähigkeiten aneignen will, einen bestimmten Beruf ausüben, die Lebensumstände verändern oder den eigenen Alltag abwechslungsreicher gestalten möchte – Ziele sind unglaublich vielfältig und stark von der eigenen Persönlichkeit sowie den Interessen abhängig. Sie können lang- oder kurzfristig orientiert, beruflich oder persönlicher Natur sein sowie große oder auch nur ganz kleine Projekte widerspiegeln. So können Ziele die eigenen Fähigkeiten und Qualifikationen betreffen, etwa den Abschluss eines Studiums, den Erhalt eines Zertifikats oder das Erlernen einer neuen Sprache. Beispiele für persönliche Ziele wären etwa, mehr auf die eigene körperliche und mentale Gesundheit zu achten, einen Halbmarathon zu laufen oder finanzielle Unabhängigkeit zu erlangen oder Geld für die nächste Reise zu sparen. Und keine Sorge! Das heißt nun nicht, dass jeder schon wissen muss, wo die berufliche Reise endgültig hingehen soll, oder dass jede einen ausgeklügelten 5-Jahres-Plan haben muss. Ziele und Meilensteine geben jedoch eine gewisse Richtung vor und sind wichtige Parameter für Erfolg. Zielsetzung ist zudem ein essenzieller Baustein für die eigene Produktivität und Motivation.

Das **„Warum"** versorgt uns dabei mit der notwendigen Motivation und Disziplin, um das abgesteckte Ziel am Ende auch zu erreichen. Handelt es sich etwa nur um eine Erwartung einer anderen Person an einen selbst, sollte das Ziel noch einmal kritisch überdacht werden.

TIPP

Die eigenen Ziele schriftlich festhalten! Zum einen sind schriftlich festgelegte Ziele verbindlicher, sie zwingen zur gedanklichen Klarheit (schließlich muss das Ziel konkret formuliert und in Worte gefasst werden), motivieren und stimulieren zur tatsächlichen Realisierung. Nachdem große und komplexe oder weit in der Zukunft liegende Ziele sehr einschüchternd wirken können, sollten diese in Teilziele oder Meilensteine gegliedert werden. So lässt sich beispielsweise das Jus-Studium wunderbar nach Abschnitten aufteilen, die einzelnen Diplomprüfungen können dabei die einzelnen Meilensteine darstellen. Es muss nicht sein, dass hierbei die Ziele auf einem Blatt Papier oder in einer Liste in Worten niedergeschrieben werden, man könnte diese auch anhand von Bildern, Grafiken und Zeichnungen auf einem Vision Board visualisieren.

Bei der Fixierung von Zielen bietet die Formulierungsmethode **„SMART"** eine gute Hilfestellung:

→ **Specific:** Das Ziel ist konkret, detailliert und unmissverständlich formuliert.
→ **Measureable:** Quantitative bzw qualitative Beurteilung bzw Messbarkeit des Ziels.
→ **Attractive:** Das Ziel sollte so geplant werden, dass man auch Lust hat, dieses zu erreichen. Ziele werden nicht per Durchhalteparolen erreicht, sondern man muss auch dahinterstehen – andernfalls werden einem Widerstände und Rückschläge schnell zum Verhängnis.
→ **Reasonable:** Das Ziel muss mit den vorhandenen Ressourcen erreichbar und damit realistisch sein. Ziele dürfen und sollen herausfordern, sie dürfen auch gern groß sein („Think big!"). Übertriebener Ehrgeiz und Luftschlösser führen jedoch zu Enttäuschungen und Frust.
→ **Time-Bound:** Das Ziel hat ein Fälligkeitsdatum! Eine Deadline sollte als Motivationskick genutzt werden – denn je näher das Ziel rückt, desto mehr Anstrengungen werden unternommen (sogenannter Goal-Gradient-Effekt).

Ein nach der SMART-Methode formuliertes **Beispiel** wäre etwa: „Ich möchte innerhalb der nächsten vier Monate meine Diplomarbeit schreiben und damit mein Jus-Studium abschließen." **Nicht:** „Ich plane, bald schon mit meiner Diplomarbeit zu starten und diese innerhalb von zwei Wochen abzugeben – obwohl ich viel arbeiten muss." Eine qualitativ hochwertige Diplomarbeit in kürzester Zeit schreiben und abgeben zu wollen, obwohl man 30h pro Woche arbeiten muss, wäre nicht zielführend – es wäre unrealistisch und demotivierend.

Wurden die Ziele fixiert, müssen nun alle Aufgaben herausgearbeitet werden, die notwendig sind, um diese auch erreichen zu können. Es geht somit um das **„Wie"**. Dabei ist es bei großen Aufgaben nicht erforderlich, bereits jeden einzelnen Schritt im Detail definieren zu können. Es reicht vollkommen aus, sich auf die ersten Meilensteine oder Zwischenschritte zu konzentrieren. Es muss somit eine übersichtliche, transparente und vor allem zentrale To-do-Liste erstellt werden. Sind die Aufgaben querbeet auf verschiedene Listen, Apps oder Notizbücher und Post-its verteilt, fehlt der Gesamtüberblick und man verzettelt sich.

1.2. Prioritäten festlegen

Grundsätzlich sind alle Ziele wichtig, nur nicht immer dringlich. Es können wohl nie alle Aufgaben, Projekte und Vorhaben erledigt werden – schon gar nicht zur selben Zeit. Aus diesem Grund müssen alle Tasks, die im Zuge der Zielsetzung herausgearbeitet wurden, in eine sinnvolle Reihenfolge gebracht werden. Was muss zuerst erledigt werden und was kann noch ein wenig warten? Wie viel Zeit nehmen die einzelnen To-dos in Anspruch? Gibt es bestimmte Tasks, die auf anderen Aufgaben aufbauen?

Wem es relativ leicht fällt, Prioritäten zu setzen, kann dies ganz simpel mit einer To-do-Liste auf einem Blatt Papier, digital in einer App oder einem Bullet Journal tun – so gehen auch keine (wichtigen) Gedanken verloren. Oft reicht es auch schon, die Aufgaben überhaupt zu verschriftlichen, um einen klaren Kopf zu bekommen und den Alltag zu strukturieren. Für all jene, die mit dem Setzen von Prioritäten ein wenig struggeln, haben wir drei leicht umzusetzende Tools zusammengetragen.

TIPP

Um mit der Prioritätensetzung voller Motivation und Tatendrang loslegen zu können, wurden die dargestellten Methoden von uns visualisiert und können ganz einfach über den QR-Code heruntergeladen werden!

Eisenhower-Prinzip

Im Zuge der Eisenhower-Methode werden sämtliche Tasks zunächst anhand der Kriterien Dringlichkeit und Wichtigkeit bewertet und in der Folge dieser Einstufung in einen Quadranten gepackt bzw Aufgabenbereichen zugeordnet: sofort erledigen (A), terminieren (B), delegieren (C) sowie ignorieren (D). Diese Methode ist eine der einfachsten und (zeit-)effizientesten Methoden, um Aufgaben zu sortieren und zu priorisieren. Zur Visualisierung lässt sich diese wunderbar in eine anschauliche (bestenfalls farbliche) Matrix übertragen – damit diese jedoch nicht zum „Grafik-Monster" mutiert, lohnt es sich (je nach Komplexität und Umfang der To-do-Liste), diese in mehreren Durchläufen zu gestalten sowie private und berufliche Aufgaben zu trennen.

TIPP

Bring Schwung in deine Matrix! *Martha Dudzinski*[1] hat die Matrix über Bord geworfen und die vier Kategorien umbenannt: schnell und einfach (A), gerne und mit Freude (B), Kraft und Konzentration (C) und Bauchweh (D). Natürlich sollte man die Bauchweh-Aufgaben nicht ignorieren (auch wenn das definitiv schöner wäre). Es können jedoch die leichten und schönen Tasks vorgezogen werden, etwa auf den Vorabend, um sich den harten Blöcken im Anschluss mit voller Konzentration widmen zu können.

Ivy-Lee-Methode

Schreibt man ungefiltert alle Aufgaben auf eine To-do-Liste, ohne sie zu priorisieren, kann die Liste abenteuerliche Längen annehmen – dass man dann schnell die Übersicht und den Blick für die wesentlichen Dinge verliert, ist kein Wunder. In der Folge arbeitet man ganz unstrukturiert an allen Ecken und Enden des Aufgaben-Chaos und kann am Ende des Tages kaum Ergebnisse verbuchen. Das Frustrationslevel wächst, die Motivation sinkt und auch die Qualität der Arbeit leidet signifikant. Für die Ivy-Lee-Methode braucht man nur einen Stift, ein Blatt Papier und ein paar Minuten Zeit. Es müssen zunächst nur die sechs wichtigsten Dinge für den nächsten Tag notiert werden. Im nächsten Schritt werden diese nach Wichtigkeit sortiert und anschließend der Reihe nach diszipliniert abgearbeitet – Schritt für Schritt, mit vollem Fokus. Was am Ende des Tages nicht geschafft wurde, kommt auf die Liste des Folgetages, die wiederum nur aus sechs Punkten besteht.

---

1   vgl *Martha Dudzinski*, Konsequent 60 % (2024).

ABC-Analyse

Ähnlich wie bei der Eisenhower-Methode werden die Aufgaben nach Dringlichkeit bzw Wichtigkeit sortiert und in die Kategorien A, B und C eingeteilt, sortiert von der höchsten zur niedrigsten Priorität. Daneben gibt es noch einen Papierkorb – für Aufgaben, die einfach nur Energiediebe und weder dringlich noch wichtig sind. Diese Analyse ist quasi eine Art „Schablone", an der man sich „entlanghangeln" kann. Irgendwann funktioniert die Priorisierung auch intuitiv.

1.3. Evaluierung der Prioritäten und Anpassung des eigenen Zeitmanagements

Das Setzen von Prioritäten (so auch solides und effizientes Zeitmanagement) will gelernt sein. So kann es durchaus vorkommen, dass man sich im zeitlichen Umfang mancher Aufgaben ordentlich verkalkuliert oder sich verzettelt, sobald etwas Unerwartetes den eigenen Zeitplan über den Haufen wirft. Auch können sich neue Informationen oder Umstände ergeben, die sich direkt auf die Prioritätensetzung auswirken. Prioritäten müssen somit in gewisser Weise auch flexibel sein, um sich Veränderungen anpassen zu können. Auch hier ist Reflexion das A und O, man sollte den Tag oder die Woche(n) Revue passieren lassen und keine Scheu davor haben, seine Prioritäten neu zu justieren. Dabei sollte man sich stets vor Augen halten, dass man nicht alle Aufgaben zu 100 % und perfekt erledigen kann. Auch ist es vollkommen normal, dass am Ende des Tages mal der ein oder andere Punkt der Liste offenbleibt. Das Motto *„Do your best!"* und der eine oder andere Plan B verringern den Druck und machen das Leben ein wenig leichter. Zu guter Letzt sollte man den Blick dafür schärfen, was man im Laufe des Tages alles schon geschafft hat, und stolz auf sich sein!

1.4. Bewährte Zeitmanagement-Methoden

Autorin: Stefanie Kartusch

Hat man die Prioritäten abgesteckt und den Weg zum Lerntisch gefunden, geht es nun um die Frage, wie man alle wichtigen To-dos in ein effizientes und auch, wie bereits oben erwähnt, realistisches Zeitmanagement einbettet.

Zeitmanagement ist nicht nur das „Um und Auf" im beruflichen Alltag, sondern auch während des Studiums. Sich überschneidende Lehrveranstaltungen, hintereinander stattfindende Klausuren, das Lernen zweier oder mehrerer Rechtsgebiete, ein Nebenjob oder Betreuungspflichten – das alles bedarf eines guten Zeitmanagements.

Wie gelingt es, das eigene Zeitmanagement zu verändern und zu optimieren? Eine Möglichkeit besteht darin, bewährte Zeitmanagement-Strategien in den Alltag zu integrieren. Diese helfen dabei, Aufgaben Schritt für Schritt zu erledigen, Zeitlimits für einzelne Tätigkeiten zu setzen und den Tag zielorientierter zu beginnen. Im Folgenden stellen wir vier verschiedene Zeitmanagement-Strategien näher vor:

Timeboxing
Diese Methode wird oft von CEOs und anderen Leadern verwendet. Beim Timeboxing blockiert man bestimmte Zeiträume des Kalenders für zusammenhängende Aufgaben. Bei der Arbeitsplanung unterteilt man die Arbeitswoche oder auch die Arbeitstage effektiv in eigenständige Zeitfenster, in denen man an Projekten arbeitet, eine Pause macht, sich mit Freunden treffen oder auch Sport treiben kann. Mit dieser Methode erlangt man mehr Zeit für fokussierende Arbeiten, da ohne Unterbrechung an einer Tätigkeit gearbeitet werden kann. Zeitfenster könnten zum Beispiel so aussehen: „Von 10:00 bis 11:30 wird die Probeklausur geschrieben" oder „Von 15:00 bis 15:20 wird eine Pause gemacht".

Zunächst ermittelt man bei der Erstellung eines Zeitblocks die Tages- und Wochenprioritäten. Man fasst dabei ähnliche Aufgaben zusammen, die in einem Zeitblock abgearbeitet werden können. Der Mensch ist an Abläufe gewöhnt – so gewöhnt man sich bei dieser Zeitmanagement-Strategie an die vorgegebenen Zeitblöcke, die man für konzentrierte Arbeiten im Kalender eingeplant hat und in der vorgegebenen Zeit bearbeitet.

Die Pomodoro-Methode
Die Pomodoro-Methode ist eine der Lieblingsstrategien der Studierenden. Ähnlich wie bei der Timeboxing-Methode wird auch bei der Pomodoro-Technik in kurzen Zeitfenstern gearbeitet, wobei regelmäßige Pausen aktiv eingeplant sind.

Für diese Zeitmanagement-Strategie benötigt man nur einen Timer, eine nach Prioritäten geordnete To-do-Liste sowie die Möglichkeit, Benachrichtigungen stummzuschalten. Zu Beginn wird der Timer auf 25 Minuten gestellt – in dieser Zeit beschäftigt man sich ausschließlich mit der Bearbeitung einer Aufgabe. Nach Ablauf der 25-minütigen Arbeitsphase gönnt man sich idealerweise fünf Minuten Pause, in der man beispielsweise aufsteht und sich streckt oder den Raum durchlüftet oder auch die Lieblingsapps verwendet.

Für alle, die sich leicht ablenken lassen, eignen sich neben der Stoppuhr auf dem Handy auch diverse Fokus-Apps, die die Handhabung anderer Apps (wie zB Instagram oder TikTok) beeinträchtigen und so den Fokus auf die eigentliche Arbeit lenken.

Bei der Pomodoro-Methode arbeitet man schlussendlich viermal 25 Minuten, gefolgt von je einer fünfminütigen Pause. Nach der vierten Arbeitsphase wird anstelle einer fünfminütigen Pause eine mit 20–30 Minuten gemacht. Diese Zeit eignet sich hervorragend für die Zubereitung eines Kaffees oder eines kleinen Snacks oder um kurz Luft zu schnappen.

Je länger man die Pomodoro-Methode anwendet, desto länger können die Arbeitsphasen werden, beispielsweise 45 statt 25 Minuten. Die Pausen können entsprechend von 5 auf 15 Minuten für die kurzen Pausen und von 30 auf 45 Minuten für die längeren Pausen verlängert werden.

Eat the Frog
Die Zeitmanagement-Strategie „Eat the Frog" basiert auf dem berühmten Zitat von Mark Twain: „Wenn es deine Aufgabe ist, einen Frosch zu essen, dann tue es am besten gleich als Erstes am Morgen."

Die Strategie besagt, dass man große und komplexere Tätigkeiten zuerst in Angriff nehmen sollte und sich anschließend weniger wichtigen oder weniger dringlichen Tätigkeiten widmet. Besonders empfehlenswert ist diese Strategie, wenn man Routine hat und seinen Tag gerne in Zeitblöcke mit priorisierten Aufgaben einteilt. Mit dieser Methode sorgt man effektiv dafür, wichtigere Aufgaben zuverlässig und zeitnahe zu erledigen, wenn man sie täglich von Neuem wiederholt.

Die „Eat the Frog"-Methode kann eine praktische Strategie sein, wenn man produktiver und effektiver arbeiten möchte. Durch das Prioritäten-Setzen und Abarbeiten von unangenehmen Punkten am Morgen kann Stress abgebaut und die Motivation verbessert werden.

Die ALPEN-Methode
Eine sehr beliebte Zeitmanagement- bzw auch Selbstmanagement-Methode ist die sogenannte ALPEN-Methode. Hier setzt man auf Maßnahmen,

die den Ablauf eines Tages so einteilen, dass die verfügbare Zeit so effektiv wie möglich genutzt wird. Die Grundidee basiert darauf, langfristig und effektiv stressfrei zu arbeiten, indem für jeden Tag ein schriftlicher Tagesplan erstellt wird. Die Methode gliedert sich in fünf Arbeitsschritte:

→ Aufgaben notieren
→ Länge schätzen
→ Pufferzeiten einplanen
→ Entscheidungen treffen
→ Nachkontrolle durchführen

Aufgaben werden idealerweise noch am Vorabend aufgeschrieben und auf eine To-do-Liste geschrieben. Auch kleinere Angelegenheiten, Routineaufgaben sowie Aufgaben, die am Vortag übrig geblieben sind, können in diese Liste eingetragen werden. Anschließend notiert man sich die realistische Zeit, die für die Erledigungen der einzelnen Aufgaben benötigt wird. Förderlich ist es außerdem, konkrete Deadlines für die Aufgaben festzulegen. In einem weiteren Schritt werden Pufforzeiten für etwaige Verzögerungen, Ablenkungen, Unterbrechungen und Pausen, die während der Arbeit unvermeidbar sind, festgelegt. Empfehlenswert ist es, nur etwa 60 % der eigenen Zeit genau zu planen, die restliche Zeit soll für unerwartete Ereignisse und für die Freizeit freigehalten werden. Im nächsten Schritt müssen Prioritäten gesetzt werden, und es muss auch entschieden werden, welche Aufgaben auf jeden Fall erledigt werden müssen und welche zB delegiert werden können. Mehr zur Prioritätensetzung gibt es in den ersten Seiten dieses Kapitels. Im letzten Schritt erfolgt eine Kontrolle des abgelaufenen Tages. Es wird Bilanz gezogen, welche Ziele erreicht werden, welche Aufgaben nicht erledigt wurden, ob die Zeit ausreichend war etc. Diese Erfahrungen werden anschließend für künftige Tagesplanungen berücksichtigt, um das eigene Zeit- und Selbstmanagement immer weiter zu verbessern.[2]

TIPP
Um herauszufinden, welche Zeitmanagement-Methode am besten zu einem passt, kann man ein Experiment durchführen und jede Methode für ein paar Tage ausprobieren.

---

2 *Seiwert/Tracy*, Life-Leadership. So bekommen Sie Ihr Leben in Balance, 2. Auflage (2002) 86.

Gutes Zeitmanagement ist auch besonders wichtig für die Work-Life-Balance. Wie wesentlich gutes Zeitmanagement in der Praxis ist, erfährt man auch in dieser Podcast-Folge mit *Monika Sturm* (Partnerin bei fwp Rechtsanwälte in Wien):

2. Exkurs: Prokrastination arrivederci!

Autorin: Eva-Maria Böhm

Das Fremdwort Prokrastination [ˌpʀokʀastinaˈt͡si̯oːn] wird laut Duden umschrieben als „das Verschieben oder Aufschieben von anstrengenden Aufgaben und Tätigkeiten" und stammt von dem lateinischen Verb „procrastinare" ab. Man handelt somit ganz nach dem Motto: „Was ich heute muss besorgen, das verschiebe ich auf morgen."

Es gibt Dinge im Leben, die wir erledigen müssen – und das, obwohl sie nicht besonders viel Spaß machen. Sei es der Abgabetermin der Diplomarbeit, das Lernen für die nächste und meist bald schon anstehende Prüfungsphase oder das Abarbeiten des übervollen E-Mail-Postfachs. Doch statt sich einen Platz in der Universitätsbibliothek zu reservieren und sich direkt morgens an den Schreibtisch zu setzen, widmen wir uns anderen Dingen. Der Kleiderschrank wird ausgemistet, die Wohnung geputzt, die Wäsche gewaschen und noch kurz das Geburtstagsgeschenk für eine Freundin besorgt. Man spricht auch von sogenannten Ersatzhandlungen. Die Aufschiebenden suchen sich einen Grund, weshalb die Aufgaben, die sie sich fest vorgenommen haben und abgearbeitet werden müssen, gerade jetzt nicht erledigt werden können. Nun handelt es sich beim Haushalt in aller Regel nicht um Aufgaben, für die man mit großer Leidenschaft brennt – allerdings werden diese in Relation zur aufgeschobenen Arbeit als angenehmer empfunden. Zudem haben Ersatzhandlungen häufig einen unmittelbaren positiven Effekt, sie nehmen in der Regel nur sehr wenig Zeit ein, und das Ergebnis macht zufrieden – ja, frische Wäsche riecht einfach herrlich! Und eine saubere Wohnung hat schon auch etwas Schönes. Unbequeme und unliebsame Aufgaben werden dabei jedoch so lange hinausgezögert, bis keine oder nur noch wenig Puffer-Phasen verbleiben oder es gar zu spät ist.

2.1. Prokrastination oder einfach Faulheit?

Tatsächlich handelt es sich bei der Begrifflichkeit „Prokrastination" um die psychologisch-wissenschaftlich verwendete Bezeichnung für pathologisches Aufschiebeverhalten. Die Betroffenen schieben planmäßige und wichtige Aufgaben ohne triftigen Grund immer wieder nach hinten und sind mit jeder näher rückenden Deadline massivem Druck ausgesetzt. Pathologisches Aufschieben kann sowohl private Alltagsaktivitäten als auch universitäre oder berufliche Tätigkeiten betreffen und im schlimmsten Fall ernsthafte negative Konsequenzen nach sich ziehen. Prokrastination ist keineswegs Faulheit oder Willensschwäche, es handelt sich vielmehr um eine komplexe Störung der Selbststeuerung und eine (erlernte) Art der Bewältigungsstrategie. Im Volksmund wird Prokrastination häufig als „Aufschieberitis" heruntergespielt und dafür als Synonym verwendet, obwohl die Betroffenen sehr unter ihrer Situation leiden, sie erleben mentale und auch körperliche Beschwerden. Dies liegt insbesondere daran, dass die zu erledigenden Aufgaben gedanklich nahezu omnipräsent sind und die Betroffenen im Alltag in großem Ausmaß beschäftigen, obwohl sie stetig versuchen, sich abzulenken.

Steckt man hingegen in einer bloßen Faulenzerphase, fühlt man sich wohl, indem man nichts tut. **„Task Paralysis"** ist eine Variante der Prokrastination und beschreibt eine besondere Situation der Blockade. Es handelt sich hierbei um eine Art „Aufgabenlähmung", die besonders bei herausfordernden und schwierigen Aufgaben oder auch unendlich lang erscheinenden To-do-Listen auftreten kann. Betroffene fühlen sich blockiert oder „eingefroren" und sind daher nicht in der Lage, eine gewisse Aufgabe gar zu beginnen oder zu bearbeiten. Dies führt am Ende dazu, dass Tasks aufgeschoben oder gänzlich vermieden werden.

Hand aufs Herz: Schiebt nicht jeder von Zeit zu Zeit wichtige Aufgaben vor sich her? Fängt viel zu spät an, für die anstehenden Prüfungen zu lernen und meldet sich in der Folge von einem Prüfungsantritt ab? **Keine Sorge, sporadisches Aufschieben ist absolut normal und per se auch überhaupt nicht dramatisch.** Die sporadische Aufschieberin gerät zwar hin und wieder ordentlich unter Zeitdruck, schafft es am Ende dann aber doch (und wenn auch im nächsten Prüfungstermin). Im Falle einer pathologischen und damit notorischen Prokrastination sind die Konsequenzen wesentlich gravierender und belastender. Die Aufgaben werden nur verspätet oder gar nicht erledigt, Fristen werden verpasst, auch der Abbruch eines jahrelangen

Studiums ist nicht unüblich. Studien der Prokrastinationsambulanz der Universität Münster zufolge liegen die Prävalenzzahlen für Studierende, die an Prokrastination und damit an einer ernst zu nehmenden Arbeitsstörung leiden, jedoch nur bei 7 %[3]. Der überwiegende Teil von uns fällt somit unter die Kategorie „sporadischer bzw strategischer Aufschieber".

TIPP
Die Prokrastinationsambulanz der Universität Münster hat einen hilfreichen Selbsttest zum Thema Prokrastination entwickelt. Einfach den QR-Code scannen und loslegen!

Nun stellt man sich natürlich die Frage, warum wir unangenehme Aufgaben nicht immer sofort anpacken und umgehend erledigen, obwohl uns die Dysfunktionalität dieser Handlung durchaus bewusst ist. Im Wesentlichen liegt es doch in der Natur des Menschen, den kürzeren Weg zu bevorzugen. So verhält es sich auch bei unbequemen Aufgaben, die Energie und eine ordentliche Portion Überwindung kosten. Da scheint Aufschieben auf den ersten Blick sehr viel angenehmer. Bei dem Versuch, es sich leichter zu machen, macht man es sich am Ende jedoch nur schwerer – das schlechte Gewissen schleicht sich ein, möglicherweise macht sich sogar Panik breit, und der Zeitdruck wächst, es will schließlich nachgeholt werden, was liegen geblieben ist. Man spricht hier vom sogenannten Depletion-Effekt bzw vom Paradoxon der Prokrastination.

2.2. Die alltägliche „Aufschieberitis" überwinden – gewusst wie!

Wie geht man nun damit um, wenn die Stunden an einem Tag dahinfliegen und man sich nur mit scheinbar wichtigen und dringlichen Ersatzaufgaben beschäftigt hat, die sich jedoch nur als Zeitdiebe entpuppen? Einmal in

---

3   https://www.uni-muenster.de/Prokrastinationsambulanz/prokrastination.html (29.11.2014).

die Aufschiebefalle getappt, kann einem die Prüfungsphase schnell zum Verhängnis werden, da die Lernzeit am Ende zu knapp und (gerade in den rechtswissenschaftlichen Studien) die Stoffmenge zu groß ist. Das Kernproblem und die Ursache liegen meist in einer mangelnden Prioritätensetzung und defizitärem Zeitmanagement, weswegen diesen beiden Aspekten eingangs ein eigenes Unterkapitel gewidmet wurde. Prokrastination oder auch das regelmäßige Aufschieben alltäglicher Aufgaben ist ein erlerntes Verhalten und damit eine hartnäckige Gewohnheit. Die guten News: Man kann diese Gewohnheit somit auch genauso wieder „verlernen"!

2.3. Ein 15-Punkte-Fahrplan gegen die Prokrastination

Den 15-Punkte-Fahrplan gibt es über den QR-Code auch als praktische Download-Datei, ideal zum Ausdrucken und als inspirierenden Reminder, der daran erinnert, dass mit dem richtigen Plan und einer guten Struktur alles möglich ist.

Selbstreflexion
Zunächst muss man sich erst einmal bewusst werden, **warum** man gewisse Tasks immer wieder nach hinten verschiebt. Es bedarf somit erst einmal ein wenig Zeit für wirklich ehrliche Selbstreflexion. Wissenschaftler unterscheiden grundsätzlich zwischen zwei Arten, dem Vermeidungs- und dem Erregungsaufschieber.[4]

→ Die **Vermeidungsaufschieberin** leidet stark unter Versagensängsten und vermeidet aus diesem Grund Leistungsdruck und Konflikte. So gleicht beispielsweise gerade in den juristischen Studiengängen die zu erarbeitende und zu beherrschende Stoffmenge mit jeder anstehenden Prüfung einer Reise auf den Mount Everest. Die verhältnismäßig hohen Durchfallquoten in den einzelnen Fächern erhöhen den mentalen Druck und machen es den Studentinnen natürlich nicht unbedingt leichter.

---

4   *Ferrari*, Psychometric validation of two procrastination inventories for adults: Arousal and avoidance measures, Journal of Psychopathology and Behavioral Assessment 2012 (14), 97–110.

Aus diesem Grund schieben viele Studentinnen das Lernen für einzelne Prüfungen immer weiter nach hinten, damit einhergehend häufig auch den Prüfungsantritt. Noch höher ist der Druck und das Gefühl auch unangenehmer, wenn man die Prüfung schon einmal nicht geschafft hat.

→ Die **Erregungsaufschieberin** hingegen ist ein kleiner Adrenalinjunkie und agiert ganz nach dem Motto: „Unter Druck entstehen Diamanten." Dieser Typ genießt es, unter Hochdruck zu arbeiten und Aufgaben in der letzten Minute fertigzustellen – viele behaupten, erst dann wirklich kreativ zu werden und effektiv bzw effizient zu arbeiten. Gelernt wird erst „kurz vor knapp", dafür bis spät in die Nacht. In beiden Fällen lohnt sich ein kritischer Blick auf den Lernplan: Sind alle relevanten Stoffbereiche abgedeckt? Passt der Lernplan auch in zeitlicher Hinsicht, wurden ausreichend Einheiten für Anwendungsfälle und Wiederholungseinheiten eingeplant? Indem das Lernen immer wieder nach hinten verschoben wird, ist schlicht in vielen Fällen die Zeit zu eng getaktet, der Stoff sitzt nicht so, wie er müsste; und es entstehen Lücken, die einem in der Prüfung natürlich zum Verhängnis werden können.

Realistischer Zeitplan
Solides Zeitmanagement ist ein Skill, den wir in unserem (späteren) Berufsleben beherrschen müssen – dieser entwickelt sich und kommt daher meist nicht ganz von allein. Doch woher weiß man nun, was „ausreichend" Zeit überhaupt ist? Nachdem der Mensch dazu tendiert, die ihm für eine bestimmte Aufgabe zur Verfügung stehende Zeit zu überschätzen, können für eine realistische Zeitplanung folgende Kniffe helfen:

→ **Die 50-Prozent-Regel**
Am besten sollte man davon ausgehen, dass alle vorgenommenen Aufgaben doppelt so viel Zeit in Anspruch nehmen werden als ursprünglich geplant. Für die Prüfung sind zwei Wochen Lernzeit angesetzt? Dann sollte man pauschal vier Wochen ansetzen. Für den heutigen Tag sind zehn Dinge auf der To-do-Liste? Fünf reichen vollkommen aus. Diese 50-Prozent-Regel hilft dabei, dass am Ende der Lernphase oder auch des einzelnen Tages ein Erfolgserlebnis wartet, nicht Frustration.

→ **Time-Tracking**
Es lohnt sich, das eigene Arbeitstempo zu protokollieren und bestenfalls auch wirklich schriftlich festzuhalten. Wie lange braucht man tatsächlich für eine bestimmte Aufgabe? Wie viel Zeit verbringt man mit Ab-

lenkungen und Tagträumereien? Es gibt auch schon eine Menge Apps, die dabei helfen, die eigene effektive Arbeitszeit festzuhalten (beispielsweise „Forest" oder „Flow").

→ **Arbeitsreduktions-Methode**
Grundsätzlich dehnt sich die Arbeit genau in dem Maße aus, wie Zeit für die Erledigung zur Verfügung steht, und nicht danach, wie viel Zeit man tatsächlich dafür bräuchte.[5] Aus diesem Grund sollte man sich immer klare Limits und auch Deadlines setzen, etwa indem man festlegt, dieses eine Themengebiet bis zum Ende der Woche vollständig erarbeitet zu haben. Durch diese Arbeitsreduktions-Methode wird die Arbeitszeit effektiv aufgewertet, indem die Zeit verknappt wird – „ausreichend" Zeit heißt somit nicht „übermäßig viel" Zeit.

Konkrete Tages- und Wochenplanung
Am Morgen aufzustehen und sich erst einmal in aller Ruhe zu überlegen, was der Tag so mit sich bringt, kann ein wunderschönes Gefühl sein – aber auch ein Stolperstein. Gerade für jene, die eine (übervolle) To-do-Liste haben, lohnt es sich, die Wochen grob und die einzelnen Tage konkret vorzuplanen. Hierfür eignet sich etwa das sogenannte Timeboxing, das auch gerne im agilen Projektmanagement genutzt wird (mehr zu Timeboxing gibt es im Unterkapitel „Effizientes Zeitmanagement – und was jetzt?"). Danach werden für sämtliche zu erledigende Aufgaben klar definierte und feste Zeitfenster festgelegt.[6] Daraus lässt sich auch ein Ritual basteln: Sich mit einem schönen Planer und einer heißen Tasse Tee zu Beginn des Monats, jeden Sonntagabend oder eben am Abend zuvor kurz an den Schreibtisch setzen, um die einzelnen anstehenden Aufgaben sowie Deadlines niederzuschreiben und zu planen, hilft sehr dabei, Struktur in den Alltag zu bringen. So sagt man der Aufschieberitis den Kampf an, denn man weiß morgens schon, was zu tun ist. Auch das kann herrlich befreiend sein.

Step by Step
Die anstehende Deadline oder Prüfung sorgt für Schaudern, und man fragt sich, wie man das alles nur schaffen soll? Schritt für Schritt! Die Treppe wirkt nicht mehr ganz so lang und steil, wenn man nur die einzelnen Stufen betrachtet. So lohnt es sich beispielsweise, das Lehrbuch in einzelne Kapi-

---

5   Vgl Parkinson'sches Gesetz, das auf den britischen Historiker und Publizisten *Cyril Northcote Parkinson* zurückgeht.
6   Eine hierfür sehr schöne und im Grundmodell kostenlose App wäre etwa „Trello" von Atlassian.

tel und Unterkapitel zu unterteilen und damit eine Strukturierung des Lernpensums in machbare Teilschritte vorzunehmen. 30 Seiten oder ein Kapitel pro Lerntag wirken nicht mehr so erschlagend wie 650 Seiten Lehrbuch. Für einen schnellen Überblick und eine sinnvolle Strukturierung lohnt sich hier auch ein Blick in das Inhaltsverzeichnis.

Realistische Anforderungen an sich selbst setzen

Jede hat sicher schon von den mystischen Studierenden gehört, die es regelmäßig schaffen, eine zehnstündige Netto-Lernzeit auf einen Tag zu verbuchen. Dabei ist das menschliche Gehirn gar nicht darauf ausgelegt, regelmäßig über einen derart langen Zeitraum hinweg effizient zu lernen. Möchte man einen Richtwert festlegen, sollte man mit nicht mehr als sechs Stunden Netto-Lernzeit rechnen. Ein kleiner Tipp ist auch „der Arbeitsvertrag mit sich selbst": Es werden alle wichtigen Aufgaben des Tages, das heißt Lernzeiten, Wohnung putzen und sonstige To-dos, in maximal zehn Stunden inklusive Pausen untergebracht. Das heißt natürlich auch, dass zumindest ein Tag pro Woche komplett frei bleibt – niemand sollte sieben Tage pro Woche mit Arbeit verbringen! Stichwort: Ruhepausen. So bleiben auch ausreichend Puffer und Zeit für die schönen Dinge, wie etwa das Coffee-Date mit einer Freundin am Nachmittag, das Dinner mit der WG am Abend oder der Tag auf dem Berg.

Persönliche Leistungsphasen

Jeder Mensch hat im Lauf eines Tages unterschiedliche Leistungsphasen (sogenannte Chronobiologie). Der Alltag sollte demnach so geplant werden, dass schwierige und mühsame Aufgaben in die jeweils persönliche Hochphase gelegt werden. Den Nachteulen fällt es häufig leichter, komplexe Lernbereiche in den Abendstunden durchzuarbeiten, während die Lerchen und damit die Frühaufsteherinnen diese bestenfalls direkt mit dem morgendlichen Kaffee am Schreibtisch anpacken. Lästige Aufgaben, die nicht besonders viel Konzentration erfordern, können in den Tiefphasen erledigt werden.

Die Macht der Gewohnheit

Aufschieberitis lässt sich systematisch und effektiv vermeiden, indem Routinen und damit sogenannte Gewohnheitsschleifen etabliert werden. Dazu gehören ein fester Schlaf-Wach-Rhythmus, blockierte Lernzeiten oder auch fest eingeplante Zeiten für Sport und Hobbies. Hierfür gibt es kein Patentrezept, jede muss eine Routine finden, die ihr persönlich guttut. Sehr hilfreich sind dabei auch „Habit Tracker". Diese Tools können beim Etablieren neuer Gewohnheiten unterstützen und am Ende dabei helfen, produktiver zu arbeiten und seine eigenen Ziele zu erreichen.

Ritual-Technik
Nach der „72-Stunden-Regel" sollte man mit wichtigen Aufgaben und Projekten immer sofort beginnen, da andernfalls die Umsetzungswahrscheinlichkeit drastisch sinkt. Dies bedeutet zum einen natürlich, dass diese Aufgaben in den folgenden drei Tagen zumindest im Zeitplan inkludiert werden müssen. Um sich den Start etwas zu erleichtern, hilft die Ritual-Technik. Dabei wird für den Beginn der Aufgabe ein bestimmter Zeitpunkt festgelegt, zum Beispiel „Mittwoch um 10:00". Etwa 15 Minuten vor dem Arbeitsbeginn spult man ein kleines persönliches Ritual ab, das auf die bevorstehende Aufgabe vorbereitet. Dies könnte etwa das Bereitlegen der notwendigen Unterlagen sein oder sich einen Tee zu kochen und ein paar kleine Snacks vorzubereiten, den Schreibtisch aufzuräumen und noch einmal durchzulüften. Um Punkt zehn Uhr geht's dann los – und zwar auf die Minute! Wer sich gern im Trödeln verliert, stellt sich hierfür bestenfalls einen Wecker.

Kein Multitasking
Die grundsätzliche Idee der Fähigkeit des Multitaskings, das heißt die Ausführung zweier oder mehrerer Aufgaben zur selben Zeit oder zumindest abwechselnd in kurzen Zeitabschnitten (sogenannte Mehrfachaufgabenperformanz), klingt verlockend. Gleich mehrere Aufgaben parallel zu erledigen, erweckt den Eindruck, man könne sich Zeit und vielleicht auch ein wenig Kraft sparen. Das Gehirn kann sich jedoch nur auf eine einzige Aufgabe wirklich gut fokussieren. Dies bedeutet in der Konsequenz, dass man sich dieser einen Aufgabe bewusst und mit voller Konzentration zuwenden muss, bestenfalls mit allen oder zumindest möglichst vielen Sinnen, um neue Informationen wirklich abspeichern bzw ein gutes Arbeitsergebnis abliefern zu können. Doch warum ist das so? Das Arbeitsgedächtnis hat nur eine begrenzte Aufnahmekapazität, weswegen die Informationen nach einer gewissen Zeit (bestenfalls) ins Langzeitgedächtnis wandern. Dies klappt jedoch nur dann, wenn das Gehirn auch die entsprechenden Anknüpfungspunkte hat – diese können jedoch nicht alle aufgenommen werden, wenn die Fixation auf verschiedene Tasks verteilt ist. Ein kleines Beispiel: Besucht man mit einer Freundin eine Vernissage in einer neuen Stadt und ist aber den ganzen Besuch über in das gemeinsame Gespräch vertieft, wird man sich am Ende kaum mehr an die dort ausgestellten Kunststücke erinnern. Summa summarum nehmen die

geplanten To-dos, die man so gern gleichzeitig abgehakt hätte, am Ende signifikant mehr Zeit in Anspruch. Somit: Voller Fokus auf eine Aufgabe, bevor man zur nächsten übergeht!

TIPP
Wer mehrere Rechtsgebiete bzw grundsätzlich für verschiedene Lehrveranstaltungen parallel lernen muss, teilt sich diese am besten in Blöcke auf, zum Beispiel vormittags Zivilrecht, nachmittags Öffentliches Recht. Für den freien Kopf und vor dem Wechsel unbedingt eine schöne (Mittags-)Pause einplanen!

Digital Detox – Ablenkungen adieu!
Dass Social Media und das Internet wohl die schlimmsten Zeitdiebe sein können, ist kein Geheimnis. Dieser Tipp dient daher vielmehr als kleine Erinnerung, dass es sich ungestört besser lernen und arbeiten lässt. Nun muss es kein radikaler Digital Detox sein, es reicht schon, wenn der „Nicht stören"-Modus aktiviert ist, das Smartphone während der produktiven Phasen aus dem Zimmer gelegt wird oder zumindest nicht in unmittelbarer Reichweite ist. Im Wesentlichen gilt dies auch für sämtliche anderen Ablenkungen! Schließt die Zimmertür, verwendet Ohrstöpsel, hört Musik (falls ihr der Typ hierfür seid) oder sucht euch einen ruhigen Arbeitsplatz außerhalb der Wohnung, etwa in einer Bibliothek.

Mitstreiterinnen suchen – im Team arbeitet es sich leichter!
Nachdem man während der Studienzeit den Tagesablauf im Wesentlichen frei einteilen kann und sich selbst organisieren muss, ist man für das Aufschieben von Aufgaben besonders anfällig – das Lernen wird gern auf „morgen" vertagt. Man muss sich seine eigene Routine und Struktur erst schaffen und hat wenige Faktoren von außen, die den Tagesablauf in einen festen Rahmen einbetten. Aus diesem Grund kann es sehr hilfreich sein, sich Mitstreiterinnen zu suchen. Sich mit Kommilitoninnen und Freundinnen zu „Bib-Sessions" zu treffen, beinhaltet nicht nur die schönen Mensa- und Kaffeepausen, sondern auch gegenseitiges Ermuntern, wenn man gerade einen Durchhänger hat, eine gewisse Art der Kontrolle und Pflichtbewusstsein (Verabredungen sagt man schließlich eher ungern ab), die Möglichkeit, auch einmal bestimmte Problempunkte durchzusprechen, die man noch nicht ganz verstanden hat. Und nicht zu vergessen: das gemeinsame Feiern nach einer erfolgreich gemeisterten Prüfungsphase!

Eine unangenehme Aufgabe zur süßen Versuchung machen – sich selbst belohnen

Teilerfolge zu feiern, ist wichtig, um die Motivation über einen längeren Zeitraum aufrechtzuerhalten. Am Ende des Tages muss man sich selbst auf die Schulter klopfen, stolz auf sich sein und sich zwischendurch auch einfach belohnen, ganz gleich wie! Ein Spaziergang an der frischen Luft, ein gutes Buch, das man sich schon lange kaufen wollte, ein heißes Bad, eine Runde feiern gehen oder eine leckere Tafel Schokolade. Dadurch verringert man auch die Aversion gegenüber einer unangenehmen Aufgabe.

Nicht aufgeben

Man lernt für eine große Prüfung und fragt sich, warum man sich das alles eigentlich antut. Der ständige Druck und die unfassbar großen Stoffmengen verlangen viel Durchhaltevermögen und starke Nerven. Das stetige Gefühl zu scheitern und der Aufgabe nicht gewachsen zu sein – nachdem man vielleicht mal eine Prüfung nicht bestanden oder das geplante Lernpensum nicht geschafft hat – lässt einen manchmal nicht so schnell wieder los. Wenn einem alles einmal zu viel wird und sich Verzweiflung breitmacht: Abstand gewinnen, eine Runde sporteln oder sich sonst etwas Gutes tun, durchatmen und weiter geht's! Der stete Tropfen höhlt den Stein aus, man sollte sich daher immer bewusst machen, was man eigentlich alles schon geschafft hat. Denn das ist eine ganze Menge!

Pausen einplanen – der Ausgleich zu Studium und Berufsalltag

Dieser Punkt taucht in diesem Buch an mehreren Stellen auf, und das nicht umsonst! Pausen sind unglaublich wichtig und werden viel zu häufig unterschätzt. Unter Pausen werden die kurzen Verschnaufpausen im Laufe des Tages verstanden, sei es für eine kurze Brise frische Luft, ein paar Dehnübungen oder einen Snack – jedoch auch längere Zeiträume. So sollte etwa zumindest ein ganzer Tag in der Woche nicht mit Lern- und Arbeitsaufgaben gefüllt werden, dazu zählt aber auch der Urlaub (und wenn er auf „Balkonien" oder auf den „Dahamas" verbracht wird). Somit: Zwischendurch einfach die Seele baumeln lassen und dies in vollen Zügen genießen!

Unterstützung holen

Wer alle Tipps ausprobiert hat und dennoch stark unter dem chronischen Aufschieben von Aufgaben und den damit einhergehenden Konsequenzen leidet, sollte sich Unterstützung holen. Vertraut euch Freundinnen und der Familie an oder wendet euch an professionelle therapeutische Beratungsstellen – die pathologische Prokrastination kann zusammen mit Depressionen auftreten, sie kann jedoch auch eine Begleiterscheinung einer Angststörung oder von ADHS (Aufmerksamkeitsdefizit-Hyperaktivitätsstörung) sein. Viele Universitäten bieten eine kostenfreie (häufig auch eine erstmals anonyme) psychologische Studierendenberatung an. Sie sind somit eine wunderbare erste Anlaufstelle – nehmt sie in Anspruch, denn sie sind da, um euch zu helfen!

§ 3

LERNEN SOLL GELERNT SEIN

Autorin: Stefanie Kartusch

> *„‚Eine Investition in Wissen bringt die besten Zinsen.' – Diesem Zitat von Benjamin Franklin stimme ich voll zu. Noch wichtiger ist jedoch, dass wir lernen sollten, wie man richtig lernt. Effektives Lernen ist der Schlüssel zu kontinuierlicher Weiterentwicklung und langfristigem Erfolg im Berufsleben."*
>
> *Martina Kovacevic*, Rechtsanwältin, Waitz Haselbruner Rechtsanwälte

TIPP
Um sich komplett auf dieses Kapitel konzentrieren und loslegen zu können, wurden alle erwähnten Vorlagen von uns visualisiert, und sie können ganz einfach über den QR-Code heruntergeladen werden.

Im Studium wird gelernt. Im Jus-Studium wird sehr viel gelernt. Aus diesem Grund ist es umso wichtiger, frühzeitig die besten Lernmethoden für sich selbst zu finden und zu verstehen, welche Auswirkungen die Lernmethoden auf das Studium haben.

Viele Studentinnen beginnen das Jus-Studium in dem Glauben, dass die Lernmethoden aus der Schulzeit weiterhin effektiv sein werden. Erst in der ersten Lern- bzw Klausurenphase, in der viel Zeit in der Bibliothek oder beim Lernen verbracht wird, wird deutlich, dass das Lernen nicht mehr so einfach ist und dass man seinen Lernstil möglicherweise anpassen muss.

Wie bereits im ersten Kapitel erwähnt, lernt jeder Mensch anders: So gibt es Studierende, die sich vor der Prüfungsphase wochenlang in ihren Büchern vergraben, andere lernen wieder am besten durch das Besuchen der Lehrveranstaltungen und wieder andere in der Gruppe, in der der Lernstoff und die einzelnen Fälle diskutiert werden, um ein paar Beispiele zu nennen. Es ist wichtig zu betonen, dass keine dieser Methoden grundsätzlich besser oder schlechter ist als die andere. Die Lernmethoden müssen individuell angepasst werden.

1. Die Lernmatrix: Der Weg zum effektiven Lernen

Selbst in einer Welt, die von ständigem Wandel und Innovation geprägt ist, bleibt das Lernen eine der grundlegenden menschlichen Aktivitäten. In diesem Unterkapitel werden wir uns ausführlich mit den verschiedenen Arten von Lerntypen auseinandersetzen, auf häufig auftretende Probleme eingehen, aber auch auf den Mythos, der dahintersteckt, zu sprechen kommen.

Nach *Frederic Vester* können Lerntypen in vier Hauptkategorien eingeteilt werden: visuell, auditiv, motorisch und kommunikativ. Anzuführen ist, dass sich die Theorie der Lerntypen an seinen Ausführungen bis heute orientiert, die Idee von Lerntypen jedoch nicht wissenschaftlich verankert ist – so soll sie in erster Linie zur Orientierung beitragen, um erfolgreich zu lernen. Jeder dieser vier Lerntypen hat seine eigenen Stärken und Schwächen.

Visueller Lerntyp	Auditiver Lerntyp	Motorischer Lerntyp	Kommunikativer Lerntyp
Bevorzugt das Lernen durch das Sehen von Informationen.	Nimmt Informationen am besten durch das Hören auf.	Lernt am effektivsten, wenn sie aktiv handelt und Dinge praktisch erlebt.	Lernt durch den Austausch und die Diskussion von Lerninhalten mit anderen.

Tabelle 1: Lerntypen

1.1. Übersicht der Lerntypen im Studium

Visueller Lerntyp

Für den visuellen Lerntyp ist es von Vorteil, wenn Lerninhalte bildlich veranschaulicht werden, um den Lernprozess zu optimieren. Der visuelle Lerntyp lernt in der Regel gerne allein, sei es zu Hause oder in der Bibliothek. Er nutzt das Sehen, Beobachten, Lesen und Anblicken, um sich den Prüfungsstoff bestmöglich einzuprägen. Personen, für die das Sehvermögen die hauptsächliche Lernform darstellt, erinnern sich oft genau an die Stelle, an der sie die entsprechenden Informationen gelesen haben (beispielsweise auf Seite 17 im linken unteren Eck). Dies ermöglicht es ihnen, die relevanten Inhalte schnell und effizient abzurufen.

Beste Lerntechniken für den visuellen Lerntyp

→ Häufiges Lesen von Skripten und etwaigen Lernmaterialien
→ Erstellung von Mindmaps, Grafiken, Skizzen etc
→ Karteikarten

Es wird empfohlen, prüfungsrelevante Inhalte durch Lesen zu verinnerlichen. In vielen Fällen ist es ausreichend, die Skripten und Lernunterlagen wiederholt zu lesen, um sich den Lerninhalt anzueignen und zu beherrschen. Dazu gehören auch Darstellungen jeglicher Art, wie beispielsweise Grafiken, Skizzen, Mindmaps oder Diagramme, die den Lernprozess unterstützen.

Die „Loci-Methode" (dazu mehr unten) ist eine geeignete Lernmethode für den visuellen Lerntyp, um Inhalte vollständig, präzise und in einer bestimmten Reihenfolge zu erlernen. Die kreative Komponente dieser Methode gewährleistet, dass das Erlernte wesentlich länger im Gedächtnis bleibt.

Auditiver Lerntyp

Der auditive Lerntyp bevorzugt das Lernen durch das Hören von Informationen. Diese Menschen profitieren von Vorträgen, Diskussionen und Hörbüchern – und eben auch von Besuchen von und Mitarbeiten in Lehrveranstaltungen. Auditive Lerntypen erkennt man oft daran, dass sie beim Lesen leise ihre Lippen bewegen, als würden sie die Worte aussprechen. Ihre Stärken liegen in der Fähigkeit, mündlichen Anweisungen zu folgen und Informationen leicht zu verarbeiten. Sie können komplexe Konzepte gut durch das Hören verstehen.[7]

Beste Lerntechniken für den auditiven Lerntyp

➜ Besuch von und Mitarbeit in Lehrveranstaltungen
➜ Unterlagen laut vorlesen und Lernstoff abfragen
➜ Kompakte Zusammenfassung erstellen

So hilft es, sich die Unterlagen laut vorzulesen, sich gegenseitig abzufragen und den Lernstoff vorab in eigenen Worten zusammenzufassen. Dafür bietet sich die Lernmethode des **Exzerpierens** an – das heißt, grundlegende Informationen eines Textes festzuhalten, um eine möglichst kompakte Zusammenfassung zu erstellen. Des Weiteren kann es hilfreich sein, die erstellten **Zusammenfassungen als Sprachnotiz aufzunehmen**. Durch das mehrmalige Abspielen der Sprachnotiz festigt sich der Lernstoff und man kann sich optimal auf eine Prüfung vorbereiten. Für die auditiven Lerntypen ist es auch von Vorteil, wenn Vorlesungen und Lehrveranstaltungen im digitalen Format aufgenommen werden.

TIPP
Ohne eine explizite Zustimmung der Professorinnen und Lehrbeauftragten sollte man die Lernveranstaltungen nie aufnehmen. Wenn man den Vortragenden zu verstehen gibt, dass die Aufnahme nur für persönliche Lernzwecke erfolgt, ist die Wahrscheinlichkeit höher, dass sie zustimmen.

Motorischer Lerntyp

Der motorische Lerntyp lernt am effektivsten durch direkte Handlung und das Erkennen von Zusammenhängen durch praktische Anwendung. „Learning by Doing" ermöglicht es ihm, den Lernstoff besser zu behalten und abzurufen. Dazu kann es hilfreich sein, den Stoff während des Herumlaufens im Raum oder durch den Einsatz von Mimik und Gestik zu wiederholen. Zudem fördert das Manipulieren von Gegenständen, wie das Drehen

---

[7] *Kröschel*, Welcher Lerntyp bist du? https://www.geo.de/geolino/mensch/5849-rtkl-lernen-welcher-lerntyp-bist-du (13.12.2023).

eines Stifts zwischen den Fingern oder das Drücken eines Balls, den Lernprozess dieses Typs.[8] Für motorische Lerntypen stellt das ruhige Sitzen am Lernplatz eine besondere Herausforderung dar.

Beste Lerntechniken für den motorischen Lerntyp

→ Immer in Bewegung bleiben
→ Gruppenarbeiten
→ Lernen durch Anwendung praktischer Beispiele

Kommunikativer Lerntyp

Der kommunikative Lerntyp zeichnet sich durch eine kritische Auseinandersetzung mit Lerninhalten aus. In Lehrveranstaltungen erkennt man diesen Typ oft daran, dass er Vortragenden immer wieder gezielt kritische Fragen stellt und aktiv (und oft leidenschaftlich) an Diskussionen teilnimmt. Kurz gesagt sind das die Personen, die oft aufzeigen. Der kommunikative Lerntyp tauscht sich intensiv mit Kommilitoninnen über bestimmte Themen aus, hinterfragt Inhalte und stellt dabei regelmäßig Fragen. Er profitiert besonders von Gruppendiskussionen und Lerngruppen, da er durch den Austausch mit anderen verschiedene Perspektiven auf ein Thema erhalten kann.[9] Der kommunikative Lerntyp profitiert immens vom Besuch der Konversatorien und Seminare, wo der Austausch ein wesentlicher Teil der Lehrveranstaltung ist.

Beste Lerntechniken für den kommunikativen Lerntyp

→ Besuch und insbesondere Mitarbeit bei Lehrveranstaltungen
→ Lerngruppen
→ Formulierung eigener Prüfungsfragen während der Prüfungsphase

Exkurs: Die Kritik an den Lerntypen

Bevor man versucht, sich einem bestimmten Lerntypus zuzuordnen, ist es wichtig, darauf hinzuweisen, dass das Konzept der Lerntypen umstritten

---

8   Ebd.
9   *Rassek*, Lerntypen: Zu welchem der vier gehören Sie? https://karrierebibel.de/lerntypen/ (13.12.2023).

und kritisch zu betrachten ist. Statt sich auf eine festgelegte Kategorie zu beschränken, sollten die verschiedenen Lerntypen vor allem dazu dienen, neue Lernstrategien und -methoden zu entdecken, die bisher möglicherweise nicht ausprobiert wurden. Es ist wichtig zu beachten:

- Die Wahrnehmung von Informationen durch verschiedene Sinne garantiert nicht automatisch effektives Lernen.
- Es gibt nahezu keine wissenschaftlichen Belege für die Existenz von Lerntypen.
- Faktoren wie Vorwissen, Motivation des Lernenden und der Lerngegenstand werden von den Lerntypen-Modellen oft nicht ausreichend berücksichtigt.

Ein Kritikpunkt bezüglich der Lerntypen besteht darin, dass das bloße Aufnehmen von Informationen durch verschiedene Sinne als gleichbedeutend mit dem eigentlichen Lernen betrachtet wird. Jedoch bedeutet beispielsweise das visuelle Einprägen von Informationen noch nicht zwangsläufig, dass man sie auch verstanden und effektiv gelernt hat. Die Verarbeitung der visuell aufgenommenen Informationen im Gehirn ist entscheidend, damit sie auch ins Langzeitgedächtnis übergehen können. Dabei spielen kognitive Faktoren wie logisches Denkvermögen, Auffassungsgabe und Verarbeitungsgeschwindigkeit eine entscheidende Rolle.

In der Kognitionswissenschaft, einer Disziplin, die sich mit der Erforschung bewusster und unbewusster Informationsverarbeitung befasst,[10] existieren keine wissenschaftlichen Belege für die Existenz von Lerntypen. Dies liegt daran, dass mehrere Studien, die den Nachweis von Lerntypen versuchten, fehlerhafte Methoden anwendeten. Die Ergebnisse dieser Studien weisen daher keine Gültigkeit (Eignung der Messung für die Zielerreichung) und Reliabilität (Zuverlässigkeit der Messung) auf.

Ebenso vernachlässigt das Konzept der Lerntypen den Lerngegenstand sowie das Vorwissen und die Motivation einer Person. All diese Faktoren spielen bei der Entscheidung für eine Lernmethode eine Rolle. So wird jemand, der beispielsweise mit mathematischen Formeln konfrontiert wird (zB eine Jus-Studentin, wenn sie für wirtschaftliche Fächer lernt) und kein Vorwissen besitzt, eine geringere Motivation besitzen, sich damit auseinanderzusetzen. Möglicherweise bevorzugt es diese Person, die Formeln von jemandem erklärt zu bekommen, der sich damit gut auskennt, und zieht dabei die auditive

---

10 https://de.wiktionary.org/wiki/Kognitionswissenschaft (14.12.2023).

Informationsaufnahme vor. Diese Option könnte als motivierender und unterhaltsamer empfunden werden als das eigenständige Erlernen der Formeln. Im Gegensatz dazu könnte dieselbe Person einen Text über die lateinischen Fälle problemlos und motiviert lesen, wenn sie bereits über entsprechendes Vorwissen und Interesse verfügt. In diesem Fall erfolgt die Informationsaufnahme visuell, ohne die Unterstützung weiterer Personen.

In anderen Situationen mag dieselbe Person vielleicht keine Lust und Motivation haben, einen Text zu lesen, unabhängig vom Thema. Das bedeutet, dass Menschen je nach Thema, Vorwissen und Motivation unterschiedliche Präferenzen bei der Informationsaufnahme haben.

Die getroffene Wahl spiegelt jedoch nicht zwangsläufig wider, welcher Wahrnehmungssinn am besten zum Lernen geeignet ist. Es handelt sich vielmehr um individuelle Vorlieben. Daher können Menschen nicht einfach in Lerntypen eingeteilt werden, die angeblich immer ideal für sie funktionieren.

Summa summarum kann man davon ausgehen, dass die richtigen Lernmethoden entscheidend sind, um die individuellen Stärken zu nutzen und Schwächen zu überwinden. Im weiteren Verlauf dieses Kapitels werden wir deshalb auch auf die Entwicklung von Lernstrategien eingehen, die es jeder Studentin ermöglichen, ihr volles Potenzial auszuschöpfen.

2. Methodisch zum Erfolg: Schlüsselstrategien für effektives Lernen

„Probieren geht über Studieren" – so muss man auch zu Beginn des Studiums herausfinden, welche Lernmethode für welches Rechtsgebiet bzw für einen selbst das Optimum darstellt. Ähnlich wie bei Zeitmanagement-Methoden kann man eine Lernmethode für eine Woche oder ein paar Tage ausprobieren und anschließend evaluieren, welche am besten funktioniert hat.

Auf **die 3 häufigsten Methoden** soll hier kurz eingegangen werden.

2.1. Mind Maps

Die Methode des Mind Mapping ist eine effiziente Anwendung, um sich Lerninhalte, Ideen und Gedanken zu veranschaulichen.[11] Für die Erstellung einer

---

11 Erfunden wurde diese Methode in den 1970er-Jahren von den britischen Psychologen *Tony Buzan* und *Peter Russel*.

Mind Map benötigt man weißes Papier im Querformat und mehrfarbige Stifte – die Erstellung wird Studierenden noch aus der Schulzeit bekannt sein. Sinnvoll ist diese Methode vor Beginn der Prüfungsphasen, um den Lernstoff übersichtlich zu gliedern und die eigenen Lernziele und To-dos zu ordnen.

Mind Maps helfen auch ...

→ beim Brainstorming, um zB alle der Rechtsgeschichte/dem Wormser Konkordat zugehörigen Informationen schnell und einfach zusammenzustellen;
→ beim Anfertigen von Notizen in Vorlesungen und Seminaren, die anschließend zu Hause noch einmal durchgegangen werden können;
→ beim Auswendiglernen und
→ um einen guten Überblick über den Lernstoff zu erhalten.

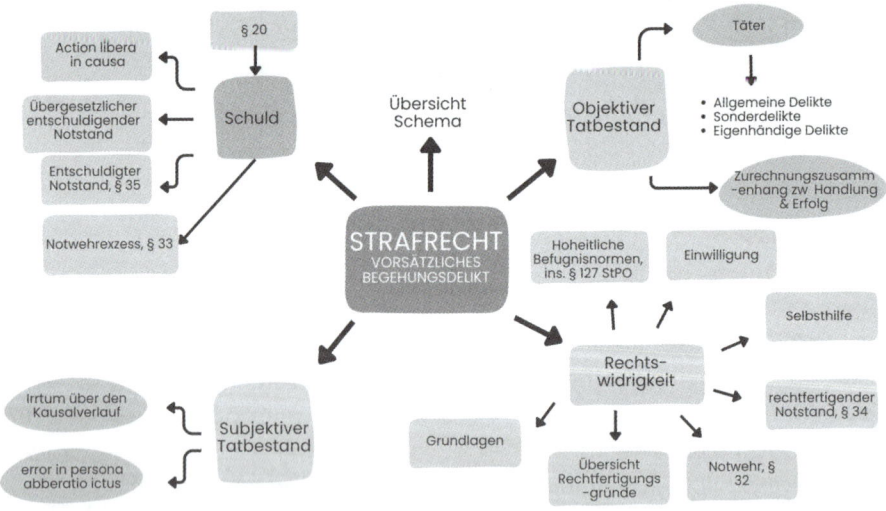

Abbildung 1: Mind Map

2.2. Karteikarten

Das Lernen mit Karteikarten wird immer beliebter, kann aber bei fehlerhafter Zusammenstellung und nicht gezielter Anwendung mehr Belastung als Hilfe sein. Anbei ein paar Tipps, auf die unserer Meinung nach jede Studentin achten sollte:

→ Zuerst sollte man sich immer fragen, ob der Prüfungsinhalt für eine Karteikarte geeignet ist oder ob es besser wäre, eine Zusammenfassung auf einem DIN-A4-Blatt zu erstellen.
→ Karteikarten sind dafür da, Stichworte oder Grafiken vorzuweisen, deren Informationen man für eine Prüfung wissen soll.
→ Gesetzestexte oder Textpassagen, die man auswendig lernen muss, sind nicht ideal für Karteikarten. Passend sind sie für Definitionen, Grafiken, Formeln, Listen oder Vokabeln.
→ „In der Kürze liegt die Würze" – schreibe daher nur Stichwörter auf die Karteikarten und versuche, die Informationen dazu laut aufzusagen.
→ Abschreiben gilt auch bei der Erstellung von Karteikarten als No-Go. Finde deshalb eigene Formulierungen, um das Wissen in Stichworten auf Karteikarten zu schreiben.
→ Papier- oder Digitalkarteikarten – hier gibt es kein Rezept, finde die effizienteste Methode für die individuelle Erstellung der Karteikarten.

TIPP
Ressourcenverwaltung ist wichtig. Mitzudenken – und nicht zu unterschätzen – ist auch der Stoffumfang. Karteikärtchen sollten deshalb gezielt eingesetzt werden, etwa nur bei den wichtigsten Kapiteln und Definitionen.

2.3. Zusammenfassungen

Bei Zusammenfassungen geht es darum, den Inhalt in eigenen Worten wiederzugeben. Verfasst werden diese im Präsens nach einer festen Struktur:

→ Einleitung
→ Hauptteil
→ Schluss

In der Einleitung versucht man, die wichtigsten Fakten darzustellen, während im Hauptteil die wichtigsten Passagen kurz und sachlich dargelegt werden. Zum Schluss kann man noch die eigenen Gedanken wiedergeben.

TIPP

Effizientes Verfassen von Notizen
Das Erstellen kurzer Notizen zu den Abschnitten kann in der Prüfungsphase äußerst hilfreich sein, um zusätzliche Informationen schneller parat zu haben. Wenn man nicht genau weiß, was man bei der Erstellung einer Zusammenfassung weglassen soll, können die folgenden Fragen weiterhelfen:

→ Welche Inhalte sind klausurrelevant und welche nicht?
→ Welche sind davon die wichtigsten Themen?
→ Welche Inhalte fallen schwer und sollten zuerst gelernt werden?

Wie im vorherigen Kapitel erwähnt, geht es nicht ohne Priorisierung. Wenn es darum geht, leicht verständliche Beispiele oder Wiederholungen anzuführen, sollte man Mut zur Lücke beweisen und Inhalte, die man bereits kann, streichen. Zudem sollte man die Zeitkomponente bei Zusammenfassungen nicht außer Acht lassen, denn jeder weiß, wie lange es dauert, eine zu erstellen.

TIPP
Jus-Studentinnen sind leider nicht dafür bekannt, ihre Lernunterlagen gerne zu teilen. Dennoch finden sich in den Studierenden-Gruppen auf Social Media oder auf Lernplattformen wie Studocu oder Studyrush immer wieder sehr gute Zusammenfassungen. Achte jedoch darauf, dass diese Zusammenfassungen aktuell sind.

3. Effektive Lernpfade: Strategien für Lernpläne

Nicht nur die richtige Lernmethode, sondern auch ein geeigneter Lernplan kann den Lernerfolg positiv beeinflussen. Da das Erstellen von Lernplänen genauso gelernt werden muss, setzen wir uns in diesem Abschnitt genauer damit auseinander, und wir hoffen, mit unseren Vorlagen die Prüfungsvorbereitung etwas zu erleichtern.

Lernpläne können noch so unterschiedlich gestaltet sein – das einzig wirklich Wichtige ist, zu beachten, dass diese individuell an die eigenen Bedürfnisse angepasst sein sollten und nicht einfach von anderen übernommen werden können. Mit einem Lernplan kann man seine Zeitressourcen individuell einplanen und den Lernfortschritt tracken – dabei ist es egal, ob man den Lernplan auf Papier oder digital erstellt.

Hier zwei Tipps, um das Beste aus der Klausurenphase herausholen zu können:

Ziele setzen & Zeitplan erstellen: Für die wichtigsten Take-aways hinsichtlich Priorisierung und Zeitmanagement möchten wir hier das Kapitel § 2 in Erinnerung rufen – gerne ein paar Seiten zurückblättern.

Klare und realistische Ziele definieren: Was möchte man in diesem Semester schaffen? Je spezifischer die Ziele (geht es um Noten, Wissen oder andere Fähigkeiten), desto besser.

Hier ein Beispiel, wie ein Zeitplan für einen Lernplan aussehen kann:

3.1. Bestimme ein Ziel

Wie bereits erwähnt, legt man im ersten Schritt fest, welche Prüfungsvorbereitung man planen möchte. Beim Parallel-Lernen für mehrere Prüfungen empfiehlt es sich dennoch, jede Prüfung einzeln vorzubereiten. Ebenso sollte man sich ein Ziel festlegen, das zusätzlich motiviert, zB: Lernplan für „Österreichische Rechtsgeschichte" (Zielnote: 2)

3.2. Überblick über den Lernstoff

Nun verschafft man sich einen Überblick über den Lernstoff und sammelt alle dafür benötigten Unterlagen. Selbst das reine Durchblättern der Unterlagen hilft bereits, ein Gefühl für den Lernstoff zu entwickeln. Falls man sich noch am Beginn des Semesters befindet, wird nur der Stoff, den man bereits in der Lehrveranstaltung besprochen hat, gesammelt und notiert. Beispiele für die Unterlagen, die man sammeln könnte: Lehrbücher, Vorlesungsfolien, Skripten, alte Klausuren etc.

3.3. Lernstoff strukturieren

Den Lernstoff sortiert man anschließend und teilt die Inhalte zuvor definierten Themenblöcken zu. Das Inhaltsverzeichnis der Lehrbücher bzw der

Aufbau der Vorlesungen bietet einen guten Überblick über den Lernstoff. Dadurch entsteht bereits eine erste Lernstruktur, die bei der weiteren Planung hilfreich ist. Beispiel für Strafrecht:

→ Vorlesungseinheiten Nr 1–4
→ Kapitel 1–6 aus dem Lehrbuch
→ Übungsfälle Nr 1–22

3.4. Aktivitäten festlegen

Nun wird festgelegt, wie die Inhalte gelernt werden: Muss ein Kapitel zusammengefasst, auswendig gelernt oder einfach nur gelesen werden? Ein Beispiel:

TO-DOS VOR DER VORLESUNG „BÜRGERLICHES RECHT" AM 15. OKTOBER

→ Mitschrift der letzten Vorlesungseinheit lesen
→ Mitschrift zusammenfassen
→ Zusammenfassungen vergleichen und gegebenenfalls korrigieren
→ Zusammenfassung lernen bzw wiederholen

3.5. Zeitplan abschätzen

Ein wichtiger Schritt ist die zeitliche Planung der Prüfungsvorbereitung. Für jede Aktivität wird hier geschätzt, wie lange man etwa dafür brauchen wird. Die Grundregel lautet: Mehr Zeit einplanen, als man glaubt zu benötigen. Für die richtige Einschätzung helfen die Strategien in Kapitel § 3. Die meisten Studentinnen planen mindestens vier Wochen reine Lernzeit für die bevorstehende Prüfung ein. Ein Beispiel:

Kapitel 2 aus dem Lehrbuch „Öffentliches Recht – Grundlagen"

→ Kapitel lesen (45 Minuten)
→ Kapitel zusammenfassen (90 Minuten)
→ Zusammenfassung lernen (150 Minuten)

3.6. Erstelle einen Ablaufplan

Nun werden die einzelnen Notizen zu einem übersichtlichen Lernplan vereint. Mithilfe von Balkendiagrammen kann man sich diesen mit Microsoft Excel oder PowerPoint individuell erstellen.

4. Erfolgreich in neue Rechtsgebiete eintauchen

Gerade zu Beginn des Studiums kann es überwältigend sein, sich während der Prüfungsphase gleichzeitig auf mehrere Rechtsgebiete zu konzentrieren und parallel zu lernen. Hier sind einige hilfreiche Tipps für die nächste Klausurenphase:

4.1. Ein Blick in das Inhaltsverzeichnis

Ein Blick ins Inhaltsverzeichnis hilft dabei, das Verständnis für den Aufbau eines Rechtsgebiets zu vertiefen. Die Beschäftigung damit fördert das Verständnis für Sinn und Zweck des Rechtsgebiets sowie die Gliederung der Themen. Dadurch wird Interesse geweckt, und man bekommt ein erstes Gefühl dafür, welche Themen besonders wichtig sind. So erkennt man beispielsweise, dass das Zivilrecht viele Bereiche umfasst, wie etwa das Sachenrecht, Schuldrecht, Erbrecht und Familienrecht, oder das Strafrecht die folgenden Deliktsgruppen:

Strafrecht

Der Tatbestand – Deliktsgruppen

53	VERBRECHEN – VERGEHEN
53	VORSATZDELIKTE – FAHRLÄSSIGKEITSDELIKTE
53	HANDLUNGSDELIKTE – UNTERLASSUNGSDELIKTE
55	ERFOLGSDELIKTE – TÄTIGKEITSDELIKTE
56	ALLGEMEINDELIKTE – SONDERDELIKTE
57	KUMULATIVE ODER ALTERNATIVE MISCHDELIKTE
58	BLANKETTSTRAFBESTÄNDE

Abbildung 2: Inhaltsverzeichnis

Durch den gekonnten Umgang mit dem Inhaltsverzeichnis wird auch klar, worauf bei der Prüfungsvorbereitung besonders geachtet werden muss. Zusätzlich kann man auch gleich jene Kapitel, die Professorinnen besonders gerne prüfen, farblich kennzeichnen.

TIPP
Inhaltsverzeichnisse sind vielseitiger, als man denkt. Sie eignen sich auch hervorragend als Lernunterlage in der Wiederholungsphase. Um das Gelernte zu überprüfen, sollte man zu jedem Punkt mindestens eine Minute frei sprechen können. Als Alternative zu den Inhaltsverzeichnissen können auch Mindmaps erstellt werden.

4.2. Gesetzessystematik verstehen und Eselsbrücken anwenden

Die Lehrbücher folgen in der Regel dem Aufbau der Gesetze. Aus diesem Grund ist ein Parallelstudium mit dem Lehrbuch und dem Gesetz empfehlenswert. Dadurch baut man nicht nur das Verständnis für ein Rechtsgebiet auf, sondern lernt auch, mit dem Gesetz zu arbeiten, was nicht nur für die Prüfungen, sondern auch im späteren Berufsleben von großer Relevanz ist. Wenn man dieses Lernsystem beherrscht, wird man viel leichter das Verständnis für das Gesetz und den Lernstoff vertiefen und nicht mehr „nur" auswendig lernen.

TIPP
Ein weiterer Tipp für die Gesetzessystematik ist, Eselsbrücken anzuwenden. Viele davon werden die Professorinnen und die Vortragenden in den Lehrveranstaltungen vorstellen, einige findet man auch im Internet. Man kann aber auch kreativ sein und sich selbst eine ausdenken.
Beispiele für Eselsbrücken:

→ Die Gewährleistung bei beweglichen Sachen beträgt 2 Jahre und ist damit kürzer als bei unbeweglichen Sachen (3 Jahre), weil das Wort beweglich kürzer als das Wort unbeweglich ist.
→ „Augen auf, Kauf ist Kauf"

4.3. Prüfungsschemata

Prüfungsschemata sind nicht nur relevant für Prüfungen. Sie werden häufig auch in der Praxis für die Falllösungen angewendet. Das Lernen und Anwenden der Prüfungsschemata, egal ob auf Karteikarten, in Zusammenfassungen oder auf Lernzetteln, ist ein hilfreicher Schritt, um an Sicherheit bei der Falllösung zu gewinnen. Denn auch wenn man mit dem einzelnen Prüfungsfall zu Beginn nichts anfangen kann, bieten Prüfungsschemata eine gute Orientierung (zB welche Ansprüche oder welcher Tatbestand geprüft werden muss).

Prüfungsschemata sind kein Hexenwerk, man kann sich diese überall herholen – ob aus Vorlesungsfolien, Tutorien, aus AG-Fällen oder aus Skripten und Lehrbüchern. Es gibt viele Möglichkeiten, fertige Schemata zu erhalten.

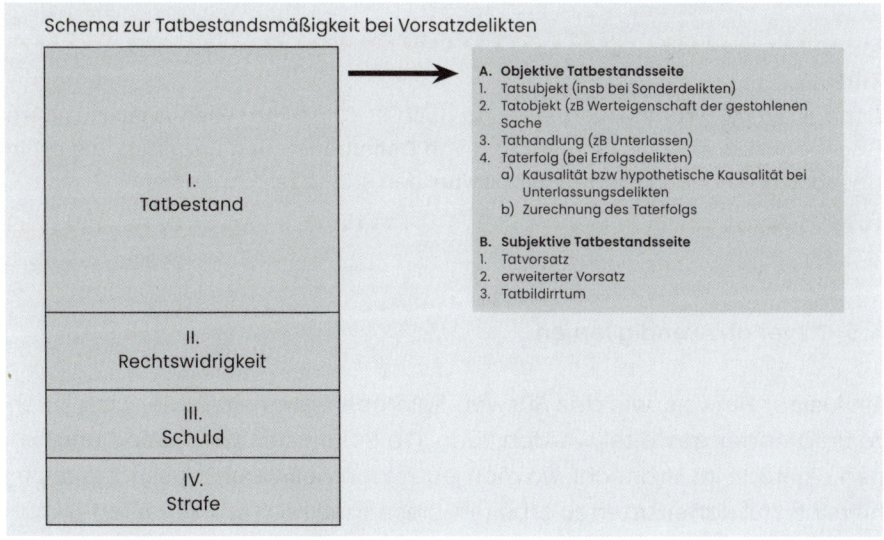

Abbildung 3: Schema Tatbestandsmäßigkeit

4.4. Formulierungen und Obersätze vormerken

Obersätze bereits im Vorhinein zu bilden, kann sehr hilfreich sein, da man sich beim Schreiben keine Gedanken mehr darüber machen muss. Das Abrufen erfolgt dann im Automatismus. Viele Obersätze sind bereits vorgefertigt und werden durch das Lesen von Casebooks und das Lösen von

Fällen erlernt, wie wir am folgenden Beispiel aus dem Öffentlichen Recht erkennen: „Wenn nach den Erfolgsaussichten einer Klage gefragt wird, dann heißt es, dass die Klage immer Aussicht auf Erfolg hat, wenn sie zulässig und soweit begründet ist."

Das Wort „soweit" ist dabei äußerst wichtig und wird leider von vielen immer wieder weggelassen oder vergessen. Es ist daher ratsam, bestimmte Obersätze, genauso wie Prüfungsschemata, auswendig zu lernen, um diese immer abrufen zu können. Es gibt klassische Begriffe (zB *conditio sine qua non* im Strafrecht oder *nemo plus iuris transferre potest quam ipse habet* aus dem römischen Recht) und Definitionen, die in den Obersätzen benutzt werden können und in Klausuren gut ankommen. Deshalb auch an dieser Stelle nochmals der Hinweis: Bildet oder merkt euch bereits im Voraus gute Obersätze, um bei der Falllösung während der Klausur dafür nicht Unmengen an Zeit zu verschwenden.

TIPP
Notiere bei der Prüfungsvorbereitung auch etwaige Formulierungen aus dem Casebook. Die richtige Verwendung von Definitionen und Begriffen, die oft in Casebooks gefunden werden, werden bei den Prüfungen bepunktet.

4.5. Clever auswendig lernen

Ein kleiner Hinweis, wie das Auswendiglernen etwas einfacher oder auch zeitsparender gestaltet werden kann: Ob Schemata oder viele Definitionen – gerade im Strafrecht, wo man jedes Wort definieren muss, ist es super hilfreich, mit Karteikarten zu arbeiten. Diese kann man entweder fertig kaufen (zB in Form von Prüfungstrainern), oder man kann sie selbst erstellen. Auf diesen Karten schreibt man Definitionen nach dem Frage-Antworten-Prinzip auf: vorne zB das Wort „Körperverletzung", auf der Rückseite die entsprechende Definition.

Aber nun unser Tipp zum Thema „clever" Auswendiglernen: Bleiben wir auch in diesem Beispiel bei der „Körperverletzung" und nutzen eine Karteikarte.

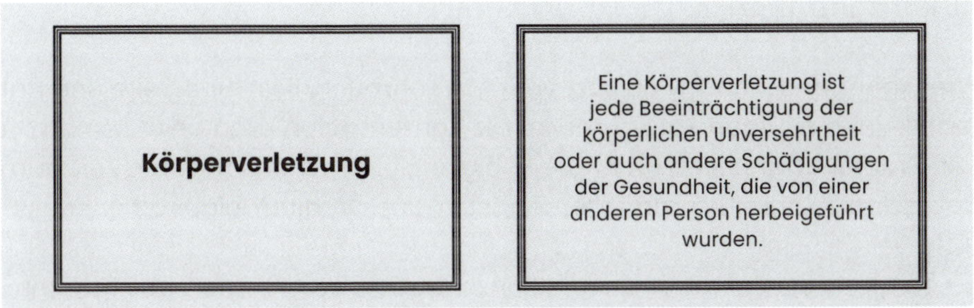

Körperverletzung	Eine Körperverletzung ist jede Beeinträchtigung der körperlichen Unversehrtheit oder auch andere Schädigungen der Gesundheit, die von einer anderen Person herbeigeführt wurden.

Abbildung 4: Karteikarte

In der Regel sind in dieser Definition zwei bis drei Worte ausschlaggebend, die am Ende bei der Klausur auch fallen müssen. Diese markiert man am besten farblich. Man kann mit diesen Schlagwörtern auch eigene Definitionen mit Synonymen erstellen.

4.6. Fälle, Fälle, Fälle

Es wird niemanden überraschen, aber dies gehört nun mal zur guten Prüfungsvorbereitung dazu. Jeder kennt es: Man hat Tage, da macht es Spaß, Fälle zu lösen – an anderen Tagen ist man eher schreibfaul und widmet sich lieber dem theoretischen Teil der Lehrbücher. Am Ende des Tages bestehen unsere Klausuren aber einfach aus Fällen, und diese wird man wirklich nur dann gut lösen können, wenn man Übung darin hat. Manche Personen brauchen mehr, manche weniger Übung. Oft zahlt es sich auch aus, kurz vor Prüfungen Tutorien zu besuchen und nebenbei Fälle aus Altklausuren zu lösen. In der Regel kommen bekannte Fälle in Klausuren vor – etwas abgewandelt oder mit einer Zusatzfrage behaftet, dasselbe gilt auch für Hausarbeiten.

    Es kann vorkommen, dass man vielleicht nach den ersten zehn oder sogar 15 Fällen noch immer nicht weiß, nach welcher Strafbarkeit zu prüfen ist oder welcher Schadenersatzanspruch hier in Betracht kommt – dies ist aber kein Grund zur Sorge, kein Meister ist vom Himmel gefallen. Man muss geduldig sein, denn alles ist eine Sache der Übung. Und wenn man einen Fehler macht, dann Glückwunsch! Es ist gut, Fehler zu machen, denn genau aus diesen lernt man. Mit der Zeit bekommt man ein Gespür für die Falllösung und merkt, wie es richtig geht.

5. Konzentration

Wer kennt das nicht? Man sitzt vor dem Lehrbuch, liest eine Seite und hat sich keinen einzigen Satz gemerkt. Die Konzentration kann beim Lernen oft ein Problem darstellen, aber die Fähigkeit, über einen längeren Zeitraum fokussiert zu arbeiten und zu lernen, ist im Jus-Studium leider oft unerlässlich.

Es gibt viele Faktoren, die die Konzentration beim Lernen beeinträchtigen können. Die bekanntesten Beispiele sind externe Ablenkungen, wie das ständige Rein- und Rausgehen von Kommilitoninnen in der Bibliothek, mentaler Overload oder auch Social Media (wer kennt es nicht, wenn eine fünfminütige Lernpause zu 30 Minuten Doomscrolling wird).

Zusätzlich können eine ungeeignete (zB unordentliche) Lernumgebung, schlechtes Licht oder ein unbequemer Sessel die Konzentrationsfähigkeit negativ beeinflussen. Auch persönliche Faktoren wie Stress, Leistungsdruck, finanzielle oder andere Sorgen tragen dazu bei, dass die Konzentrationsfähigkeit abnimmt.

Zu guter Letzt ist auch die Motivation für das Fach, mit dem man sich gerade beschäftigt, ein ausschlaggebender Grund. Besteht kein Bezug oder kein Interesse an dem Lernstoff, wird es schwieriger werden, diesen zu lernen.

5.1. Wie ist es möglich, die Konzentration zu verbessern?

Produktive Lernumgebung schaffen
Ein guter Start besteht darin, eine Lernumgebung zu schaffen, die frei von Störungen ist. Der erste Schritt könnte sein, einen passenden Ort zu finden. Dieser kann für jede Studentin ein anderer sein: die Bibliothek, das Wohnzimmer zu Hause oder vielleicht ein Café. Anschließend betrachtet man den Arbeitsplatz vor sich, räumt sämtliches Chaos weg und legt alle notwendigen Unterlagen heraus, damit diese während des Lernens nicht gesucht werden müssen. Solche Maßnahmen tragen dazu bei, eine produktive und angenehme Lernatmosphäre zu schaffen.

Ablenkungen minimieren
Der Arbeitsplatz sollte möglichst frei von Ablenkungen sein. Das Handy sollte entweder in die Tasche oder in den Nebenraum gelegt werden, idealerweise

im Flugmodus, um nicht durch Klingeln oder Vibrieren aus der Konzentration gerissen zu werden. Weitere Ablenkungen können laute Geräusche von außen, wie Baustellen oder Verkehr, sein. Auch unerwünschte Benachrichtigungen auf dem Computer oder auf Tablets sollten deaktiviert werden. Unaufgeräumte Schreibtische, der ständige Zugriff auf soziale Medien oder das Verlangen, ständig E-Mails zu checken, können ebenfalls stören.

TIPP
Es gibt eine Reihe von Konzentrations-Apps, die man als Hilfe heranziehen könnte. Eine einfache Alternative sind die guten alten Ohrstöpsel.

Zusätzlich sollte darauf geachtet werden, dass keine unerledigten Aufgaben oder andere Verpflichtungen im Kopf herumschwirren, die vom Lernen ablenken könnten.

Pausen!
Stundenlang lernen, ohne Pausen zu machen, können die wenigsten. Es ist wichtig, dem Kopf eine Erholungsphase zu geben und das bereits Gelernte zu verarbeiten. Je nach Lerntechnik können die Pausen von unterschiedlicher Dauer sein. Hier kann man das passende Pausen-Modell für sich finden. Wichtig ist nur, die Pause für sich zeitlich zu begrenzen und mindestens eine längere Pause einplanen. In der Pause sollte allerdings nicht zum Handy gegriffen werden, das wäre für die Konzentration negativ, da wieder Informationen aufgenommen werden, anstatt dem Kopf eine Pause zu gönnen.

Mit Bewegung und Ernährung die Konzentration boosten
Ausreichend Bewegung und eine ausgewogene Ernährung können die Aufmerksamkeit während der Lernphasen erheblich verbessern. Ein gut ernährter und entspannter Körper, der reich an Vitaminen und Nährstoffen ist, unterstützt das Gehirn dabei, sich besser zu konzentrieren und Informationen effektiver zu verarbeiten. Regelmäßige Bewegung fördert die Blutzirkulation und geistige Wachsamkeit, während eine gesunde Ernährung die kognitive Funktion stärkt und die Lernfähigkeit optimiert.

Motivation

Fehlt die Motivation oder das Interesse an einem Fachgebiet, das gerade gelernt werden muss, kann es hilfreich sein, eine interessante oder nützliche Facette des Themas zu finden. Vielleicht gibt es einen Aspekt, der im Alltag nützlich ist oder besonders spannend erscheint. Solche kleinen Anreize können dabei helfen, die Materie weniger abschreckend zu empfinden. Wenn das nicht ausreicht, heißt es manchmal einfach, durchhalten und sich auf die nächsten Schritte konzentrieren.

6. Rückschläge als Sprungbrett: Wege nach einer Klausurniederlage

Bei einer Klausur trotz guter Vorbereitung durchzufallen bzw schlechte Noten zu erhalten, kann passieren. Es kommt bei den Erstsemestrigen ebenso wie bei Höhersemestrigen vor. Ein Blick in die Prüfungsstatistiken der Universitäten zeigt, dass die Durchfallquoten bei einzelnen Fächern bei mehr als 50 % liegen können. Egal, bei welcher Prüfung die Niederlage passiert, sie kann die Motivation schmälern und die mentale Gesundheit beeinflussen. In diesem Unterkapitel finden sich Tipps, wie man Rückschläge am besten als Sprungbrett nutzen kann.

„First things first" – man darf sich nicht unterkriegen lassen. Insbesondere zu Beginn des Studiums sollte man sich noch keine zu großen Gedanken darüber machen, wenn man eine Klausur nicht sofort schafft. Als Erstsemestrige muss man viel mehr als nur lernen und den Stoff verstehen. Man lernt das Uni-System kennen, orientiert sich neu, beginnt, sich an die immer größeren Stoffmengen zu gewöhnen, und vieles mehr. Wenn eine Hausarbeit oder eine Klausur nicht das gewünschte Ergebnis bringt, darf man sich davon **nicht abschrecken lassen und das gesamte Studium infrage stellen**. Stattdessen sollte man insbesondere die ersten beiden Semester dazu nutzen, einen gesunden Bewältigungsmechanismus gegen die Niederlagen für sich zu entdecken. Die Gefahr ist oft, dass die erste negative oder schlechte Note eine Abschreckfunktion hat. Man entwickelt in der Folge Prüfungsangst und meldet sich in Zukunft von den Prüfungen ab, um sich selbst vor der schlechten Erfahrung zu schützen. Das Ergebnis – das Studium zieht sich in die Länge, und die mentale Gesundheit leidet umso mehr darunter.

Hier ein paar **Tipps**, wie mit der Klausurniederlage umgegangen werden kann:

→ **Emotionen rauslassen und keinesfalls in sich hineinfressen.** Man darf sich auch Zeit lassen, um die Emotionen zu spüren. Wenn man bereit ist, hilft ein Gespräch mit Freundinnen und Kommilitoninnen oder der Klassiker – Sport. Es ist wichtig, zu Beginn Abstand zu gewinnen, aber auch zu verinnerlichen, dass die Prüfung nicht alles ist.

→ Sobald die Emotionen in Griff sind, muss man sich **mit dem Ergebnis auseinandersetzen und aus der Erfahrung lernen.** Es ist empfehlenswert, immer zur Klausureneinsicht zu gehen, um danach eine Fehleranalyse machen zu können. Man kann dadurch erkennen, ob zB Wiederholungsfehler vorkommen, die Zitation falsch ist oder die Definitionen falsch angegeben werden. Aus Fehlern lernt man und man weiß dann, wie man diese bei der nächsten Prüfungsvorbereitung vermeiden kann. Bei der Prüfungseinsicht kann man auch mit den Assistentinnen oder Professorinnen reden und viel darüber lernen, wie die Punkteverteilung aussieht. Im Fall der mündlichen Prüfungen kann man auch eine Sprechstunde ausmachen, um sich Feedback einzuholen. Als Ergebnis sollte man eine Liste haben, auf der notiert ist, was man bei der nächsten Prüfung besser machen kann. Diese kann wie folgt aussehen:
- Weniger umgangssprachlich schreiben
- Mehr Struktur bei der Prüfung
- Schneller zum Punkt kommen
- Leserlicher schreiben
- Mehr mit dem Gesetzarbeiten

→ Genau so wie man sich mit dem inhaltlichen Ergebnis der Prüfung auseinander setzten muss, sollen auch die persönlichen Umstände rund um die Klausur kritisch hinterfragt werden:
- Hat man sich zu viel vorgenommen (zB mehrere große Prüfungen auf einmal)?
- War die Vorbereitung lückenhaft (zB zu viele Kapitel übersprungen)?
- Hat man zu wenig Zeit für die Prüfungsvorbereitung eingeplant?
- Konnte man sich nicht auf die Prüfung konzentrieren, weil in der Arbeit oder zu Hause zu viel los war?
- War man vor der Prüfung krank oder nicht im richtigen „Headspace"? Das ist alles nicht zu unterschätzen und kann Auswirkungen auf den Körper haben – so können zB auch Blutwerte durch Stress schlechter

werden. All das sind Lernerfahrungen für die Zukunft und sollen bei der realistischen Prüfungsvorbereitung mitgedacht werden.
➜ Und ganz zum Schluss die goldene Regel: Man darf sich nicht mit anderen vergleichen!

Kein Zeit- und Lernplan ist von Beginn an perfekt. So wird man von Mal zu Mal erkennen, dass weniger mehr ist und mit gezielter Vor- und Nachbereitung effektiver gearbeitet werden kann. Erstelle für den nächsten Versuch einen neuen Lernplan und setze klare Ziele, um gezielt auf den Erfolg – das Bestehen der Klausur – hinzuarbeiten.

6.1. Die Rückkehr der Motivation

Es ist verständlich, dass man nicht motiviert ist, den gleichen Stoff nochmal zu lernen und bei der Prüfung wiederholt antreten zu müssen. Deswegen muss man diese fehlende Motivation auch in den neuen Lernplan einkalkulieren und **mit kleinen Schritten beginnen**.

Man darf nicht den Fehler machen, sich dafür zu bestrafen und wieder direkt in den Lernstress reingetrieben zu werden. Stattdessen sollte man tief durchatmen, die Fehler und Umstände reflektieren und dann mit neuer Energie an die nächste Klausur herangehen.

Man kann wieder mit dem Durchblättern der Lernunterlagen starten, sich dann die Kapitel aussuchen, die man nicht so gut verstanden hat, und anschließend wieder mit den Fällen starten. Wenn man langsam in den Lernprozess einsteigt, wird man überrascht sein, wie schnell die Motivation zurückkommt.

6.2. Öffentlich zugeben, dass man bei einer Prüfung nicht erfolgreich war

Man wird nie die erste und auch nie die letzte Person sein, die bei einer bestimmten Prüfung durchfällt, diese mehrmals nicht schafft oder keine gute Note schreibt. Wichtig ist, sich in Erinnerung zu rufen, dass dieses Studium zu einem der schwersten gehört und man nicht allein ist. Auch wenn man das alles weiß, kann es sehr schwierig sein, öffentlich zuzugeben, dass man eine Prüfung nicht mit dem gewünschten Ergebnis geschafft hat. Vielleicht ist man umgeben von Social-Media-Postings, durch die man sieht, wie andere die Prüfungserfolge feiern, vielleicht sieht man Konfetti am Boden, weil jemand den Abschluss feiert, und plötzlich kommt man sich ganz allein vor. Gegen dieses Gefühl hilft es, mit Freundinnen, Kommilitoninnen oder auch mit der Familie zu sprechen. Ein „Leider habe ich die Prüfung dieses Mal nicht geschafft" oder ein sarkastisches „Das Rechtsgebiet hat mir so gut gefallen, dass ich es nochmal lernen darf" kann sehr befreiend sein.

§ 4

TIPPS FÜR MÜNDLICHE UND SCHRIFTLICHE PRÜFUNGEN

Autorin: Dora Bertrandt

Nachdem wir nun wissen, wie wir unsere Zeit erfolgreich managen, wie wir effektiv lernen und wie wir gute Lernpläne erstellen, geht es nunmehr um die Prüfungssituation selbst. Es gibt vieles, das man als Vorbereitung auf die Prüfungssituation oder in der Prüfungssituation selbst machen kann, um den Prüfungsablauf positiv zu beeinflussen.

Die Tipps können sich je nach Fach, Universität oder sogar Professorin unterscheiden, deswegen ist es immer wichtig, lokale Ratschläge von den Fachschaften, Professorinnen oder Kommilitoninnen einzuholen.

1. Der erste Eindruck beginnt vor der Prüfung

Man sollte zu den angebotenen Lehrveranstaltungen der eigenen Prüferinnen gehen und durch gute Vorbereitung und Engagement positiv auffallen. Dafür bieten sich insbesondere Übungen und andere kleine Lehrformate an, in denen Mitarbeit gefragt ist. Die aktive Teilnahme an der Lehrveranstaltung hat nicht nur den Vorteil, dass der Stoff gelernt wird, sondern auch, dass sich die Prüferin in der Regel das Gesicht und den Namen merkt. Denn Hand aufs Herz: Welche Vortragende freut sich nicht über mitarbeitende Studierende?

Dies hat zur Folge, dass man bei der Prüfung nicht nur ein Name inklusive Matrikelnummer auf der Liste der Prüflinge ist, sondern eine Person, die man über ein Semester bereits als gute und engagierte Studentin kennengelernt hat. Das bringt einen kleinen psychologischen Startvorteil insbesondere bei den mündlichen Prüfungen und kann besonders hilfreich sein, wenn man bei der mündlichen Prüfung nervös ist.

2. Die Prüferinnen kennenlernen

Genauso wie die Prüferinnen uns aufgrund unserer Mitarbeit kennenlernen sollten, müssen umgekehrt auch wir die Prüferinnen kennenlernen. Jede Prüferin hat Präferenzen in Bezug auf die abgefragten Themenbereiche, aber auch bei der mündlichen in Bezug auf die Struktur bzw Ausführlichkeit der Antwort und schlussendlich mit Blick auf die Punktevergabe. So prüfen etwa im Zivilrecht manche Prüferinnen ausschließlich Sachen- und Schuldrecht, andere wiederum sämtliche Zivilrechtsbereiche. Manche Prüferinnen mögen ausführliche Antworten, andere wollen es eher kurz und richtig haben. Manche vergeben Punkte für Definitionen und andere achten eher auf die Subsumtion. Je früher man die Vorlieben der eigenen Prüferinnen kennenlernt, desto schneller kann man sich für die eigene bevorstehende Prüfung darauf vorbereiten. Diese „prüferinnenspezifische Vorbereitung" ist für die Prüfung in den meisten Fällen sehr hilfreich. Konkret kann man folgenden Schritte vornehmen:

→ Die Lehrveranstaltungen der Prüferinnen besuchen (wenn das nicht möglich ist, weil man keinen Platz bekommen hat, kann man sich von Kommilitoninnen und der Fachschaft die Informationen holen). In den Lehrveranstaltungen sollte man besonders darauf achten, welche Themen immer wieder behandelt werden. Denn die Chance ist höher, dass gerade diese Themen von besonderer Relevanz für die Prüfung sind. Insbesondere wenn es die Möglichkeit gibt, an einem Klausurenkurs oder einer Probeklausur bei der eigenen Prüferin teilzunehmen, sollte man dies auf jeden Fall tun.

→ Sich auf der Institutshomepage über die (vor allem aktuellen) Forschungsgebiete der Prüferinnen informieren (auch über die Forschungsgebiete der Universitäts-Assistentinnen, denn sie erstellen und korrigieren in der Regel die Fälle bei den schriftlichen Prüfungen). Ein Blick auf die Publikationen kann viel über die Vorlieben für gewisse Themengebiete verraten.

→ Zuhören bei mündlichen Prüfungen. Mindestens einen Termin vor dem eigenen Prüfungstermin empfiehlt es sich, bei der eigenen Prüferin zuzuhören. Dabei sollte man insbesondere auf folgende Punkte achten:
- Bevorzugt die Prüferin ausführliche oder prägnante Antworten?
- Prüft sie eher Fälle oder Definitionen?
- Lässt sie der Studentin Raum, um mehr Zusatzwissen in die Antworten zu verpacken?
- Hilft sie bei den Antworten nach? Wenn ja, welche Auswirkungen hat es auf die Prüfung?
- Fällt es positiv auf, wenn man in den Gesetzestext schaut oder nicht?
- Wie bewertet die Prüferin verschiedene Studentinnen? Erkennt man vielleicht ein Muster in der Benotung?
- Wie ist die Stimmung bei der Prüfung?

3. Gesetzestexte richtig markieren

In den meisten Prüfungssituationen (insbesondere bei schriftlichen Prüfungen) darf und soll man mit dem Gesetzestext arbeiten. Wie bei den Lernmethoden bereits erwähnt, ist es wichtig, früh zu lernen, wie man mit dem Gesetzestext gezielt und effizient arbeitet. Denn in der Prüfungssituation (egal, ob mündlich oder schriftlich) hat man nicht viel Zeit, um die passenden Gesetzesstellen zu finden. Tut man dies nicht, verliert man im schlimmsten Fall wertvolle Zeit bei der Prüfung, oder es fällt bei einer mündlichen Prüfung negativ auf, weil man eine wichtige Norm nicht finden kann. Beherrscht man das Arbeiten mit dem Gesetzestext aber, hat man sich jedenfalls einen enormen Vorteil verschafft. Deshalb auch der Tipp: Der Kodex sollte ab der ersten Lehrveranstaltung zur jeweiligen Prüfung an Bord sein.

Was und wie markiert man nun? Zu den Markierungen gehören die Markierungen der einzelnen Paragraphen (zB § 75 StGB), die Markierungen der Gesetze (zB StGB) oder die Markierungen im Gesetzestext direkt (zB „wer einen anderen töten" wird im § 75 StGB gelb hervorgehoben).

Für die Markierungen bieten sich Post-its, farbliche Stifte, Highlighter oder Unterstreichungen mit dem Bleistift an. Wie man markiert, ist Geschmackssache. Wichtig ist dabei nur, dass man seinem System treu bleibt. Für etwas Inspiration in Bezug auf die Markierungen kann man einen Blick in die Gesetztestexte werfen, die in der Bücherbörse zum Verkauf abgegeben wurden. Es empfiehlt sich, auf einem Blatt Papier eine Legende mit Farben und Bedeutungen zu schreiben und diese dem Gesetzestext beizulegen. So vergisst man nicht, wie man am besten markiert.

An dieser Stelle ein wichtiger Hinweis: Jede Universität hat eigene Vorgaben in Bezug auf den Umfang der Markierung von Gesetzestexten. Ein Blick auf die Homepage oder ein Gespräch mit der Fachschaft hilft dabei, die Regeln zu verstehen. Man kann auch direkt zur Fachschaft gehen, die eigenen Gesetzestexte zeigen und in Erfahrung bringen, ob die Markierungen zulässig sind.

Nun zu den Markierungen:

→ Markierungen rund um den Gesetzestext
Alle Markierungen, die ohne das Aufschlagen des Gesetzestextes ersichtlich sind (zB mittels Post-its, die aus dem Gesetzestext „rausstehen"), dienen dazu, die wichtigen Gesetze und Paragraphen schnell aufschlagen zu können. Dazu gibt es zwei gängige Lösungen:
– Die einzelnen Gesetze kann man beispielsweise einer Farbe zuordnen (zB ABGB hat gelbe und ROM-II VO hat grüne Post-its).
– Alternativ kann man die Gesetze mittels Post-its auf der vertikalen Seite (zB StGB) und die einzelnen Paragraphen auf der horizontalen Seite mit Post-its markieren (zB § 75 StGB).

→ Markierungen im Gesetzestext
Sämtliche Markierungen im Gesetzestext dienen dazu, die richtigen Anspruchs- oder Strafbarkeitsvoraussetzungen oder Rechtsfolgen sowie Konkurrenzen im Blick zu behalten. Je gezielter man im Rahmen des Erlaubten markiert, desto leichter wird man sich bei der Prüfung tun. So kann man beispielsweise
– im Strafrecht die Voraussetzungen des objektiven Tatbestands rot und die Voraussetzungen des subjektiven Tatbestands blau unterstreichen,
– die Konkurrenznormen in Rot neben die Paragraphen notieren,
– die entsprechenden Verfahrensnormen (insb in Bezug auf Zuständigkeiten mittels Paragraphen) in Grün notieren,
– andere wichtige Paragraphen für die Prüfung neben der Bestimmung notieren (=Paragraphenverweis).

Egal, für welche Art der Markierungen man sich entscheidet, man muss immer mitbedenken, dass man nur die wichtigsten Paragraphen hervorheben soll. Aus diesem Grund sollte man mit Farben und Post-its sparsam umgehen, denn sonst kann es auch schnell wieder unübersichtlich werden.

4. Prüfungssituation simulieren

Neue Situationen sind für Körper und Geist anstrengend und verursachen Stress. Insbesondere zu Beginn des Studiums sind die langen Klausuren oft eine Herausforderung, weil sie von den bisherigen Prüfungen abweichen. Um am Prüfungstag diesen Stress zu vermeiden, hilft es insbesondere zu Beginn des Studiums, die Prüfungssituation zu simulieren.

Bei schriftlichen Prüfungen kann man zB Probeprüfungen inklusive Timer in dem Raum schreiben, wo die Prüfung stattfinden wird. Ebenso kann man die alten Prüfungsfälle zu der gleichen Uhrzeit, mit den gleichen Stiften und auf den gleichen Zetteln wie am Prüfungstag selbst lösen . Das mag überschießend wirken, aber insbesondere für Studentinnen mit ausgeprägter Prüfungsangst ist diese Methode besonders hilfreich, weil sie die Angst vor der Situation selbst mindert.

Bei mündlichen Prüfungen kann man bspw schon ein Prüfungsoutfit auswählen und in dieser Kleidung die alten Prüfungsfragen üben.

Je öfter man die Prüfungssituation simuliert, desto mehr wird es zur Gewohnheit, und das Hirn braucht weniger Energie für die Situation und kann sich mehr auf die Prüfung per se fokussieren.

5. 24 Stunden vor der Prüfung

Der Tag vor der Prüfung sollte kein klassischer Lerntag sein. Wiederholungen sind in Ordnung, aber man sollte auf keinen Fall neue Themengebiete angehen. Es ist kontraproduktiv, die Nacht vor der Prüfung mit dem Versuch zu verbringen, den Inhalt von vier Büchern und zwei Casebooks zu durchforsten und neue Themen zu erlernen.

Stattdessen sollten die 24 Stunden vor der Prüfung genutzt werden, um sich mental auf die Herausforderung vorzubereiten. Es kann hilfreich sein, ein persönliches Prüfungsritual zu entwickeln, sei es ein Spaziergang, ein selbst gekochtes Essen oder ein entspannter Abend mit der Lieblingsserie. Hier gibt es kein allgemeingültiges Rezept – wichtig ist nur, dass man sich wohlfühlt. Eine Marathonläuferin würde einen Tag vor einem Marathon ja auch nicht auf die Idee kommen, zur Vorbereitung einen Marathon zu laufen.

Zudem ist es ratsam, den Kontakt mit Personen zu vermeiden, die vor der Prüfung panisch sind und diese Unruhe auf andere übertragen. Das betrifft insbesondere diejenigen, die kurz vor der Prüfung noch über den Prüfungsstoff sprechen möchten.

6. Wahre Freunde sorgen dafür, dass man die Prüfung durchzieht

Kurz vor der Prüfung kann die Versuchung groß sein, sich abzumelden. Prüfungsangst oder das Gefühl der Unsicherheit können überwältigend sein. In diesen Momenten werden einem die eigenen Wissenslücken besonders deutlich bewusst, und es scheint, als ob diese Lücken das gesamte erlernte Wissen überschatten würden.

Es ist verständlich, dass man in solchen Augenblicken darüber nachdenkt, die Prüfung zu verschieben. Kaum jemand wird kein Verständnis dafür haben, wenn man angibt, sich unvorbereitet oder nicht gut genug zu fühlen. Doch gerade in diesen Momenten sind die besten Freunde nicht diejenigen, die einem erlauben, sich zurückzuziehen und in Selbstmitleid zu versinken.

Die wahren Freunde sind die, die einen ermutigen, die Prüfung trotzdem anzutreten. Sie helfen, den Fokus auf das bereits erworbene Wissen zu lenken, und stärken das Vertrauen in die eigenen Fähigkeiten. Sie wissen, dass das Durchziehen der Prüfung, auch mit all den Zweifeln, letztlich eine wertvolle Erfahrung und ein wichtiger Schritt ist. Wenn man also mit dem Gedanken spielt, sich vor der Prüfung abzumelden, sollte man zuerst die Personen um Rat bitten, die einen am besten kennen.

Folgender Spruch kann ebenso helfen: „Diejenige, die so viel gelernt hat, dass sie weiß, was sie nicht weiß, ist reif für die Prüfung. Wer seine Schwächen hingegen nicht kennt, hat nicht gut genug gelernt."

7. Gutes Auftreten ist wichtig

Bei einer schriftlichen Prüfung kann man – zugegeben etwas überspitzt formuliert – ungeschminkt und in Jogginghose erscheinen, ohne dass dies das Ergebnis beeinflussen würde. Bei mündlichen Prüfungen können eine schlechte Vorbereitung und unprofessionelles Auftreten jedoch sehr wohl negativ auffallen.

Besonders unprofessionell sind fehlende Prüfungsunterlagen (wie Studentenausweis oder Gesetzestexte), ein ungepflegtes Erscheinungsbild, eine unpassende Körpersprache (insbesondere gegenüber der Prüferin) und überraschenderweise (zumindest bei manchen Prüferinnen) auch das Mitbringen einer Wasserflasche zur Prüfung.

Für eine Prüferin, die möglicherweise täglich von 8 bis 18 Uhr durchgehend prüft, können all diese Aspekte mangelnden Respekt vor der Prüfung und ihrer Zeit signalisieren. Auch wenn man annimmt, dass Prüferinnen gerne prüfen, entspricht das nicht immer der Realität. Besonders für Professorinnen, die ihre Fächer leidenschaftlich vertreten, kann es enttäuschend sein, wenn Studentinnen ohne Respekt oder Enthusiasmus zur Prüfung erscheinen.

Um die Prüfungssituation angenehmer zu gestalten, sowohl für sich selbst als auch für die Prüferin, kann man Folgendes beachten:

→ Gepflegt und angemessen gekleidet zur Prüfung erscheinen.
→ Alle erforderlichen Unterlagen im Voraus bereithalten.
→ Sich vor Beginn der Prüfung höflich bei der Prüferin für ihre Zeit bedanken.
→ Wenn die Situation es erlaubt, etwas Small Talk führen oder sich vorstellen und die Hand schütteln.
→ Lächeln und Augenkontakt halten.

Auch wenn Prüfungen objektiv bewertet werden, gibt es eine subjektive Komponente, die nicht unterschätzt werden sollte.

Man stelle sich folgendes Beispiel vor: Man arbeitet als Studentin in irgendeinem Job, in dem man viel Kontakt mit anderen Menschen hat, sei es am Empfang einer Rechtsanwaltskanzlei oder in einem Shop. Diejenigen, die freundlich, mit einem Lächeln und gutem Benehmen auf einen zukommen, wird man ebenso höflich und – auch wenn man das vielleicht nicht bewusst wahrnimmt – etwas wohlwollender behandeln.

8. Prüfungen im Überblick durchgehen

Die Prüfungszeit ist bewusst knapp bemessen, was dazu verleiten kann, bei einer schriftlichen Prüfung sofort mit dem Schreiben zu beginnen. Doch das birgt zwei Risiken: Erstens weiß man nicht, welche Fragen später noch kommen, und zweitens kann man nicht abschätzen, wie viel Zeit man für jede Frage benötigt, basierend auf dem eigenen Wissensstand.

Es ist daher ratsam, vor dem Schreiben die Prüfungsangabe einmal vollständig durchzulesen. Dabei sollte man auch (sofern vorhanden) die Punkteverteilung beachten, da diese die Länge und Ausführlichkeit der Antworten beeinflussen sollte. Während des Lesens kann es hilfreich sein, auf einem separaten Blatt stichwortartig Lösungsansätze zu notieren, wie etwa Ansprüche nach bestimmten Paragraphen oder allgemeine Problemkreise. Das Verfassen dieser Übersicht sollte nicht länger als zehn Minuten dauern, hilft aber dabei, den Überblick zu behalten und die Bearbeitungszeit für die einzelnen Aufgaben realistisch einzuschätzen. Außerdem erhält man so ein Gefühl für die Schwerpunkte der Prüfung und kann besser planen, wie lange man für die einzelnen Fälle benötigt. Die Prüfung kann man mit einer Reise vergleichen: Den Tagesablauf im Urlaub plant man auch vor der ersten Tagesaktivität durch und läuft nicht „blind" drauflos.

Erst danach sollte man mit dem Ausformulieren der Antworten beginnen. Es ist sinnvoll, zunächst die Aufgaben zu bearbeiten, die man schnell und sicher beantworten kann, um die „leichten Punkte" zu sammeln.

9. Strukturierte Lösungen

Unabhängig davon, ob es sich um eine mündliche oder schriftliche Prüfung handelt, ist es entscheidend, die Lösungen klar und strukturiert zu präsentieren. Oft ist es so, dass man vor lauter Informationen im Kopf Schwierigkeiten hat, diese in geordneter Weise wiederzugeben. Bei der Korrektur oder während einer mündlichen Prüfung könnten unstrukturierte Antworten bei der Prüferin den Eindruck erwecken, dass das Wissen nicht fundiert ist und das richtige Ergebnis mehr oder weniger erraten wurde.

Um die bestmöglichen Ergebnisse zu erzielen, sollte ein besonderes Augenmerk auf die Struktur der eigenen Lösungen gelegt werden.

In einer schriftlichen Prüfung bedeutet dies, dass man sich an bewährte Prüfungsschemata hält und die einzelnen Ansprüche oder Lösungsteile klar strukturiert und farblich hervorhebt. Lesbarkeit ist dabei entscheidend – alles, was nicht gelesen werden kann, wird in der Regel auch nicht bewertet. Fehler sollten deutlich durchgestrichen werden, um zu kennzeichnen, dass diese nicht bewertet werden sollen. Ergänzungen können sinnvoll durch Pfeile oder Sternchen (*) markiert werden. Es kann auch hilfreich sein, einen Korrekturrand am Rand des Prüfungsbogens zu lassen, was bei einer späteren Prüfungsanalyse sehr nützlich ist.

Bei mündlichen Prüfungen ist es besonders hilfreich, die Antworten im Voraus zu üben. Je nach Frage kann ein klarer Aufbau überlegt werden, zum Beispiel:

- → Das Problem in eigenen Worten zusammenfassen und die relevanten Rechtsbereiche benennen.
- → Die Rechtsgrundlagen für das Problem nennen.
- → Voraussetzungen oder Definitionen darlegen und die Rechtsgrundlagen auf das Problem anwenden.
- → Das Ergebnis präsentieren.
- → Falls es die Prüferin erlaubt, können passende Zusatzthemen angesprochen werden.

Beim Üben der Antworten anhand des Fragenkatalogs kann man sich auch am Inhaltsverzeichnis des Lehrbuchs oder an den Prüfungsschemata orientieren. Eine nützliche Regel aus Kapitel § 3 besagt, dass man mindestens eine Minute pro Punkt des Inhaltsverzeichnisses sprechen sollte. In mündlichen Prüfungen ist es wichtig, so ausführlich wie möglich zu antworten. Man sollte der Prüferin nicht das Gefühl vermitteln, dass man ein Problem nicht mindestens eine Minute lang erörtern kann.

Egal ob die Prüfung mündlich oder schriftlich erfolgt, es ist wichtig, auf die Ausdrucksweise und Grammatik zu achten. Sprache ist das zentrale Werkzeug der Juristin, und oft werden auch Punkte für den Gesamteindruck vergeben.

Ein Tipp für Studierende mit Migrationshintergrund: Wenn Deutsch nicht die Muttersprache ist, kann es hilfreich sein, dies der Prüferin im Voraus mitzuteilen. In der Regel darf man bei der Prüfung ein Wörterbuch verwenden, oder es wird bei der mündlichen Prüfung Rücksicht auf die Sprachkenntnisse genommen.

§ 5

HOW-TO: JURISTISCHE RECHERCHE

Autorin: Dora Bertrandt

> „Gute Recherchearbeit zeigt nicht nur die fachliche Kompetenz, sondern auch das Engagement und den Ehrgeiz von Studentinnen. Es ist es eine Chance, sich bereits früh als verlässliche Unterstützung im Team zu etablieren."
>
> *Naomi Grill*, Rechtsanwältin, FSM Rechtsanwälte

Die juristische Recherche ist neben der juristischen Problemlösung eine der zentralen Fähigkeiten, die während des Studiums erlernt werden sollten. Sie ist nicht nur im Studium, sondern auch in der Praxis gefragt. In einem juristischen Nebenjob gehört die Recherche, neben Botengängen und administrativen Aufgaben, oft zu den ersten Tätigkeiten, mit denen man betraut wird.

Ob für eine Seminararbeit oder einen praktischen Fall: Die Recherche ist ein unverzichtbares methodisches Werkzeug für Juristinnen. In einer Welt, die von einer Informationsflut geprägt ist, bietet sie Orientierung und ermöglicht es, eine fundierte Übersicht über verschiedene Meinungen und Quellen zu erstellen. Sie bildet das Fundament der Argumentationslinie und unterstützt dabei, eigene Argumente zu stärken.

Da die Recherche in juristischen Nebenjobs häufig zu den ersten Aufgaben gehört, bietet sie zugleich eine ideale Gelegenheit, die eigenen Fähigkeiten unter Beweis zu stellen und einen positiven Eindruck zu hinterlassen. Die Kompetenz, gründlich zu recherchieren, wird einen durch den gesamten juristischen Werdegang begleiten – sei es in der Anwaltschaft, der Justiz, im öffentlichen Dienst, in Rechtsabteilungen oder in der Wissenschaft.

Doch wie beginnt man mit der Recherche? Welche Quellen stehen zur Verfügung? Wie strukturiert man die Ergebnisse? Und wie sollte das Endergebnis aussehen?

Dieses Kapitel bietet einen ersten Einstieg in die Welt der juristischen Recherche.

TIPP
Viele Universitäten bieten insbesondere zu Beginn des Studiums Lehrveranstaltungen und Kurse zur Recherche und zum Umgang mit Datenbanken an. An einigen Fakultäten sind diese Inhalte sogar verpflichtend. Es ist ratsam, dieses Angebot spätestens vor der ersten Seminararbeit in Anspruch zu nehmen.

1. Die Quellen

Eine sorgfältige und umfassende Recherche beinhaltet die Nutzung vielfältiger Quellen und liefert zahlreiche Ansatzpunkte für fundierte Lösungen. Im Zuge einer gründlichen Recherche wird man mit verschiedenen Quellen arbeiten und die gewonnenen Ergebnisse in eine oder mehrere alternative Lösungsansätze einfließen lassen.

TIPP
Bei intensiver Recherche empfiehlt es sich, die Links zu den am häufigsten genutzten Quellen im Webbrowser in der Schnellzugriffsleiste zu speichern.

Die wichtigsten Quellen im Überblick:

1.1. Juristische Datenbanken

Juristische Datenbanken, auch Rechtsdatenbanken genannt, sind in der Regel die erste Anlaufstelle für die Recherche. Diese Online-Datenbanken enthalten eine Vielzahl juristischer Fachzeitschriften, Entscheidungen, Kommentare und Bücher in digitaler Form. Sie werden von verschiedenen juristischen Fachverlagen betrieben, die jeweils ein unterschiedliches Angebot an Literatur und Tools bereitstellen. Es kommt häufig vor, dass ein bestimmtes Werk nur in einer speziellen Datenbank verfügbar ist.

Zu den wichtigsten Datenbanken gehören:

→ LinDa (vormals Linde Digital, Linde Verlag)
→ RechtsDatenBank (RDB, MANZ)
→ Lexis360 (Lexis Nexis)
→ Beck Online (Beck, Deutschland)

Juristische Datenbanken können sehr kostspielig sein, was besonders deutlich wird, wenn man den Schritt in die Selbstständigkeit plant. Für die Nutzung der Literatur in einer Datenbank werden jährlich nur für ein Rechtsgebiet mehrere hundert – wenn nicht sogar tausend Euro fällig –, was erhebliche Kosten verursacht. Als Studentin hat man jedoch den Vorteil, in der Regel über den Uni-Account kostenlosen Zugang zu fast allen Datenbanken zu erhalten. Diese Uni-Accounts sind oft inhaltlich unbeschränkt und bieten eine Fülle von Informationen. Ein Blick auf die Homepage der eigenen Universität genügt, um Zugang zu diesen Ressourcen zu erhalten. Zu beachten ist, dass in jeder der oben angeführten Datenbanken grundsätzlich nur die Inhalte des jeweiligen Verlages enthalten sind, das heißt in der RDB jene von MANZ, in Lexis360 jene von LexisNexis und in LinDa jene von Linde. Zusätzlich finden aber zwischen den einzelnen Verlagen Lizenzierungen statt mit jenen Verlagen, die selbst über keine eigene Datenbank verfügen. Dies hat zum Ergebnis, dass Bücher des Verlag Österreich exklusiv in Lexis360 zu finden sind, Bücher von DBV in LinDa und Titel von Facultas ebenso in LinDa. Einige Titel von Linde sind überdies in der RDB zu finden.

Um möglichst schnell zu relevanten Ergebnissen zu gelangen, ist es wichtig, die richtige Recherchetechnik für die jeweiligen Datenbanken zu erlernen. Und hier lauert der erste Fallstrick: Juristische Datenbanken funktionieren nicht wie eine Google-Suche, sondern basieren auf einer anderen Denklogik. Recherche in einer juristischen Datenbank bedeutet idR, dass am Ende einer Suche ein sehr präzises Ergebnis stehen soll, und genau darauf sind juristische Datenbanken auch trainiert. Um mit den unterschiedlichen Datenbanken umgehen zu können, bedarf es daher eines gewissen Trainings. Und die geübte Datenbanknutzerin weiß: Alle Datenbanken ticken etwas unterschiedlich. Allen gemein ist jedoch, dass die Suche mittels spezifischer Eingabemethoden (sogenannter Suchoperatoren) erfolgt, um das gewünschte Ergebnis zu erhalten, mehrere Ergebnisse zu filtern und zu sortieren. Diese Filter- und Suchmechanismen können sich je nach Anbieter unterscheiden. Der beste Weg, um diese Techniken zu beherrschen, ist die Teilnahme an Schulungen. Oft werden die Suchoperatoren auch in Lehrveranstaltungen zur juristischen Recherche vorgestellt. Alternativ bieten Fachverlage oft kostenlose Schulungen an den Universitäten an.

TIPP
Die *Paragraphinnen* bieten auch regelmäßig Online-Schulungen zu verschiedenen Rechtsdatenbanken an.

Was Datenbanken außerdem von der gewohnten Google-Suche unterscheidet, ist, dass oftmals das bestgereihte Ergebnis nicht immer das beste ist. Datenbanken basieren auf Algorithmen und werfen je nach Programmierung unterschiedliche Ergebnisse an oberster Stelle aus – sei es das bisher am meisten abgefragte oder das neueste Ergebnis, oder es wurde programmiert, dass immer Kommentarliteratur oder Judikate als Erstes ausgeworfen werden. Wie die jeweilige Datenbank funktioniert – und die RDB, LinDa oder Lexis360 funktionieren, wie bereits erwähnt, sehr unterschiedlich –, versteht man jedoch sehr schnell, wenn man sich einmal damit beschäftigt und eine Schulung besucht hat.

1.2. Judikatur und Gesetzestexte im Rechtsinformationssystem des Bundes (RIS)

Das Rechtsinformationssystem des Bundeskanzleramts (RIS) ist die erste Quelle für aktuelle Gesetzestexte sowie alle Entscheidungen von Gerichten aller Instanzen sowie weiterer Behörden. Speziell für diese beiden Themenbereiche sollte das RIS die erste Anlaufstelle sein. Eine Zusatzinfo: Das RIS ist nach wie vor die am meisten genutzte juristische „Suchmaschine".

Auch im RIS gibt es verschiedene Suchmethoden, die man im Rahmen von Schulungen und Kursen erlernen kann. So kann man im RIS die Suche auf die einzelnen Gerichtstypen oder aber auch die einzelnen Paragraphen beschränken.

Im Gegensatz zu den Rechtsdatenbanken, die eine Vielzahl von Quellen erfassen, bietet das RIS „nur" unkommentierte Gerichtsentscheidungen sowie Gesetzesmaterialien (die in erster Linie für die Auslegungsmethoden relevant sind).

Genauso wie die Suche in den Rechtsdatenbanken kann die Suche im RIS etwas überfordernd sein. Die Texte können zum Teil lang und unverständlich sein. Zu Beginn ist es ganz normal, dass man weder den Aufbau noch den Text völlig versteht. Mit etwas Übung wird man schnell lernen, wie man die vielen Texte und Entscheidungen erfolgreich navigiert.

- - -

TIPP
Die schnellste Suche basiert auf der Geschäftszahl, und man sollte immer nach „Entscheidungstexten (TE)" und nicht nach den Rechtssätzen suchen.
Wer Probleme damit hat, die Quintessenz einer Entscheidung herauszufiltern, kann auch direkt über die Homepages der Höchstgerichte (etwa VfGH, VwGH, OGH) gute Zusammenfassungen der letzten Entscheidungen erhalten.

- - -

RIS-Judikatur:

OGH-Entscheidungen:

VfGH-Entscheidungen:

VwGH-Entscheidungen:

1.3. Die Homepage des Parlaments für neue Gesetzesvorhaben

Bisher haben wir uns eher darauf konzentriert, in bestehenden Quellen zu suchen. Möchte man sich darüber informieren, welche Gesetzesvorhaben in naher Zukunft anstehen bzw ob ein Gesetz bereits beschlossen wurde oder wann es in Kraft treten wird, ist die Homepage des Parlaments die richtige Anlaufstelle. Dort erhält man schnell einen Überblick über den Stand der Gesetzeswerdung und kann einen Einblick in die Materialien, die dem Gesetz zugrunde liegen, nehmen.

1.4. Europäische Rechtsgrundlagen im EUR-Lex

Das europäische Pendant zum österreichischen RIS ist die EUR-Lex, in der man Verordnungen und Richtlinien des europäischen Gesetzgebers sowie Entscheidungen des EuGH abrufen kann.

Um schnell zu den gewünschten Dokumenten zu gelangen, sollte man insbesondere bei EuGH-Entscheidungen die Geschäftszahl bei der Hand haben. Ein Vorteil der EUR-Lex ist aber, dass auf der Homepage sehr deutlich erklärt wird, wie eine Suche im EUR-Lex funktioniert. Beherrscht man diese Grundkenntnisse, so findet man sich sehr schnell zurecht.

• •
TIPP
„Anerkannt" bzw „offiziell" ist bei den jeweiligen Rechtsakten immer nur die englische und die französische Version. Die Übersetzungen in eine andere Sprache sollten immer mit der englischen oder französischen Version abgeglichen werden.

Die Übersetzungen sind zwar professionell, treffen aber nicht immer zu 100 % den Sinn der beiden anerkannten Versionen.

• •

2. Der Weg zur guten Recherche

Zuerst sei gesagt, dass eine gute Recherche eine Frage der Übung ist und keine Meisterin vom Himmel fällt. Anfangs gestaltet sich die Suche in Datenbanken zugegeben etwas schwierig, und man ist schnell überfordert. Wenn man aber folgende Tipps in seine Literaturrecherche miteinbezieht, findet man sich in Datenbanken relativ schnell und gut zurecht.

2.1. Kenne den Sachverhalt

Ohne Sachverhalt keine Rechtsfrage und keine Subsumtion. Bevor man also überhaupt mit dem Recherchieren beginnen kann, sollte man den Sachverhalt gut studieren und sich einen Überblick über die darin enthaltenen rechtlichen Fragen verschaffen.

2.2. Kenne die Rechtsfrage(n)

Unerlässlich für eine gute Recherche ist, dass man die rechtliche(n) Frage(n) kennt, die man mittels Suche beantworten muss. Diese Rechtsfrage(n) sollte man daher für sich vorab in einem Satz vorbereiten, siehe folgendes Beispiel:
    Beispiel: Dürfen Prokuristinnen Grundstücke erwerben?
    Oftmals muss man mehrere Fragen, die ein Sachverhalt aufwirft, einer gesonderten Recherche zuführen.
    Beispiel: Bevor die Prokuristin das Grundstück gekauft hatte, wurde ihr die Prokura entzogen. Eine Eintragung im Firmenbuch erfolgte allerdings nicht.
    Bevor man sich also der Frage widmet, ob Prokuristinnen Grundstücke erwerben dürfen, wird man zunächst die Frage klären müssen, ob die Prokura im konkreten Fall überhaupt noch bestanden hat, als das Grundstück gekauft wurde.

2.3. Kenne die gesetzliche Grundlage

Entscheidend ist, dass man neben der(n) Rechtsfrage(n) auch die gesetzliche Grundlage kennt. Dies ist der Moment, in dem die im Studium oft „theoretisch" geübte Subsumtion zum Leben erweckt wird. Konkret geht es darum, zu klären, ob der Sachverhalt und die in diesem aufgeworfene Rechtsfrage unter das Gesetz zu subsumieren ist. Dafür muss man das anzuwendende Gesetz kennen.

Beispiel: Die Einlagenrückgewähr kann sowohl steuerrechtlich (dort auch als verdeckte Gewinnausschüttung bekannt) als auch gesellschaftsrechtlich auf ihre Zulässigkeit überprüft werden. Je nachdem, ob man den Fall steuerrechtlich und in weiterer Folge finanzstrafrechtlich oder gesellschaftsrechtlich bearbeiten muss, ergeben sich unterschiedliche anzuwendende Gesetze.

Indem man die ersten Parameter (Rechtsfrage, anzuwendendes Gesetz) geklärt hat, kann man mit der Recherche beginnen.

2.4. Datenbanksuche eingrenzen

Versucht man, die eigene Suche von Beginn stark zu fokussieren, werfen Datenbanken die besten Ergebnisse aus. Die Kombination mehrerer Suchworte kann die Suche von Beginn an gut einschränken, und fachfremde Ergebnisse werden von der Datenbank erst gar nicht angezeigt.

Die Kombination kann etwa aus dem Suchwort und dem Namen des Autors, der den Beitrag geschrieben hat, erfolgen oder, wenn man einen Beitrag zu einem spezifischen Thema aus einer Zeitschrift sucht, aus der Kombination des Themas und der Zeitschrift. Für die eben dargestellten Suchen bedeutet dies, dass man aber schon sehr genau wissen muss, wonach man sucht. Wenn man sich erst einen Überblick verschaffen muss, kann folgendes Beispiel hilfreich sein:

Beispiel: Gesucht wird eine Fundstelle zur Frage in unserem Ausgangsfall: Dürfen Prokuristinnen Grundstücke kaufen? Bei Google würde man wohl folgende Frage eingeben: Dürfen Prokuristinnen Grundstücke kaufen? Google wirft nun eine Reihe vieler in der Regel nicht zitierbarer Quellen aus, die zu einem großen Teil darauf abstellen, ob die Prokuristin Grundstücke verkaufen darf. Kurzum: Die Ergebnisse helfen nicht weiter. Gibt man die exakt gleiche Frage nun in einer juristischen Datenbank ein, wird die Datenbank aufgrund ihrer Programmierung eine Vielzahl von nicht zusammenhängenden Normen oder Aufsätzen auswerfen. Will man gezielt suchen – und das Ziel sollte sein, am Ende des Tages auf eine Kommentierung des § 49 UGB (Umfang der Prokura) zu gelangen –, so ist es der direkteste Weg, sich an die gesetzliche Diktion zu halten. Sucht man nach „Umfang Prokura" wird in unserem Test auf LinDa richtigerweise zuerst der Gesetzestext des § 49 UGB ausgeworfen und dann die Kommentierung von „*Schopper/Trenker* in Torggler, UGB³". So kommt man schnell zum gewünschten Ergebnis. Ähnlich verhält es sich, wenn man nach „Prokura Grundstückskauf" sucht. Im Ergebnis: Datenbanken sind darauf gedrillt, genaue Ergebnisse zu liefern. Je genauer die Suchanfrage gestellt wird, umso besser das Ergebnis und umso schneller findet man ans Ziel.

2.5. Kommentare dienen einer guten ersten Orientierung

Je mehr man ins Thema eindringt, desto spezifischer die Suche, und man wird versuchen, ziemlich zielgenau auf einen bestimmten Zeitschriftenbeitrag oder ein Kapitel in einem Buch zuzusteuern.

Kennt man sich in einem Bereich jedoch noch nicht so gut aus und kennt die maßgebliche Literatur nicht, so empfiehlt es sich, mit dem Lesen einer Kommentierung zu beginnen. Warum? Kommentare sind wissenschaftlich aufbereitet und weisen einen wissenschaftlichen Fußnotenapparat auf. Das heißt, dass in den Kommentierungen in der Regel die sämtliche zu diesem Thema auffindbare Literatur bzw sämtliche gerichtlichen Entscheidungen verarbeitet sind, und man erkennt so selbst schnell, welche Entscheidungen immer wieder angeführt werden. In diesen Quellen kann man nachlesen und tiefer ins Thema eindringen.

Beispiel: Zur Debatte steht, ob ein Geschäftsführer bei Nichtbefolgung einer Weisung abberufen werden kann. Eine juristisch schwierige Frage, weswegen es sich empfiehlt, zunächst in den relevanten Kommentierungen (§ 20 GmbHG für die Weisung; § 16 GmbHG für die Abberufung) nachzulesen. Dort findet man – sofern man nicht bereits im Kommentar die Lösung findet – weitere Quellen, die einem helfen, diese Frage zu lösen, oder relevante Gerichtsentscheidungen, die vor allem für beratende Berufe relevant sein können.

2.6. Das erste Ergebnis ist nur selten das beste

Ein Fehler, der vielen zu Beginn unterläuft, ist, dass man das erste Ergebnis für bare Münze nimmt und nicht mehr weiterrecherchiert. An den oben dargelegten Informationen zur Funktionsweise von Datenbanken lässt sich aber erkennen, dass Datenbanken stark davon getrieben sind, möglichst aktuelle Ergebnisse und Kommentierungen und eine möglichst aktuelle Judikatur „auszuspucken". Die geübte Juristin weiß jedoch, dass man oftmals die Urquelle, insbesondere wenn man klassisch wissenschaftlich arbeitet, finden muss und sich nicht mit der Sekundärquelle zufriedengeben darf.

2.7. Finden der „herrschenden Meinung" (hM)

Beim Umgang mit den erlangten Suchergebnissen ist es wichtig, herauszufinden, ob das erlangte Ergebnis der „herrschenden Meinung" entspricht oder nicht. Insbesondere für beratende Berufe ist dies im Hinblick auf Haftung gegenüber der Mandantin wichtig. Entspricht die gefundene Lösung der hM oder einer gerichtlichen Entscheidung, steigt die Wahrscheinlichkeit, vor Gericht zu obsiegen. Vertraut man einer Mindermeinung, so fallen die Chancen. Nachdem man sich also ein breites Wissen aufgebaut hat und die führenden Beiträge, Kommentierungen oder Bücher kennt, geht es darum, diese mit der Rechtsprechung abzugleichen und die Spruchpraxis zu verstehen. Hier macht es einen frappierenden Unterschied, aus welchem Grund man recherchiert. Recherchiert man in der Kanzlei für eine Mandantin, geht es darum, die hM und die Spruchpraxis zu kennen, um sich einen Überblick zu verschaffen, ob man vor Gericht und mit welcher Wahrscheinlichkeit man obsiegen kann. Gibt es eine gefestigte Judikatur und das seit Jahren, steigt die Wahrscheinlichkeit, vor Gericht zu obsiegen, in Richtung 100 %, wenn man sich auf diese Ansicht beruft. Gibt es noch keine Judikatur, spricht sich aber die hM für eine bestimmte Lösung aus, so ist auch hier die Chance des Obsiegens hoch, wenn man sich darauf beruft. Forscht man hingegen wissenschaftlich, etwa für die Diplomarbeit oder Dissertation, stößt man oft in ein wenig erforschtes Thema vor, und es geht mehr darum, darzulegen, dass die eigene wissenschaftliche Ansicht jedenfalls vertretbar ist, und weniger darum, dass man sich der hM anschließt. Gerade das Finden eines neuen wissenschaftlichen Ansatzes geht oftmals damit einher, sich gegen die hM zu stellen oder generell Neuland zu betreten. In jedem Fall ist es aber wichtig, die hM – wenn vorhanden – und die gängige Spruchpraxis zu kennen.

2.8. Gesetzesmaterialien konsultieren

Insbesondere zu Fragen der Auslegung der Norm empfiehlt es sich, den Willen des Gesetzgebers zu eruieren. Sollte man mithilfe der Datenbanken kein Ergebnis erlangen, etwa weil das Gesetz noch sehr neu ist und es keine gerichtlichen Entscheidungen dazu gibt, lohnt ein Blick in die Materialien. Diese sind oftmals sehr ausführlich und zeigen, warum ein Paragraph ins Leben gerufen wurde bzw was dieser regeln soll.

2.9. Gerichtsentscheidungen finden

Gerichtsentscheidungen findet man am besten im RIS. Der große Vorteil des RIS liegt darin, dass man auf nahezu einen Blick herausfindet, welchen Judikaten dieselbe rechtliche Würdigung zugrunde liegt. Wer sich zu Beginn im RIS schwer zurechtfindet, der sei beruhigt. Das RIS ist mit Google verknüpft, und wer etwa „Grundstückskauf Prokurist RIS" googelt, bekommt direkt mit dem RIS verknüpfte Ergebnisse.

2.10. Einbeziehung von Suchmaschinen

Suchmaschinen können nur freie Inhalte abrufen, was für seriöses juristisches Arbeiten einen Nachteil bedeutet. Dennoch ist etwa das RIS mit Suchmaschinen verbunden, und diese können Diplomarbeiten oder Dissertationen, die nicht gesperrt sind, abgerufen.

2.11. Üben, üben, üben

Eine Meisterin der Recherche wird man erst durch Übung, und das Schöne ist, dass man die Funktion einer Datenbank schnell erlernt und die Bedienung schnell versteht. Die Datenbanken entwickeln sich überdies schnell weiter und lassen teils eine Filterung nach gerichtlichen Entscheidungen, Büchern, Zeitschriften oder Gesetzen zu, was die Ergebnisse eingrenzt.

3. Die Zukunft der juristischen Recherche (Stichwort KI)

KI wird den nächsten Quantensprung in der juristischen Recherche bedeuten und zum Ergebnis haben, dass die Suchlogik, die man etwa von Google kennt – also die Suche mittels Eingabe einer gezielten Frage –, auch in Datenbanken abbildbar und zu Ergebnissen führen wird. Ziel wird es sein, dass die eingegebene Frage rechtlich korrekt beantwortet wird und ein Verweis auf die Quelle aufscheint. Ohne zu sehr ins Detail zu gehen, ist auch im juristischen Bereich eines der Hauptprobleme die Halluzination der KI. Das Halluzinieren kennt man auch von ChatGPT. Die KI wirft dabei teils Ergebnisse aus, die nicht mehr korrekt sind, vor allem dann, wenn sie keine geeignete Quelle findet. Wann KI rechtssicheren Einzug finden wird, wird die Zukunft zeigen. Dass sie ein Gamechanger sein wird, steht aber außer Frage.

§ 6

HOW-TO: WISSENSCHAFTLICHES ARBEITEN

Autorin: Dora Bertrandt

> „Wer sich der wissenschaftlichen Arbeit widmet, schafft eben nicht nur Wissen, sondern baut auch eine Brücke zu beruflichem Erfolg und fachlicher Anerkennung. Du kannst damit langfristig die eigene Expertise unterstreichen und Du eröffnest Dir dadurch ganz neue Möglichkeiten."
>
> *Francine Brogyányi*, Partnerin, DORDA Rechtsanwälte

Zum Thema wissenschaftliches Arbeiten könnte man wohl ganze Bücher schreiben, weil dieses Thema so vielfältig ist. Wir wollen es hier bei den Grundlagen belassen und nicht in die Untiefen des Zitierens oder andere Feinheiten eintauchen.

Ziel dieses Kapitels ist es vielmehr, einen Einblick in die Themenfindung, in die Strukturierung der Arbeit sowie in die klassischen Dos and Don'ts der Planung und Umsetzung der wissenschaftlichen Arbeit zu geben.

1. Ablauf einer wissenschaftlichen Arbeit

Folgende Punkte zeichnen den Ablauf einer wissenschaftlichen Arbeit aus:

→ Finden des Themas
→ Finden der Betreuerin

- → Literaturrecherche
- → erstes grobes Inhaltsverzeichnis
- → Exposé
- → tiefgehende Literaturrecherche
- → finales Inhaltsverzeichnis
- → Musterkapitel
- → Verfassen der Arbeit
- → Korrekturlesen des Inhalts
- → Kontrolle der Fußnoten
- → Abgabe an die Betreuerin
- → Freigabe durch die oder Feedbackschleife mit der Betreuerin
- → Einreichung

2. Das „richtige" Thema finden

Passt das Thema nicht, wird man an seiner Seminar-, Bachelor-, Master-, Diplom- oder Doktorarbeit keine Freude haben. Und wenn man keine Freude an der Bearbeitung eines Themas hat, wird auch das Ergebnis nicht gut sein. Das ist vor allem für all jene ein Problem, die ihre Zukunft im wissenschaftlichen Betrieb einer Universität sehen. Doch wie findet man das richtige Thema?

2.1. Schreibe in einem Rechtsbereich, der dich interessiert

Oftmals vernimmt man, dass Studierende bei einer Betreuerin schreiben, weil diese sanfter benotet oder weil sie nicht so anspruchsvoll in der Themenwahl ist.

Diese Überlegungen sollten auf die Wahl des Themas aber keinen Einfluss haben. Der entscheidende erste Faktor sollte sein, in einem Rechtsbereich zu schreiben, den man im Studium gemocht hat. Liegt das große Interesse im Strafrecht, ergibt es keinen Sinn, etwa im Europarecht zu schreiben, nur weil man dort mit weniger Aufwand eine bessere Note bei einer bestimmten Betreuerin bekommen könnte.

Fühlt man sich in einem Rechtsbereich wohl, fällt das Schreiben der Arbeit gleich um einiges leichter, und es macht mehr Spaß, als wenn man sich in einem Rechtsbereich bewegt, der einem wenig Freude bereitet –

dann können sich auch Seminararbeiten mit einem Umfang von 25 Seiten wie eine halbe Ewigkeit anfühlen.

2.2. Grundlagenthema versus aktuelles Thema

Eine Frage, die sich viele Stellen: Schreibe ich zu einem Klassiker und untersuche ein Thema, das bereits Gegenstand zahlreicher Aufsätze oder anderer Bearbeitungen war, oder widme ich mich einem aktuellen Thema, das noch wenig oder gar nicht bearbeitet wurde?

Im ersten Fall hat man die Möglichkeit, auf einer größeren Menge an Literatur aufzubauen, hat aber das Problem, dass inhaltlich wohl kaum Fragen ungeklärt sind. Dadurch kann die Bearbeitung schnell langweilig werden.

Im zweiten Fall kann man auf wenig oder gar keine Literatur zurückgreifen, ist aber inhaltlich nicht vorbelastet durch eine etwa vorherrschende Meinung. Völliges juristisches Neuland zu betreten und sich als Erste einem neuen, weil aktuellen Thema zu widmen, ist aber selbstredend viel anspruchsvoller und für viele erst ab dem Stadium der Doktorarbeit zu empfehlen.

TIPP
Warum sich entscheiden? Die beste Kombination ist es, ein aktuelles Thema auszuwählen, das mit einem klassischen eng verknüpft ist. Man denke gegenwärtig etwa an die Neuregelung der Sicherstellung von Handys. Hier kann man zunächst über Sicherstellungen und deren gesetzliche Grundlage schreiben, dann kurz die alte Rechtslage darstellen, bevor man sich der neuen gesetzlichen Regelung widmet, die mit 1.1.2025 in Kraft tritt.

2.3. Schlage deiner Betreuerin ein Thema vor

Der erste große Fehler, den man machen kann, ist, dass man ohne Thema den Weg zur Betreuerin antritt. Dies wirkt erstens nicht gut vorbereitet und führt zweitens dazu, dass die Betreuerin ein Thema vorschlagen wird, das sie für spannend erachtet.

Beachte: Was für die Betreuerin spannend ist, kann für Studierende aber schnell zu anspruchsvoll sein oder auch einfach nicht das Interesse der Studentin treffen.

TIPP
Dringend vermieden werden sollte, dass die Betreuerin das Thema festlegt oder die Auswahl aus einer Liste an fertigen Themen erfolgt. Die Rechtswelt ist so bunt und breitgefächert, dass jede ein Thema findet, das sie gut bearbeiten kann.

2.4. Augen auf bei der Betreuerinnenwahl

Die besten Betreuerinnen sind zweifellos jene, die sich für die zu betreuende Arbeit interessieren und die Studierenden fordern und fördern. Dies können, müssen aber nicht notwendigerweise jene Betreuerinnen sein, die den größten Zulauf haben.

Oftmals sind die Betreuerinnen, die einen strengeren Ruf haben, die, die sich besser um die Studierenden kümmern, weil ihnen das Ergebnis der Arbeit am Herzen liegt und sie Zwischenberichte fordern, damit sie sich vom Fortschritt überzeugen können. Gerade zu Beginn des wissenschaftlichen Arbeitens ist es gut, wenn man gefordert und an die Hand genommen wird. Professorinnen oder Dozentinnen haben ein enormes Wissen in Sachen Publikationen, von dem man stark profitieren kann, wenn man sich darauf einlässt und keine Scheu davor hat, in Zwischenberichten seine Ergebnisse mit der Betreuerin zu diskutieren. Und: Auch Arbeitgeberinnen werfen gerne einen Blick darauf, bei wem man seine wissenschaftlichen Arbeiten verfasst hat. Es hat also seine Vorteile, den vielleicht etwas härteren Weg zu gehen.

2.5. Grenze das Thema ein

Wer kennt sie nicht, die Frage: „Wie soll ich dazu so viele Seiten schreiben, das geht sich nie aus?!"

Eine Angst, die meist unbegründet ist, denn je tiefer man ins Thema eintaucht, desto mehr Probleme sieht man und desto mehr rechtliche Fragen tauchen auf, die man einer Lösung zuführen möchte. Und ganz schnell hat man dann das gegenteilige Problem, nämlich dass man die Maximalseitenanzahl überschreitet oder bei einer Dissertation schlussendlich um die 600 Seiten verfassen muss, damit man das selbst (!) gewählte Thema vollumfänglich abarbeiten kann.

Je kompakter das Thema, desto besser gelingt die Bearbeitung und werden die Ergebnisse. Ein weiterer Vorteil liegt auch darin, dass die Menge an Literatur bei einem stark eingegrenzten Thema überschaubarer ist als bei einem sehr breiten.

Beispiel: So kann es beispielsweise ratsamer sein, statt über das neue Verbrauchergewährleistungsgesetz (VGG) zu schreiben, eine Eingrenzung dahingehend vorzunehmen, dass man über das Gewährleistungsrecht bei digitalen Diensten schreibt. So entschlackt man das Thema gleich um einige Randbereiche, die auch Rechtsfragen aufwerfen können, denen man sich stellen müsste, wie etwa generell dem Warenkauf.

Beispiel: Dasselbe gilt für den Fall, dass man im Strafrecht zu Befangenheit schreiben will. Die Wahl des Themas Befangenheit im Strafprozess ist zu weit. Schränkt man auf die Befangenheit der Richterin ein, erhält das Thema eine klare Kontur.

3. Wie beginnen?

Das Finden des richtigen Themas ist erst der erste und – rückblickend betrachtet – auch der kleinste Schritt. Denn ist das Thema erst gefunden, stellt sich die Frage, wie man dieses nun bestmöglich auf- und abarbeitet. Und gerade hier liegen die größten Stolpersteine.

Merke: Lesen – strukturieren – abarbeiten – verfeinern sollten jene vier zentralen Bereiche sein, die die Genese der Arbeit prägen.

3.1. Nicht sofort mit dem Schreiben beginnen

Viele Studierende begehen den Fehler, dass sie sofort mit dem Schreiben beginnen, ohne sich zuerst einen (eingehenden) Überblick über die Literatur und Judikatur zu verschaffen. Am Anfang jeder wissenschaftlichen Arbeit sollte daher eine ausführliche Analyse des bestehenden Schrifttums stehen.

3.2. (Viel) Zeit für ein ausführliches Studium des Schrifttums einplanen

In Zahlen betrachtet sollten etwa 30 % des Zeitpensums in die Literaturrecherche sowie das Lesen und Sortieren der Literatur investiert werden. Um die 10 % sollten weiters in die Strukturierung der Arbeit fließen und ungefähr 50 % in das Schreiben. 10 % sollten dem Korrekturlesen und der Fußnotenvereinheitlichung gewidmet sein.

Beachte: Nur wer sich ein vollinhaltliches Bild über das zu bearbeitende Thema und das bisher Verfasste verschafft, kann die eigene Arbeit gut strukturieren und sie inhaltlich verständlich aufbauen. Ansonsten besteht die Gefahr, dass ein „Fleckerlteppich" aus nicht zusammenhängenden Kapiteln entsteht.

3.3. Eine stringente Struktur festlegen

Erst wenn man sich mit der Literatur vertraut gemacht hat, kann man sich an das Inhaltsverzeichnis wagen. Das Inhaltsverzeichnis legt die Struktur und den Aufbau der Arbeit fest und sollte später nicht mehr geändert werden. Es lohnt sich daher, Zeit in die Gliederung zu investieren, denn ein späteres „Umstellen" der Kapitel sorgt dafür, dass die bereits bearbeiteten Kapitel aufgrund von Verweisen und Sinnzusammenhängen wieder überarbeitet werden müssen.

Und eines sei gesagt: Die Überarbeitung ist zeitaufwendiger als die ursprüngliche Bearbeitung.

3.4. Wie strukturiert man richtig?

Hier muss man zunächst sagen, dass dies auch von der Betreuerin abhängig ist, denn es gibt Betreuerinnen, die von ihren Studierenden verlangen, sofort in die zentrale Frage der Arbeit einzusteigen.

Ist dem nicht so, so sollte die Arbeit schrittweise aufgebaut werden. Das heißt, man beginnt mit einer Einführung in das Thema, gibt einen theoretischen Unterbau sowie eine Darstellung der bisherigen Meinungen, bevor man zum Abschluss zu seiner eigenen Meinung bzw zur eigenen Forschungsfrage kommt. Abschließend erfolgt eine Zusammenfassung der eigenen Ergebnisse.

Man führt die Leserin also langsam an die eigenen Ausführungen heran und fasst die eigenen Forschungsergebnisse, die den Hauptteil der Arbeit darstellen, am Ende zusammen.

Die Leserin muss stets dazu in der Lage sein, den Ausführungen der Autorin zu folgen. Aus diesem Grund kann es ratsam sein, gewisse Passagen von jemand anderem auf Verständlichkeit lesen zu lassen.

3.5. Die Literatur den einzelnen Kapiteln zuordnen

Sei es durch ein Farbsystem oder durch eine andere Referenzierung, durch eine eigene Datei, in der man festhält, welchen Aufsatz, Kommentar oder welches Judikat man in welchem Kapitel verarbeiten muss – Literatur muss sortiert werden, ansonsten läuft man Gefahr, dass man aufgrund der Vielzahl von Fundstellen den Wald vor lauter Bäumen nicht mehr sieht.

Und Literatur nachträglich einzuarbeiten, kostet vor allem eines: Zeit. Wer Zeit sparen will, liest sämtliche Literatur zu Beginn, ordnet sie den einzelnen Kapiteln zu (sofern eine Fundstelle mehrere Kapitel betrifft, mehrmals zuordnen) und (was später noch im Detail behandelt wird) arbeitet Kapitel für Kapitel ab.

Das Schlimmste, was passieren kann, ist, dass man zum Ende der Arbeit entdeckt, dass man Literatur entweder nicht gelesen oder zwar gelesen, aber nicht einsortiert hat und sich darin entweder Grundzüge der eigenen Meinung abgebildet finden oder eine komplett konträre Ansicht. Denn das führt dazu, dass man die eigene Arbeit im schlimmsten Fall überarbeiten muss.

4. Was muss man beim Schreiben beachten?

Erst wenn man die obigen Schritte gegangen ist, ist man bereit, mit dem Schreiben zu beginnen. Was dabei zu beachten ist, wird nachfolgend dargestellt.

4.1. Die ersten Seiten sind die schwersten

Es ist völlig normal, dass das Verfassen der ersten Seiten die größten Probleme bereitet. Viele haben in ihrem Leben noch keine wissenschaftliche Arbeit verfasst, und wissenschaftliches Schreiben ist nichts, das man aus dem Ärmel schüttelt. Ganz im Gegenteil: Präzise, klar und strukturiert zu schreiben, will gelernt sein, und es dauert eine Weile, bis man dies intus hat. Deshalb: Nicht verzweifeln, wenn es am Anfang länger dauert, bis man in einen Schreibfluss kommt. Je weiter fortgeschritten man bei der wissenschaftlichen Arbeit ist, desto leichter geht das Schreiben von der Hand.

4.2. Das Inhaltsverzeichnis Kapitel für Kapitel abarbeiten

Probleme können vor allem dann auftreten, wenn man in der Bearbeitung zwischen den Kapiteln hin und her springt. Möchte man einen Tipp geben, wie man die Abarbeitung beschleunigen kann, so würde dieser lauten, die Kapitel des Inhaltsverzeichnisses der Reihe nach abzuarbeiten.

In den jeweiligen Kapiteln können unterschiedliche Stolpersteine am Weg auftauchen, die den Fortschritt erschweren. Dies kann daran liegen, dass man seine eigene Meinung ausformulieren muss, dass es schwierig ist, die hM herauszufinden, oder schlichtweg, weil man die bisher im Schrifttum ausformulierten Meinungen erst einmal verstehen muss. Der schlechteste Weg, den man gehen kann, ist in das nächste Kapitel zu springen und mit dessen Bearbeitung zu beginnen, um den jetzt mühsamen Teil später nachzuholen. Das mag kurzfristig helfen, langfristig verliert man jedoch selbst den Überblick, was man in welchem Kapitel geschrieben hat.

4.3. Zeit für das Schreiben reservieren

Einen richtigen Fortschritt bei einer wissenschaftlichen Arbeit merkt man erst, wenn man mindestens drei Stunden am Stück Zeit hat, an dieser zu arbeiten, denn in der Regel verliert man die ersten 30 Minuten dafür, um sich in jene Passagen einzulesen, die man zuletzt bearbeitet hat, und um seinen letzten Gedankengang wieder nachvollziehen zu können.

Im Optimalfall schafft man es, dass man sich im Inhaltsverzeichnis notiert, wann man welchen Teilbereich bearbeiten will, und dass man sich streng an die eigenen Vorgaben hält. So sieht man, was psychologisch wichtig ist – nämlich Fortschritte –, und verliert das Projekt zu keiner Zeit aus den Augen.

4.4. Einen Gedankengang immer zu Ende bearbeiten

Einer der größten Fehler ist es, den Laptop zur Seite zu stellen, obwohl man gerade einen komplexen Gedankengang bearbeitet, denn die Wahrscheinlichkeit ist hoch, dass man beim nächsten Einstieg in die Arbeit die Gedanken nicht mehr in dieser Klarheit vor sich hat. Das heißt: Immer ein Kapitel oder ein Unterkapitel fertig bearbeiten und erst dann aufhören. Das ist nicht nur in Hinblick auf den Fortschritt der Arbeit wichtig, sondern auch psychologisch, weil man mit einem Erfolgserlebnis endet und bei der nächsten Schreibetappe ohne Altlasten starten kann.

4.5. Klare Sätze

Schachtelsätze sind für Juristinnen zwar typisch, dennoch sollte man (auch zum eigenen Schutz) bei wissenschaftlichen Arbeiten auf kürzere, klare und vor allem verständliche Sätze Wert legen – zum einen, um die eigenen Gedanken jederzeit wieder nachvollziehen zu können, was ohnehin schwierig sein kann, wenn man etwa zwei Monate nicht an einem bestimmten Kapitel, sondern an einem anderen Kapitel gearbeitet hat; zum anderen auch, um der Begutachterin zu zeigen, dass man das Thema verstanden hat. Klare, verständliche Sätze suggerieren, dass man das Thema durchdrungen hat. Lange, verschachtelte Sätze bedeuten genau das Gegenteil, und die Begutachterin gewinnt den Eindruck, dass man mit einem langen unverständlichen Satz nur versucht, das Ergebnis etwas offen zu lassen, weil man sich nicht festlegen will.

4.6. Von Beginn an sauber zitieren

Meist hebt man sich die Korrekturdurchsicht der Fußnoten bis zum Schluss auf. Die Arbeit ist geschrieben, der Text durchgelesen und korrigiert, das Inhaltsverzeichnis aktualisiert, das Literaturverzeichnis wurde auf seine

Aktualität gecheckt, und zu guter Letzt kommt es zur Überarbeitung der Fußnoten, um dann im Anschluss die Arbeit einzureichen.

Hierzu sei eines gesagt: Wer von Beginn sauber und vor allem nach den Vorgaben der AZR oder der leg cit zitiert, spart viel Zeit. Das Ausbessern von uneinheitlichem oder unsauberem Zitieren kann gerne eine volle Woche bei einer Seminararbeit in Anspruch nehmen, was nicht nur viel Zeit kostet, sondern auch mühsam ist. Und so viel sei gesagt: Schlampige Fußnoten und uneinheitliches Zitieren stehen einer guten Benotung diametral entgegen.

4.7. Literaturverzeichnis mit jedem Zitat anpassen

Zitiert man ein Werk erstmalig, so sollte man das neue Buch, den neuen Beitrag oder das Judikat sofort ins Literaturverzeichnis aufnehmen. Auch das spart Zeit und vor allem Nerven. Denn im Abschluss die Fußnoten dahingehend zu durchforsten, ob alle Bücher ins Literaturverzeichnis aufgenommen worden sind, ist wohl einer der Tasks, der am meisten an den Nerven zehrt.

5. Was man generell beachten sollte

5.1. Sollte man mit anderen über seine Arbeit reden?

Ja und nein. Man wird schnell erkennen, dass man bei einer wissenschaftlichen Arbeit ein Thema sehr schnell mehr durchdringt als Studienkolleginnen, die „nur" die Prüfung im jeweiligen Rechtsbereich abgelegt haben.

Sich mit Blick darauf, ob die eigene Lösung oder die eigens entwickelte neue Ansicht stimmen kann, mit Kolleginnen auszutauschen, ist daher nicht wirklich ratsam, weil diese nicht so tief im Thema drin sind wie man selbst. Im schlimmsten Fall wird man verunsichert, wenn die Kolleginnen die eigene Ansicht nicht teilen. Es ist daher ratsamer, das Gespräch mit der Betreuerin zu suchen, wenn man sich nicht ganz sicher ist, ob die eigene Lösung richtig ist. Merkt die Betreuerin, dass man gut vorbereitet ist, viel gelesen hat und dass man sich von ihr nicht die Lösung erwartet, sondern nur die Klarstellung, ob die eigene Ansicht zumindest vertretbar ist, wird sie das Gespräch gerne suchen. Und außerdem: Sie wird nachfragen und dadurch wertvolle Inputs geben, welche Argumentationsstränge man noch beachten sollte.

5.2. Termine mit der Betreuerin einhalten

Sei es die Abgabe des Inhaltsverzeichnisses, des Exposés oder eines ersten Musterkapitels: Zeitliche Vorgaben der Betreuerin müssen eingehalten werden und führen im Gegenzug auch dazu, dass die Betreuerin ihre Anmerkungen sowie das Gutachten zur Arbeit pünktlich liefern wird. Überdies erkennt sie, dass der Studierenden die Arbeit wichtig ist.

5.3. Musterkapitel forcieren

Betreuerinnen sind unterschiedlich. Es gibt die, die stets über den Fortschritt Bescheid wissen wollen und vor allem ein Musterkapitel geliefert bekommen wollen, andere wollen erst die endgültige Arbeit sehen.

Als kleine Empfehlung: Man sollte selbst das Musterkapitel forcieren. Die Betreuerin hat so die Möglichkeit, den Schreibstil der Studentin kennenzulernen, sie kann wertvolle Tipps insbesondere zum Aufbau oder zur Verständlichkeit geben, und man erkennt früh, worauf es der Betreuerin ankommt.

5.4. Keine Angst vor der Plagiatsprüfung

Plagiatsverfahren sind in den Medien sehr präsent, vor allem wenn sie Personen des öffentlichen Lebens betreffen.

Generell muss man aber keine Angst vor der Plagiatsprüfung haben, wenn man wissenschaftlich korrekt arbeitet, das heißt: Alle Quellen lesen, die verfügbar sind, und keine fremden Ansichten übernehmen, ohne dass man diese als solche kennzeichnet sprich zitiert.

5.5. Wie oft muss man zitieren?

Hier scheiden sich die Geister. Von „Zitiere lieber alles" bis „Allgemein bekannte Aussagen muss man nicht zitieren" findet man alles.

Beim Thema Zitieren ist es ratsam, einen vorsichtigen Ansatz zu wählen und eher zu viel als zu wenig zu zitieren. Zu empfehlen ist daher, jeden Absatz mit einem Zitat zu versehen. Das kann insbesondere bei der eigenen Meinung schwierig sein, wenn man wirklich die Erste ist, die diese vertritt. Doch jede Ansicht hat ihr Fundament, und dieses Fundament wird in einem

Buch, Aufsatz, Judikat oder gar in den Materialien zu finden sein. Wenn man die eigene Ansicht untermauern will, sollte man daher diese Quellen zitieren, auch wenn sich dort nicht die eigene Meinung wiederfindet, sondern nur jene Argumente, die dazu geführt haben, dass man die eigene Meinung erst bilden konnte. „Siehe dazu grundlegend", „Siehe in einem ersten Ansatz" etc könnten Verweise darauf in der Fußnote heißen.

Beispiel: Vertreten wird die Meinung, dass bereits bei der erstmaligen Nichtbefolgung einer zulässigen und rechtswirksamen Weisung der Geschäftsführer der GmbH abberufen werden kann. Dies vertritt – soweit ersichtlich – noch niemand, teilweise begnügt man sich in der Literatur mit der beharrlichen Nichtbefolgung einer Weisung, die Judikatur lässt die Möglichkeit der Abberufung bei einer erstmaligen Nichtbefolgung offen und tendiert eher dazu, jedenfalls erst bei einer mehrmaligen Nichtbefolgung der Weisung eine Abberufung zuzulassen. Möchte man nun bei seiner eigenen Ansicht Fußnoten finden, so empfiehlt es sich auf alle Fälle, die gegenteiligen Ansichten in die Fußnoten aufzunehmen („AA" für „andere Ansicht") und jene Fundquellen, die gänzlich offenlassen, ab welchem Zeitpunkt eine Abberufung möglich sein soll, das Thema aber thematisieren, als „Siehe dazu grundlegend, jedoch im Detail offenlassend" in die Fußnoten zu integrieren.

Ein breiter Fußnotenapparat zeigt überdies, dass man sich mit der Materie wirklich tiefgehend auseinandergesetzt hat.

5.6. Darf ich eine Fußnote aus einer anderen Arbeit übernehmen, wenn das zitierte Buch nicht verfügbar ist?

Keinesfalls. Die Übernahme von Fußnoten ist verpönt. Ist das zitierte Buch nicht verfügbar, etwa weil es in keiner Datenbank zu finden und in den Bibliotheken nicht mehr auffindbar ist, sollte man auf die Zitierung des Werkes verzichten, weil eine Zitierung ohne Prüfung der Quelle ein absolutes No-Go ist und nicht der redlichen wissenschaftlichen Arbeitsweise entspricht.

TIPP
Jedenfalls in der Nationalbibliothek sollte jedes Buch, das in Österreich erschienen ist, auffindbar sein, weswegen das Thema eigentlich großteils theoretischer Natur ist.

Generell sollte man vermeiden, dieselben Werke wie in einer vergleichbaren anderen Arbeit aufzunehmen, selbst wenn man diese alle im Detail gelesen hat. Es empfiehlt sich dann, auf das andere Werk zu verweisen, das einen ähnlichen Quellennachweis hat, und auf die in diesem Werk zitierten Quellen zu verweisen. Dies macht man mit dem Verweis „Quelle mwN" („mit weiteren Nachweisen").

5.7. Muss man immer die Primärquelle zitieren?

Ja, dies wäre wissenschaftlich korrekt. Ein weiterer Grund, warum man die Primärquelle lesen und zitieren sollte, ist, dass man nicht darauf vertrauen kann, dass die, die ihre Ansicht auf der Primärquelle aufbauen und diese bereits zitiert haben, die Primärquelle richtig zitiert oder die Quintessenz der übernommenen Ansicht auch richtig verstanden haben.

5.8. Darf man KI zum Verfassen der Arbeit einsetzen?

Es hängt von der Betreuerin ab, ob KI eingesetzt werden kann oder nicht. Jedenfalls ist der Einsatz von KI aber zu dokumentieren. Ein entscheidendes Kriterium ist aber, dass es sich weiterhin um eine eigenständige wissenschaftliche Arbeit handelt. Die Einzelheiten sollten daher jedenfalls mit der Betreuerin besprochen werden. Sich die Arbeit aber zur Gänze von der KI schreiben zu lassen, ist jedenfalls nicht erlaubt. Die KI kann nur unterstützend eingreifen, wie weit, hängt von den Vorgaben der jeweiligen Universität ab, die die Betreuerin im Detail kennt.
   Siehe dazu die Vorgaben der Uni Wien: https://studieren.univie.ac.at/lernen-pruefen/ki-in-studium-und-lehre.

6. Worauf kommt es bei der Bewertung der Arbeit an?

Auch dies hängt von der Betreuerin ab. Immer punkten kann man aber, indem man die folgenden Kriterien beachtet:

→ verständlicher und durchdachter Aufbau der Arbeit
→ Beherrschung der juristischen Sprache und Verwenden verständlicher klarer kurzer Sätze

- → inhaltlicher Mehrwert: Mehr als nur das Zusammentragen des bisherigen Meinungsstandes, sondern ein wissenschaftlich kritischer Blick auf das Schrifttum; Darstellen einer eigenen Meinung (auch bei Seminararbeiten)
- → Mut, sich mit dem Thema tiefgreifend auseinanderzusetzen, und neue Ansätze zu finden
- → klare und stringente Argumentation der eigenen Ansicht
- → sorgfältiges Ausrecherchieren der eigenen Meinung, um keine inhaltlichen Angriffspunkte zu bieten
- → Umfassende Literatur- und Judikaturaufbereitung
- → keine Rechtschreibfehler, Tippfehler oder andere Schlampigkeiten in der Arbeit
- → gepflegter Fußnotenapparat mit sauberer Zitierung
- → vollständige Verzeichnisse und Verwendung der Formatvorlage

§ 7

WANN IST DER RICHTIGE ZEITPUNKT FÜR DIE BERUFSERFAHRUNG?

Autorin: Dora Bertrandt

> „Bereits während des Studiums praktische Erfahrungen zu sammeln, halte ich für sehr wichtig. Dies ermöglicht gute Einblicke in den Arbeitsalltag und erleichtert die Entscheidungsfindung, auf welchen Bereich man sich künftig fokussieren möchte. Diverse Praktika oder etwa eine Beschäftigung als juristische Mitarbeiterin in einer Kanzlei während des Studiums eignen sich dazu perfekt. Wann man am besten erste Berufserfahrungen im Studium sammelt, ist individuell. Ich persönlich finde aber, dass man davon am meisten profitiert, wenn man den ersten Abschnitt des Jus-Studiums bereits absolviert hat."
>
> *Monika Sturm*, Partnerin, fwp Rechtsanwälte

Mehr als 60 % der Studentinnen arbeiten neben ihrem Studium in einem Nebenjob. Diese Zahl ist wenig überraschend, wenn man die Vorteile bedenkt, die eine frühzeitige Berufserfahrung mit sich bringt. Einerseits ist es auf dem juristischen Arbeitsmarkt von großem Vorteil, bereits praktische Erfahrungen gesammelt zu haben, da Arbeitgeberinnen bei Bewerbungen zunehmend darauf achten. Andererseits bietet die juristische Praxis wertvolle Einblicke in die Arbeitswelt, wodurch man verschiedene Berufsfelder besser kennenlernen und fundierter entscheiden kann, welche berufliche

Richtung eingeschlagen werden soll. Zudem stellt der Nebenverdienst für viele eine willkommene finanzielle Unterstützung dar.

Allerdings sollte man sich der Herausforderungen bewusst sein, die mit dem Einstieg in die Berufswelt einhergehen. Ohne gutes Zeitmanagement oder klare berufliche Ziele kann ein Nebenjob die Studiendauer erheblich verlängern oder zu unnötigem Stress führen. Deshalb ist es wichtig, sorgfältig zu überlegen, wann und in welcher Form man Berufserfahrung sammelt. In diesem Kapitel werden die wichtigsten Fragen zu diesem Thema näher beleuchtet:

→ Wann ist der ideale Zeitpunkt, um Berufserfahrung zu sammeln?
→ Wie viele Arbeitsstunden sind neben dem Studium machbar?
→ Welche Arten von Berufserfahrung sind sinnvoll?
→ Wie maximiert man den Nutzen der gesammelten beruflichen Erfahrungen?

1. Wann ist der richtige Zeitpunkt für den Berufseinstieg?

In den ersten beiden Semestern sollte das Hauptaugenmerk ausschließlich auf dem Studium liegen. Dies ermöglicht es, sich mit den universitären Abläufen vertraut zu machen und eine persönliche Lernroutine zu entwickeln. Diese Phase ist entscheidend, um den Grundstein für den weiteren Studienverlauf zu legen. Ab dem dritten Semester beginnen viele Studierende, sich intensiver mit den juristischen Fachgebieten zu beschäftigen, was eine zusätzliche Herausforderung darstellen kann. Daher ist es ratsam, den Berufseinstieg erst dann zu erwägen, wenn man sich im Studium sicher fühlt und die anfallenden Aufgaben gut bewältigen kann.

Ein zu früher Einstieg in die Berufswelt kann dazu führen, dass man seine akademische Routine noch nicht ausreichend gefestigt hat. Dies kann zu einer Verschiebung der Prioritäten führen: Man möchte im Job überzeugen und vielleicht Überstunden machen, um von der Chefin oder den Kolleginnen positiv wahrgenommen zu werden, was dann zulasten des Studiums geht. Solche Entwicklungen sind oft schleichend und nicht sofort spürbar, können aber langfristig negative Auswirkungen haben, etwa wenn Vorlesungen oder Prüfungen aufgrund mangelnder Vorbereitung vernachlässigt werden. Daher sollte die Entscheidung, wann man mit dem Sammeln von Berufserfahrung beginnt, wohlüberlegt sein. Ein guter Zeitpunkt dafür ist, wenn das Studium gut strukturiert und die Anforderungen unter

Kontrolle sind – frühestens ab dem dritten Semester oder nach der STEOP-Phase.

2. Was tun, wenn man es sich nicht leisten kann, nicht zu arbeiten?

Nicht alle Studierenden haben den Luxus, sich ausschließlich auf das Studium konzentrieren zu können. Viele sind auf einen Nebenjob angewiesen, um sich das Studium überhaupt leisten zu können. Dies kann eine große Herausforderung darstellen, insbesondere da das Jurastudium als Vollzeitstudium konzipiert ist. In solchen Fällen ist es wichtig, sich nicht zu sehr unter Druck zu setzen und stattdessen mit einer realistischen und flexiblen Einstellung an die Sache heranzugehen.

Der Schlüssel liegt in einem realistischen Studien- und Lernplan. Es bringt wenig, sich an den Mindeststudienplan zu halten, wenn klar ist, dass man sich nicht voll und ganz auf das Studium konzentrieren kann. Stattdessen sollten kleinere, erreichbare Ziele gesetzt werden. Zum Beispiel kann eine Stunde tägliches Lernen langfristig effektiver sein als das sogenannte Bulimie-Lernen kurz vor den Prüfungen. Mit einem realistischen und gut strukturierten Zeitplan lässt sich die Balance zwischen Studium und Arbeit besser halten. Es kann auch notwendig sein, Anpassungen vorzunehmen, doch mit einem klaren Plan und einem guten Zeitmanagement ist auch eine parallele Berufstätigkeit schaffbar.

3. Wie viele Arbeitsstunden sind neben dem Studium realistisch?

Die Anzahl der Arbeitsstunden, die neben dem Studium bewältigt werden können, hängt von verschiedenen Faktoren ab, wie etwa den eigenen Kapazitäten, der Komplexität des Studiums und den Anforderungen des Jobs. Eine allgemeine Empfehlung lautet, mit etwa acht bis zwölf Arbeitsstunden pro Woche zu beginnen. Diese Stundenanzahl erlaubt es, erste berufliche Erfahrungen zu sammeln, ohne das Studium zu sehr zu beeinträchtigen. Jedoch ist es wichtig, im Hinterkopf zu behalten, dass es selten bei diesen acht bis zwölf Stunden bleibt, da in vielen Jobs gelegentlich Überstunden anfallen. Es ist daher ratsam, diese zusätzlichen Stunden im Voraus mit einzuplanen.

Von einer Halbtagsstelle (etwa 20 Stunden pro Woche) wird in der Regel abgeraten, da sie zu viel Zeit in Anspruch nimmt und oft Überstunden erfordert. Dies kann dazu führen, dass man plötzlich 30 Stunden oder mehr pro Woche arbeitet und kaum noch Zeit für das Studium bleibt. Daher sollte man darauf achten, die Arbeitszeiten sinnvoll zu strukturieren.

TIPP
Arbeitgeberinnen bevorzugen häufig eine gleichmäßige Verteilung der Arbeitsstunden über die Woche, zum Beispiel täglich einige Stunden. Es ist jedoch sinnvoller, eine Regelung zu treffen, bei der man beispielsweise nur zwei Tage pro Woche arbeitet, dafür aber länger (zum Beispiel je sechs Stunden). Auf diese Weise bleiben mehrere Tage pro Woche vollständig für das Studium frei, was es ermöglicht, sich gezielt auf das Lernen zu konzentrieren.

In den Prüfungsphasen – insbesondere zwei bis vier Wochen vor den Prüfungen – sollte versucht werden, mehr Zeit zum Lernen freizuschaufeln. Eine Möglichkeit besteht darin, in ruhigeren Zeiten Überstunden zu machen, um diese in den intensiven Lernphasen abbauen zu können. In größeren Kanzleien oder Unternehmen besteht oft auch die Möglichkeit, mit Kolleginnen Stunden zu tauschen. Es ist wichtig, dies proaktiv und rechtzeitig mit der Arbeitgeberin zu besprechen, um unnötigen Stress zu vermeiden. Offene und ehrliche Kommunikation über Prüfungstermine und Lernphasen ist hier entscheidend.

TIPP
Wer sich hauptsächlich auf das Studium konzentrieren möchte, kann wertvolle Berufserfahrung in Form von Winter- oder Sommerpraktika sammeln. Diese finden in der Ferienzeit statt und sind oft als Teilzeit- oder Vollzeitstellen konzipiert, was die Möglichkeit bietet, sich in der vorlesungsfreien Zeit intensiv der Praxis zu widmen. Solche Praktika werden von Arbeitgeberinnen in der Regel sehr positiv aufgenommen und bieten die Gelegenheit, sich im besten Licht zu präsentieren.

4. Welche Möglichkeiten gibt es, um Berufserfahrung zu sammeln?

Es gibt zahlreiche Wege, während des Studiums Berufserfahrung zu sammeln. Je nach individuellen Interessen und Zielen bieten sich verschiedene Möglichkeiten an:

4.1. Studentische Mitarbeit in Kanzleien oder Unternehmen

Ein studentischer Job in einer Kanzlei oder einem Unternehmen bietet meist abwechslungsreiche Aufgaben, die von einfachen administrativen Tätigkeiten bis hin zu anspruchsvollen Rechercheaufgaben reichen. Je länger man in einer solchen Position arbeitet, desto komplexer und herausfordernder werden in der Regel die Aufgaben. Dies ist eine gute Möglichkeit, kontinuierlich Erfahrung zu sammeln und gleichzeitig den juristischen Arbeitsalltag kennenzulernen.

4.2. Praktika oder Trainee-Programme

In größeren Kanzleien oder Unternehmen werden oft Trainee-Programme oder Praktika angeboten, die zeitlich befristet sind (meist zwei bis sechs Monate) und einen intensiven Einblick in verschiedene Rechtsbereiche ermöglichen. Diese Programme sind ideal, um unterschiedliche juristische Tätigkeitsfelder auszuprobieren und wertvolle Kontakte zu knüpfen. Oft gibt es in solchen Programmen auch spezielle Events oder Fortbildungen, die das berufliche Netzwerk erweitern und zusätzliche Lernmöglichkeiten bieten.

4.3. Studienassistenz an der Universität

Für diejenigen, die sich eine wissenschaftliche Karriere vorstellen können, bietet sich die Möglichkeit, als Studienassistentin an einem juristischen Institut zu arbeiten. In dieser Position unterstützt man Professorinnen bei der Vorbereitung von Lehrveranstaltungen, der Erstellung wissenschaftlicher Publikationen oder der Betreuung von Forschungsprojekten. Neben der praktischen Arbeit an der Universität bietet diese Position eine exzellente Möglichkeit, tiefer in die juristische Materie einzutauchen und gleichzeitig wertvolle akademische Kontakte zu knüpfen.

4.4. Jobs außerhalb des juristischen Bereichs

Auch Tätigkeiten außerhalb der Juristerei können wertvolle Fähigkeiten vermitteln. Viele Arbeitgeberinnen schätzen Studierende, die in kundenorientierten Bereichen wie der Gastronomie oder im Service tätig waren, da sie hier oft Belastbarkeit und Kommunikationsfähigkeit unter Beweis gestellt haben. Solche „branchenfremden" Jobs können eine gute Möglichkeit sein, sich von der juristischen Theorie zu erholen und gleichzeitig Soft Skills zu entwickeln, die in jedem Berufsfeld von Nutzen sind.

4.5. Ehrenamtliches Engagement

Freiwillige Arbeit oder ehrenamtliches Engagement sind ebenfalls wertvolle Möglichkeiten, um Berufserfahrung zu sammeln. Diese Tätigkeiten werden von Arbeitgeberinnen häufig als positives Signal gewertet, da sie zeigen, dass man bereit ist, sich für soziale oder gemeinnützige Zwecke einzusetzen. Rund um die Universitäten gibt es zahlreiche Organisationen, bei denen man sich engagieren kann – oft auch in Bereichen, die juristische Relevanz haben.

5. Wie holt man das Beste aus der Berufserfahrung heraus?

Um das Maximum aus der gesammelten Berufserfahrung herauszuholen, ist es wichtig, von Beginn an zuverlässig und engagiert zu arbeiten. Dazu gehört es, pünktlich, verlässlich und verantwortungsbewusst zu handeln. Um jedoch wirklich von der Berufserfahrung zu profitieren, sollten einige zusätzliche Aspekte beachtet werden:

5.1. Eigeninitiative zeigen

Es kann sich lohnen, über die eigenen Aufgaben hinauszuschauen und bei Bedarf zusätzliche Verantwortung zu übernehmen. Beispielsweise kann man in einem studentischen Job in einer Kanzlei Eigeninitiative zeigen, indem man selbstständig nach neuen Recherchethemen fragt oder an Projektideen mitarbeitet. So hebt man sich von den anderen Mitarbeitenden ab und hinterlässt einen bleibenden Eindruck.

5.2. Netzwerk aufbauen

Eine berufliche Tätigkeit bietet auch die Möglichkeit, wertvolle Kontakte in der Branche zu knüpfen. Daher ist es ratsam, nicht nur mit den direkten Kolleginnen in Kontakt zu bleiben, sondern sich auch aktiv mit anderen Mitarbeitenden im Unternehmen oder der Kanzlei zu vernetzen. Dabei ist ein respektvoller und professioneller Umgang entscheidend, um langfristig von diesen Kontakten zu profitieren.

5.3. Empfehlungsschreiben einholen

Nach Abschluss eines Praktikums oder einer Anstellung sollte man sich stets ein Empfehlungsschreiben ausstellen lassen. Ein solches Schreiben kann bei zukünftigen Bewerbungen von großem Vorteil sein und zeigt, dass man bereits praktische Erfahrung gesammelt hat.

Eine durchdacht geplante Berufserfahrung kann eine enorm wertvolle Ergänzung zum juristischen Studium sein, die sowohl bei der beruflichen Orientierung als auch bei zukünftigen Bewerbungen von Vorteil ist. Mit der richtigen Balance und einem klaren Ziel vor Augen lassen sich Studium und Job erfolgreich miteinander verbinden. Weitere Tipps zur Karriereplanung und Bewerbung finden sich in den Kapiteln § 13 und § 14.

§ 8

SPEZIALISIERUNGEN

Autorinnen: Franziska Federspieler, Helena Ornetsmüller

> *„Eine Spezialisierung eröffnet die Möglichkeit, in einem bestimmten Bereich außergewöhnliche Expertise zu erlangen, sie sollte jedoch nicht als Beschränkung des eigenen Potenzials verstanden werden. Wer sich etwa auf ein vielseitiges Rechtsgebiet wie das Vergaberecht konzentriert, erweitert gleichzeitig sein Wissen in Bereichen wie Beihilfenrecht, Kartell- und Wettbewerbsrecht sowie Strafrecht."*
>
> **Martin Schiefer**, Partner, Schiefer Rechtsanwälte

Das Studium hat gerade erst begonnen, und schon wird man gefragt, welche Rechtsgebiete einen besonders interessieren. Nicht lange danach steht man vor der Frage: Soll man sich spezialisieren oder nicht? Die Auswahlmöglichkeiten sind vielfältig, die Zukunftsaussichten unklar, und der richtige Zeitpunkt scheint schwierig zu finden.

Die Gedanken kreisen: „Mache ich im Studium das Richtige für meinen späteren Beruf?", „Verpasse ich etwas, wenn ich im Rahmen des Studiums keine Spezialisierung wähle?" – und ehe man sich versieht, fühlt man sich überfordert.

Inmitten der Vorlesungen, Prüfungen und dem allgemeinen Lernstress scheint eine Spezialisierung wie eine zusätzliche Herausforderung, die man am liebsten auf später verschieben würde. Doch genau diese Entscheidung könnte sich als besonders wertvoll für die berufliche Zukunft erweisen. Egal ob Mediation, Medizinrecht, Wirtschaftsprivatrecht, Bank- und Kapitalmarktrecht, Kartellrecht oder Strafrecht – eine Spezialisierung bietet die Möglichkeit, sich in einem spezifischen Rechtsgebiet zu vertiefen und dadurch nicht nur Wissen, sondern auch gefragte Kompetenzen zu erlangen.

In einer zunehmend spezialisierten Welt können Kanzleien und Unternehmen von juristischen Fachleuten profitieren, die sich auf bestimmte Rechtsgebiete fokussieren. Durch die Spezialisierung differenziert man sich von anderen und kann sich als Spezialistin auf einem gefragten Gebiet positionieren.

Aber wie soll man diese Entscheidung treffen? Welche Faktoren spielen dabei eine Rolle? Wann ist der richtige Zeitpunkt? Was, wenn man lieber Generalistin als Spezialistin sein möchte? Diese Fragen sind nicht einfach zu beantworten. In diesem Kapitel wird deswegen gezeigt, worauf man bei der Wahl einer juristischen Spezialisierung im Studium achten sollte, wie man sich umfassend informiert und wann der optimale Zeitpunkt für den Start ist. Darüber hinaus wird ein Überblick gegeben, wie die Spezialisierungen an den juristischen Fakultäten in Wien, Linz, Salzburg, Graz und Innsbruck aufgebaut sind.

TIPP
Wenn man sich tiefgehender mit den einzelnen Fachrichtungen (insbesondere auch mit den Rechtsgebieten, die im Rahmen des Studiums nicht oder nur begrenzt vorgestellt werden) auseinandersetzen möchte, gibt es zahlreiche Gelegenheiten, mehr zu erfahren. Regelmäßig organisierte Events (wie beispielsweise die der *Paragraphinnen*) bieten eine gute Gelegenheit, in die verschiedenen Bereiche hineinzuschnuppern und direkt mit Expertinnen ins Gespräch zu kommen. Auch Podcasts, die speziell auf die Themen der Spezialisierung eingehen, können helfen, einen klareren Überblick zu bekommen – eine wertvolle Hilfe, um die eigenen Interessen und Möglichkeiten besser abzuwägen.

1. Die Wege zur Spezialisierung

> *„Eine generalistische Ausbildung ist für Juristinnen unentbehrlich – wie ein Navi im Alltag: Sie ermöglicht es, sich selbstbewusst und kompetent in den unterschiedlichsten rechtlichen Landschaften zu bewegen, und legt das Werkzeug dafür in die Hand, sich auch auf unbekanntem Terrain zurechtzufinden. Daher mein Appell an angehende Rechtsanwältinnen:*

> *Traut euch, Abzweigungen in verschiedenste Rechtsgebiete zu nehmen und euch auch mit anderen Kenntnissen in angrenzenden Gebieten zu wappnen! Der Weg ist das Ziel: Die meisten Spezialisierungen ergeben sich ohnedies erst in der Berufspraxis."*
>
> Armenak Utudjian, Partner, Graf Isola Rechtsanwälte

Man kann sich im Rahmen des Studiums, aber auch nach dem Studium spezialisieren. Eine Spezialisierung bedeutet, dass man neben der allgemeinen juristischen Ausbildung einen fachlichen Schwerpunkt setzt. Je nach Universität ist eine Spezialisierung auch im Lehrplan vorgesehen (siehe dazu die Übersicht weiter unten im Kapitel). Zu folgenden Zeitpunkten kann man sich spezialisieren bzw die Spezialisierung ändern:

→ im Studium (je nach Lehrplan zB durch den Besuch der Wahlfächer)
→ in Spezialstudien (so ist das Wirtschaftsrechtstudium oder das Studium Internationales Recht eine spezialisiertere Ausbildung als das klassische Jus-Studium)
→ im anschließenden LL.M.- oder Doktoratsstudium
→ im Berufsleben (etwa durch die Arbeit in einer hoch spezialisierten Kanzlei oder in einem hoch spezialisierten Team)

An dieser Stelle soll auch betont werden, dass die Spezialisierung nicht immer eine bewusste Entscheidung ist. Aus dem Gespräch mit Personen aus der Praxis wird klar, dass eine Spezialisierung sich auch durch Zufall ergeben kann. Die Wege zu einer Spezialisierung sind also verschieden.

Der Fokus dieses Kapitels wird auf die Spezialisierung im Rahmen des Studiums liegen. Die folgenden Kapitel zu den Themen LL.M. und Doktorat bauen auf diesem Kapitel auf.

2. Worauf soll man bei der Auswahl der Spezialisierung achten?

Die Antwort darauf ist alles andere als einfach, denn die richtige Wahl hängt nicht nur von den eigenen Interessen ab, sondern auch von einer Reihe anderer Faktoren.

So können folgende Aspekte eine Rolle bei der Auswahl der Spezialisierung spielen:

2.1. Anzahl an verfügbaren Plätzen bzw das Ergebnis der Bewerbung

Die Anzahl der verfügbaren Plätze und das Ergebnis der Bewerbung spielen eine entscheidende Rolle, insbesondere bei beliebten Spezialisierungen, die oft nur wenige Plätze aufweisen. Diese Plätze sind häufig an bestimmte Voraussetzungen geknüpft, wie fachliche Vorkenntnisse, die durch Module oder Prüfungen nachgewiesen werden müssen, oder sogar an ein Bewerbungsverfahren. Der Weg zur gewünschten Spezialisierung kann daher von Universität zu Universität unterschiedlich sein, was den Prozess spannend macht. In der Regel findet man die Teilnahmevoraussetzungen auf der Homepage des jeweiligen Instituts.

2.2. Der mit der konkreten Spezialisierung verbundene Aufwand

Bevor man sich für eine Spezialisierung entscheidet, heißt es, den empfohlenen Ablaufplan der Lehrveranstaltungen innerhalb der Spezialisierung im Blick zu behalten. Denn die Anzahl der vorgesehenen Lehrveranstaltungen und ECTS kann stark variieren und daher mit unterschiedlich hohem Arbeitsaufwand verbunden sein. Häufig bestehen auch Kettenvoraussetzungen, die sicherstellen, dass man das gewählte Fachgebiet tiefgreifend versteht und den Wahlfachkorb mit der notwendigen Effizienz absolvieren kann.

2.3. Eigene Fähigkeiten und Vorkenntnisse

Bevor man sich in ein Rechtsgebiet zu sehr hineinsteigert, sollte man auch die eigenen Fähigkeiten und die Vorkenntnisse evaluieren. Denn jede Spezialisierung erfordert unterschiedliche Skills und Eigenschaften. Eine Studentin, die nicht kommunikativ ist, wird sich mit einer Spezialisierung in Mediation, bei der Kommunikation im Mittelpunkt steht, schwertun. Ebenso wird jemand, der Schwierigkeiten mit der englischen Sprache hat, erheblich mehr Aufwand betreiben müssen, um sich auf internationales Recht zu spezialisieren, da die Lehrveranstaltungen oft auf Englisch stattfinden.

2.4. Zukunftsperspektiven

Zum Schluss stellt sich noch die große Frage nach der Zukunftsperspektive. Dabei sind sowohl die subjektiven Berufspläne und Wünsche als auch ein Ausblick über die Profitabilität und insbesondere die finanziellen Aussichten der einzelnen Rechtsgebiete zu berücksichtigen.

Dabei stellt sich die Frage, welche Perspektiven die gewählte Spezialisierung eröffnet. Träumt man etwa davon, als Anwältin in einer renommierten Wirtschaftskanzlei zu arbeiten, könnte eine Spezialisierung im Wirtschaftsprivatrecht der Schlüssel zum Erfolg sein. Möchte man in einer Boutique-Kanzlei arbeiten, könnten Fremd- und Asylrecht oder das Familienrecht die richtige Spezialisierung sein, um sich für Karrierechancen in Position zu bringen.

Doch wie lässt sich herausfinden, ob eine Spezialisierung wirklich gefragt ist? Der Austausch mit Kommilitoninnen, Professorinnen und Berufstätigen auf Fachvorträgen oder bei Vernetzungsveranstaltungen wie denen der *Paragraphinnen* kann wertvolle Einblicke bieten. Ein Blick in soziale Netzwerke wie LinkedIn zeigt zudem, welche Spezialisierungen diejenigen gewählt haben, die ihren Traumjob bereits gefunden haben. So wird die Entscheidung nicht nur leichter, sondern auch strategisch durchdachter – und das Gefühl, auf dem richtigen Weg zu sein, ist schließlich unbezahlbar.

TIPP
Beispiele für beliebte „Trend-Spezialisierungen" in 2024 sind Umweltrecht, Sustainable Finance und KI/Digitalisierung.

3. Wie und wo informiere ich mich richtig?

Spätestens mitten im Studium taucht sie plötzlich auf – die entscheidende Frage nach der Spezialisierung. Diese Wahl kann nicht nur den weiteren Studienverlauf maßgeblich beeinflussen, sondern auch die berufliche Zukunft. Jetzt ist gründliche Recherche gefragt. Aber wo beginnt man am besten?

Ein guter Anfang ist die Website der eigenen Universität. Dort gibt es meist eine Fülle von Informationen über die angebotenen Wahlfächer, Spezialisierungen und deren Inhalte. Klickt man sich durch die verschiedenen

Seiten, kann man sich einen Überblick verschaffen – und plötzlich wirken die Möglichkeiten gar nicht mehr so überwältigend.

Doch die Recherche im Netz ist nicht alles. Manchmal sind es die Gespräche mit anderen, die den entscheidenden Unterschied machen. Studienkolleginnen haben oft die besten Tipps parat: Welche Wahlfächer sind besonders spannend? Welche Vortragenden sollte man auf keinen Fall verpassen? Diese Tipps sind sehr wertvoll, vor allem wenn man sich nicht sicher ist, wo die eigenen Interessen genau liegen.

Wie bereits erwähnt, können auch Veranstaltungen von Studentinnen- und Absolventinnenorganisationen (etwa von den *Paragraphinnen*) echte Augenöffner sein. Dort trifft man Gleichgesinnte, kann sich austauschen und bekommt nebenbei noch wertvolle Infos zu den Berufsaussichten nach dem Studium. Vielleicht erfährt man in einem Vortrag sogar, dass eine aufbauende praktische Ausbildung außerhalb der Uni, wie zum Beispiel eine Mediatorinnen-Ausbildung nach dem Wahlfachkorb Mediation, genau das Richtige wäre. Eine weitere Anlaufstelle sind die Karrieremessen der Universitäten. Wer lieber von zu Hause in die verschiedenen Rechtgebiete eintauchen möchte, kann auch in die vielen *Paragraphinnen*-Podcast-Folgen reinhören.

4. Der richtige Zeitpunkt

Wie häufig in der juristischen Welt kommt es auch bei dem richtigen Zeitpunkt auf die jeweilige juristische Fakultät und die individuelle Regelung der zu absolvierenden Wahlfächer bzw Spezialisierung(en) an. Können diese Lehrveranstaltungen aber zeitlich frei gewählt werden, ist es ratsam, sich neben den zusätzlichen verpflichtenden Modul- bzw Fachprüfungen zumindest zwei bis drei Semester Zeit zu nehmen, um beispielsweise einen Wahlfachkorb bzw eine Spezialisierung zu absolvieren. Werden zu viele Wahlfachlehrveranstaltungen neben dem regulären Studienplan absolviert, besteht ansonsten die Gefahr, sich zu verzetteln.

Der ideale Zeitpunkt, um mit der Spezialisierung zu beginnen, liegt in der Regel nach Abschluss der Anfangsphase des Studiums. Sobald man die anfänglichen Prüfungen wie die „Studieneingangs- und Orientierungsphase" (STEOP) gemeistert und sich im Studienablauf orientiert hat, wird es einfacher, die eigenen zeitlichen Ressourcen realistisch einzuschätzen. Das ist der Moment, in dem man sich über das spezifische Angebot an der Universität informieren kann, um passende Veranstaltungen in den Semesterplan einzufügen.

Ein früher Beginn bei der Wahl der Spezialisierung ermöglicht es, die eigenen Interessen zu vertiefen und neue Rechtsgebiete auf eine niederschwellige Weise kennenzulernen. Dadurch können Wahlfächer einen ausgeglichenen Kontrast zum regulären Studienalltag schaffen. Ein früher Start ermöglicht es zudem, die erforderlichen ECTS-Credits ohne den Druck einer späten Fristabgabe im Verlauf des Studiums zu sammeln.

Es ist jedoch nie zu spät, sich zu spezialisieren! Ob während des Studiums oder im Berufsleben – die Möglichkeiten sind zahlreich. Fortbildungen, ein Wechsel in ein bestimmtes Tätigkeitsfeld oder ein postgraduales Programm wie ein LL.M. bieten zahlreiche Chancen, den eigenen Interessen nachzugehen. Solche Entscheidungen ermöglichen es, sich gezielt auf bestimmte Rechtsgebiete zu konzentrieren und die Karriere aktiv zu gestalten. Egal, wann man sich für einen bestimmten Weg entscheidet, es ist immer möglich, die eigenen Talente zu entfalten und sich auf ein Gebiet zu konzentrieren, das einen begeistert.

5. Die Vor- und Nachteile einer Spezialisierung im Studium

Für Studentinnen kann eine Spezialisierung im Studium ein echter Erfolgsschlüssel sein. Sie ermöglicht es, den eigenen Interessen und Zielen zu folgen und sich in einem bestimmten Rechtsgebiet zu vertiefen. Durch das Kennenlernen neuer Rechtsmaterien erweitern Studentinnen ihre Kenntnisse und Fähigkeiten, was ihnen auf dem Arbeitsmarkt einen klaren Wettbewerbsvorteil verschafft. Mit einer Spezialisierung steigt also die Attraktivität für potenzielle Arbeitgeberinnen, die oft Interesse an Spezialistinnen haben und auch bereit sind, für diese höhere Einstiegsgehälter zu bezahlen.

Abgesehen von den beruflichen Vorteilen, kann eine Spezialisierung im Rahmen des Studiums der erste Schritt zum Aufbau von wertvollen Netzwerken sein. Der Austausch mit Professorinnen und Kommilitoninnen kann unglaublich hilfreich sein, wenn es darum geht, berufliche Perspektiven zu erkunden, Mentorinnen zu finden oder Beziehungen in der Fachwelt aufzubauen. Diese Kontakte öffnen Türen, die sonst vielleicht verschlossen geblieben wären.

Ein weiterer interessanter Punkt: Eine Spezialisierung kann die berufliche Flexibilität erhöhen. Die Fähigkeiten und das Fachwissen, die in einem bestimmten Rechtsgebiet erworben werden, sind oft auch in anderen Branchen oder beruflichen Kontexten nützlich.

Dennoch gibt es auch Nachteile, die mit der Wahl einer bestimmten Spezialisierung einhergehen. Zum Beispiel kann die Verpflichtung zu einer oftmals festgelegten Reihe von Lehrveranstaltungen in einem Wahlfachkorb die Flexibilität im Studium einschränken.

Es besteht auch die Gefahr, dass man mitten in der Ausbildung realisiert, dass die gewählte Spezialisierung nicht (mehr) den eigenen Interessen entspricht oder die Spezialisierung beschränkte Zukunftsaussichten hat.

•••

TIPP
Auch wenn man zu diesem Ergebnis kommt, ist es empfehlenswert, die bereits besuchten Lehrveranstaltungen oder die Spezialisierung – wenn man schon weiter im Studium ist – trotzdem abzuschließen.

•••

PRO	KONTRA
Möglichkeit, persönliche Interessen und Ziele zu verfolgen	Gewählte Spezialisierung könnte den eigentlichen Interessen nicht entsprechen
Vertiefung in ein bestimmtes Rechtsgebiet und Erweiterung der Kenntnisse und Fähigkeiten	Verpflichtung zu einer zum Teil festgelegten Reihe von Lehrveranstaltungen, wodurch Flexibilität eingeschränkt wird
Wettbewerbsvorteil am Arbeitsmarkt durch spezifisches Fachwissen	Gefahr, sich zu verzetteln, wenn zu viele Wahlfachlehrveranstaltungen besucht werden
Höhere Attraktivität für potenzielle Arbeitgeberinnen, da spezifische Herausforderungen effizienter angegangen werden können	Risiko, dass sich die gewählte Spezialisierung als nicht so relevant oder nützlich für die zukünftige Karriere erweist
Aufbau wertvoller (Fach-)Netzwerke	
Zugang zu höher eingestuften und besser bezahlten Positionen	

Tabelle 2: Pro und Kontra – Spezialisierung

Abschließend ist es wichtig zu betonen, dass eine Spezialisierung im Studium keineswegs eine Einschränkung für das spätere Berufsleben darstellt. Zwar ist eine Spezialisierung während des Studiums oft vorgesehen, doch bedeutet das nicht, dass man sich im Berufsleben zwangsläufig auf diesen Bereich festlegen muss. Eine Spezialisierung bietet vielmehr die Möglichkeit, sich tiefergehend mit einem bestimmten Fachgebiet im Studium auseinanderzusetzen, ohne dass dies die beruflichen Optionen einengt. Im Gegenteil: Die im Studium erworbenen spezialisierten Kenntnisse können eine wertvolle Grundlage sein, die je nach Bedarf und Interesse erweitert oder in anderen Bereichen angewendet werden kann. So bleibt die berufliche Flexibilität gewahrt, während man dennoch von den Vorteilen einer fundierten Spezialisierung profitiert.

6. Die Vor- und Nachteile eines Wechsels der Spezialisierung

Wenn man bereits einige Fächer in einer bestimmten Fachrichtung absolviert hat und dann merkt, dass ein anderes Fachgebiet doch mehr Interesse weckt, stellt sich die Frage, ob man die Spezialisierung beibehalten oder wechseln sollte.

Ein Wechsel der Spezialisierung kann zunächst herausfordernd erscheinen, da er zusätzliche Überlegungen und Planung erfordert. Doch er eröffnet auch neue Möglichkeiten. Wenn man sich für einen Wechsel entscheidet, kann man sich erneut intensiv mit verschiedenen Fachbereichen auseinandersetzen und herausfinden, welche Spezialisierung wirklich zu den eigenen Interessen und beruflichen Zielen passt. Dieser Prozess kann helfen, neue Leidenschaften zu entdecken und den eigenen Horizont zu erweitern. Der Wechsel bietet die Chance, frische Perspektiven zu gewinnen und die Motivation neu zu entfachen.

Ein potenzieller Nachteil könnte sein, dass die neue Spezialisierung nicht alle Erwartungen erfüllt oder nicht das bietet, was man sich ursprünglich erhofft hat. Daher ist es ratsam, sich gründlich über die neue Spezialisierung zu informieren, bevor man eine endgültige Entscheidung trifft. Gespräche mit Expertinnen, Dozentinnen oder Kommilitoninnen, die bereits in dem neuen Bereich tätig sind, können dabei helfen, eine fundierte Entscheidung zu treffen.

Es gibt jedoch auch genügend positive Seiten. Oft können Kurse aus der alten Spezialisierung auf die neue angerechnet werden, sodass die bereits geleistete Arbeit nicht verloren geht. Jeder absolvierte Kurs stellt eine Leistung dar und trägt zum Gesamterfolg bei. Das bedeutet, dass die eigene bisherige Arbeit weiterhin wertvoll bleibt und die Lernzeit nicht umsonst war.

Zusätzlich zu den neuen Erkenntnissen bringt der Wechsel oft auch Vorteile in Form von zusätzlichem Wissen, das sich als wertvoll für die berufliche Zukunft erweisen kann. Es ist jedoch wichtig zu beachten, dass je nachdem, wie viele Kurse bereits in der alten Spezialisierung abgeschlossen wurden, eine zeitliche Verzögerung eintreten kann. Diese Verzögerung kann auch finanzielle Auswirkungen haben, etwa durch höhere Studiengebühren oder Änderungen bei der Familienbeihilfe oder Studienbeihilfe.

Zusammengefasst bedeutet ein Wechsel der Spezialisierung nicht nur eine Möglichkeit zur beruflichen und persönlichen Weiterentwicklung, sondern auch eine Chance, sich selbst besser kennenzulernen und die eigene Zukunft neu zu gestalten. Es ist eine Gelegenheit, neue Wege zu erkunden und sich auf eine Weise weiterzuentwickeln, die den eigenen langfristigen Zielen und Interessen entspricht.

PRO	KONTRA
Neue Interessen und Leidenschaften entdecken	Zeitliche Verzögerung
Erweiterung des Horizonts	Finanzielle Auswirkungen
Zusätzliches Wissen	
Motivation und frischer Blick	
Berufliche Flexibilität	

Tabelle 3: Pro und Kontra – Wechsel

7. Angebot an Wahlfächern an ausgewählten österreichischen Fakultäten

7.1. Universität Wien

An der juristischen Fakultät der Universität Wien (Juridicum) gehören die **Wahlfächer** in einem bestimmten Ausmaß von ECTS-Punkten zum Studienplan. Die Erbringung der erforderlichen Anzahl von ECTS-Punkten kann entweder durch die vollständige Absolvierung eines Wahlfachkorbes (entspricht einer Spezialisierung) oder auch durch das Besuchen von einzelnen unterschiedlichen Lehrveranstaltungen aus den Wahlbereichen erfolgen.

Es besteht ein großes Angebot an verschiedenen Wahlfachkörben (etwa Mediation, Medizinrecht, Technologierecht, Wirtschaftsprivatrecht etc), die man entweder frei wählen kann oder für die man sich bewerben kann. Diese **Wahlfachkörbe** können vom Aufbau her sehr unterschiedlich sein. In mehreren Wahlfachkörben ist sogar die Teilnahme an einem Moot Court (dh an einem Prozessspiel, in dem eine Gerichtsverhandlung fiktiv simuliert wird) oder die Erstellung einer Seminararbeit möglich. Zusätzlich besteht am Juridicum auch die Möglichkeit, sich einen absolvierten Wahlfachkorb am Ende des Studiums als Spezialisierung anrechnen zu lassen, wenn eine Mindestanzahl an ECTS-Credits darin erbracht wurde. Wenn man besonders motiviert ist, kann man auch mehrere Wahlfachkörbe absolvieren.

7.2. Wirtschaftsuniversität Wien (WU)

Im Wirtschaftsrechtstudium an der WU gibt es zahlreiche Möglichkeiten, Lehrveranstaltungen nach persönlicher Präferenz auszuwählen. Bachelorstudierende können sich entscheiden, welche wirtschaftlichen Fächer sie im Common Body of Knowledge (CBK) absolvieren wollen, und auch im Hauptstudium können ein juristisches Wahlfach und die ganze wirtschaftliche Spezialisierung nach Belieben ausgesucht werden. Die Bandbreite an Spezialisierungen ist groß und reicht von Data Science über International Business bis zu Public und Nonprofit Management oder Marketing.

Während die Wahlmöglichkeiten im Bachelorstudium großteils „nur" die wirtschaftlichen Fächer betreffen, kann im Masterstudium auch bei der Wahl der juristischen Fächer den eigenen Interessen nachgegangen werden. Zur Auswahl stehen Spezialisierungen im Öffentlichen Recht und im Privatrecht sowie zwei Fachseminare. Bei den angebotenen Lehrveranstaltungen ist für jede etwas dabei. So können etwa Kurse über M&A, Start-ups, International Arbitration, Vergaberecht, Umweltrecht sowie Grund- und Menschenrechte oder diverse Moot Courts absolviert werden. Zusätzlich gibt es noch ein Komplementärgebiet, das durch Sprachkurse, wirtschaftliche Fächer oder Kurse im Ausland befüllt werden kann.

7.3. Johannes Kepler Universität

An der juristischen Fakultät in Linz muss im zweiten Abschnitt des Diplomstudiums **verpflichtend ein Schwerpunkt** gewählt werden. Die Johannes Kepler Universität bietet dabei eine vielfältige Auswahl an Studienschwerpunkten, darunter Umweltrecht, Strafrecht als Vertiefung, Öffentliche Verwaltung, Internationales Recht und viele mehr. Es besteht zusätzlich die Möglichkeit, freiwillig mehr als einen Schwerpunkt zu absolvieren.

Besonders hervorzuheben ist der Schwerpunkt Ausländisches Recht, der es mehr als nur einfach macht, ein Semester im Ausland zu verbringen. Studentinnen mit diesem Schwerpunkt wird ermöglicht, unterschiedliche Lehrveranstaltungen im Ausland zu absolvieren, welche dann an der JKU angerechnet werden.

Zudem sei angemerkt, dass das Lehrangebot für die Schwerpunkte des Diplomstudiums mit dem des Multimedia-Diplomstudiengangs übereinstimmt.

7.4. Karl-Franzens-Universität

In Graz dient der zweite Studienabschnitt der Vertiefung und Spezialisierung in einzelnen Rechtsgebieten. An der Karl-Franzens-Universität Graz kann man dabei aus einer großen Palette an Spezialisierungen wählen, wie Familie und Recht, Kriminalistik und Forensik, Recht und IT, Wohnrecht und viele mehr. Es bietet sich an, die im Diplomstudium erforderlichen zehn ECTS in einer Fremdsprache im Rahmen dieser Spezialisierung zu absolvieren, da es ein großes Angebot an fremdsprachigen Spezialisierungsveranstaltungen gibt. Zu beachten ist, dass man vor dem Start der Spezialisierungslehrveranstaltungen einen Kurs zur Methodik und Praxis des wissenschaftlichen Arbeitens erfolgreich absolviert haben muss. Zudem ist zusätzlich eine kleine ECTS-Anzahl an freien Wahlfächern zu belegen.

7.5. Universität Innsbruck

Die Universität Innsbruck bietet ihren Studentinnen eine große Möglichkeit an Spezialisierungen an, und das nicht nur als „Wahlfächer". Im Diplomstudium können angehende Juristinnen aus verschiedenen Wahlpaketen wählen und sich so gezielt in Bereichen wie Zivilrecht, Strafrecht, Öffentlichem Recht oder Europarecht spezialisieren. Wer sich für die spannende Verbindung von Recht und Wirtschaft interessiert, findet im Bachelorstudium Wirtschaftsrecht die ideale Kombination aus juristischem Fachwissen und wirtschaftlichen Themen. Auch hier besteht am Ende des Studiums nochmals die Möglichkeit zur Spezialisierung. Zusätzlich bietet die Universität mit dem Master „Wirtschaft, Digitalisierung und Nachhaltigkeit" eine fortgeschrittene Spezialisierung an, die sich auf die rechtlichen Fragen der digitalen Transformation und nachhaltigen Wirtschaftsentwicklung konzentriert.

Diplomstudiengang Innsbruck:

Bachelor Wirtschaftsrecht Innsbruck:

Master Wirtschaft, Digitalisierung und Nachhaltigkeit Innsbruck:

7.6. Paris Lodron Universität Salzburg

Im Diplomstudium sind die Spezialisierungen in zwei Bereiche unterteilt: in ein Fächerbündel sowie zusätzlich in zu absolvierende Wahlfächer.

Die Auswahl an Fächerbündeln ist vielfältig: Studentinnen können sich beispielsweise im Justizrecht vertiefen, Verträge im Unternehmensrecht mit Praktikern ausarbeiten oder im europäischen Wirtschaftsrecht an einer Exkursion zu den EU-Organen in Brüssel teilnehmen. Wer ein Auslandssemester plant, kann ein „Auslandsfächerbündel" wählen und sich juristische Lehrveranstaltungen aus dem Ausland anrechnen lassen. Die Fächerbündel und Wahlfächer sind für den dritten Studienabschnitt vorgesehen, können aber bereits früher belegt werden, wenn die Voraussetzungen erfüllt sind.

Auch Studentinnen im Bachelorstudiengang Recht und Wirtschaft haben die Möglichkeit, ihr Wissen und ihre Kompetenzen durch die Wahl von Spezialisierungen und Wahlfächern weiter zu vertiefen. Diese Struktur ermöglicht es, individuelle Interessen zu verfolgen und sich in spezifischen Rechts- oder Wirtschaftsfeldern zu spezialisieren.

Diplomstudiengang Salzburg:

Bachelor Recht und Wirtschaft Salzburg:

§ 9

GO INTERNATIONAL!

Autorin: Eva-Maria Böhm

> „Legt das Buch der 1000 Ausreden zur Seite, verlasst eure Komfortzone und wagt ein Auslandsjahr. Wo ein Wille ist, ist auch ein Weg. Die Erfahrungen, die ich sammeln durfte, die interessanten Kolleg:innen, die ich dadurch kennengelernt habe, und die persönliche Weiterentwicklung prägen mich 20 Jahre später noch immer und sind für mich seither eine Quelle der Freude und des Mutes."
>
> *Daniela Huemer*, Partnerin & LL.M. Absolventin der Harvard Law School, Haslinger Nagele Rechtsanwälte

> „Auslandserfahrungen sind wertvoll, weil sie persönliche Erkenntnisse fördern, die berufliche Entwicklung vorantreiben und neue Perspektiven eröffnen."
>
> Human Resources, Schönherr Rechtsanwälte

Das Studium der Rechtswissenschaften ist weit weniger international ausgerichtet als andere Studiengänge. Während es für Wirtschaftswissenschaftler etwa zur Tagesordnung gehört, auch englische Vorlesungen zu besuchen und Seminararbeiten zu verfassen, ist das Jus-Studium weitgehend deutschsprachig konzipiert – das ist auf den ersten Blick nicht verwunderlich, denn den harten Kern der Juristinnenausbildung bildet schließlich auch die Rechtsordnung der Republik Österreich.

In der juristischen Praxis sind jedoch gerade für Großkanzleien spannende, grenzüberschreitende Mandate an der Tagesordnung und damit herausragende Fremdsprachenkenntnisse (insbesondere Englisch) eine gängige Mindestanforderung im Bewerbungsprozess. Auch multinationale Unternehmen sind stets auf der Suche nach Talenten, die bereits Auslandserfahrung sammeln konnten. Ein Blick über den Tellerrand lohnt sich somit, denn auch Jus bietet eine internationale berufliche Perspektive! Doch auch für jene, die später nicht in einem internationalen Umfeld tätig sein möchten, zahlt sich ein Auslandsaufenthalt aus. Ein paar unschlagbare Gründe:

➜ Wer den Schritt ins Ausland wagt, wird seine **Sprachkenntnisse** verbessern – und wer eine Fremdsprache wirklich beherrschen möchte, muss für eine Weile ins Ausland.

➜ **Interkulturelle Kompetenzen** sind ein wichtiges berufliches Soft Skill und speziell bei der Interaktion im Zusammenhang mit internationalen Mandantinnen sowie multikulturellen und diversen Teams unerlässlich: Respekt, Toleranz und Achtsamkeit gegenüber fremden Sitten und Gebräuchen helfen dabei, Missverständnissen vorzubeugen und Konflikte zu lösen. Lebt man über einen längeren Zeitraum hinweg im Ausland, wird man viel tiefer in die Kultur des Landes eintauchen und diese kennenlernen können – eine spannende und einzigartige Erfahrung!

FUN FACT
Zwei kleine Fun Facts zur Verdeutlichung von Kulturunterschieden: In Südkorea wird Essen mit Wohlbefinden verbunden. Daher fragt man zur Begrüßung nicht, wie es einem geht, sondern ob man bereits gegessen hat. Zudem werden Koreaner direkt bei der Geburt „1" und jeweils am 1. Januar ein Jahr älter.

➜ Einen Einblick in fremde Rechtssysteme zu erhaschen, kann dabei helfen, auch die Eigenheiten des österreichischen Rechts besser zu verstehen und sich derer bewusst zu werden – ein Auslandsaufenthalt ermöglicht somit **neue Blickwinkel** und erweitert auch den juristischen Horizont. Zudem nimmt die **Interkonnektivität** und globale Vernetzung, besonders innerhalb der Europäischen Union, eine immer größere Bedeutung im juristischen Berufsalltag ein.

➜ Ein Punkt, der in dieser Liste keinesfalls fehlen darf: **Persönlichkeitsentwicklung**. Durch einen Auslandsaufenthalt verlässt man die eigene

Komfortzone, beweist Flexibilität, Offenheit und Selbstständigkeit. Man wird unweigerlich mit neuen Herausforderungen konfrontiert, die es auf pragmatische wie auch gelassene Art und Weise zu lösen gilt. Ein Aspekt, den auch ein (zukünftiger) Arbeitgeber sehr zu schätzen weiß.

→ Stichwort **Networking** und Vitamin B (Beziehungen): Ein gutes Netzwerk kann im späteren Berufsleben ein wertvolles Instrument und ein wahrer Karriere-Booster sein. Es lohnt sich also, früh Kontakte zu knüpfen und internationale (berufliche) Beziehungen zu pflegen – ein Netzwerk entsteht nicht über Nacht.

TIPP
Die *Paragraphinnen*-Events sind eine wunderbare Möglichkeit, sich ein lokales Netzwerk aufzubauen!

Am Ende sind es auch die Freundschaften und unvergessliche Momente, die einen selbst Jahre später noch voller Freude auf die Zeit im Ausland zurückblicken lassen. Wem es in den Fingern kribbelt und wer daher am liebsten direkt mit der Planung des Auslandsaufenthaltes starten will, muss sich natürlich noch ein paar weitere Gedanken machen – denn mittlerweile gibt es eine Vielzahl von Möglichkeiten, um Auslandserfahrung sammeln zu können: während des Studiums, erst nach dem Berufseinstieg oder im Zuge der postgradualen Ausbildung. Auch Faktoren wie Dauer, Kosten und sonstiger Organisationsaufwand werden in die Entscheidungsfindung einfließen. Um bei der Entscheidungsfindung eine kleine Stütze zu bieten, sind hier in diesem Kapitel ein paar wichtige und gängige Anlaufstellen zusammengetragen.

Go International – die Möglichkeiten im Überblick	
Auslandssemester	→ Erasmus+ → Joint Study
Auslandspraktika	→ Volontariatseinsatz an einem Außenwirtschaftscenter der WKO → Praktikum bei der Europäischen Union → Praktikum in einer Rechtsanwaltskanzlei oder einem Unternehmen
Law Schools	→ Summer Law School → Winter Law School

Postgraduale Ausbildung	➔ LL.M.
	➔ Forschungsaufenthalt Promotion
Internationale Karriere	➔ Unternehmensjuristin in der Privatwirtschaft
	➔ Anwaltsberuf
	➔ Europäische Union
	➔ Verwaltung und Justiz
	➔ Traumziel USA

Tabelle 4: Go International – die Möglichkeiten im Überblick

1. Vom Hörsaal in die weite Welt!

1.1. Erasmus+

Eine wunderbare Gelegenheit, bereits während des Studiums Auslandserfahrung zu sammeln, ist das klassische Auslandssemester oder -jahr. **Erasmus+** (**Eu**Ropean **A**ction **S**cheme for the **M**obility of **U**niversity **S**tudents)[12] ist wohl das bekannteste Mobilitätsprogramm in Europa und ermöglicht es Studentinnen aller Fachrichtungen mit größtmöglicher (ua finanzieller) Unterstützung, den Schritt ins Ausland zu wagen. Die Teilnahmevoraussetzungen für einen Erasmus+ Studienaufenthalt[13] sind zudem in aller Regel sehr überschaubar:

➔ Zum Zeitpunkt des Antritts muss das erste Jahr des Grundstudiums absolviert worden sein (zB der erste Abschnitt des Diplomstudiums).
➔ Es bestehen offene Kurse im Ausmaß von 30 ECTS pro Semester.
➔ Kenntnisse der Unterrichtssprache – zu diesem Zweck muss vor Antritt wie auch nach der Rückkehr in den meisten Fällen ein Online-Sprachtest absolviert werden.

---

12 https://www.erasmusplus.at (29.11.2024).
13 Die Anforderungen werden grundsätzlich von der jeweiligen Hochschule festgesetzt, decken sich in Österreich jedoch im Wesentlichen. Diese können im Laufe der Zeit angepasst werden, daher empfiehlt es sich, mit der zuständigen Stelle der jeweiligen Universität Kontakt aufzunehmen. Die genannten Kriterien entsprechen dem Stand im August 2024 und basieren auf den Anforderungen der Universität Innsbruck, vgl https://www.uibk.ac.at/de/international-relations/studierendenmobilitaet/outgoing/mobilitaetsprogramme/erasmus-studmob/ (1.8.2024).

TIPP

Hiervon sollte man sich keinesfalls abschrecken lassen! Es gibt inzwischen viele Sprachtrainingsprogramme, mit denen man sich die Basics in verhältnismäßig kurzer Zeit aneignen kann.

→ Mindestens 200 km Luftlinie zwischen Herkunfts- und Zielland.

(GEHEIM-)TIPP

Sprachzertifikate sind in den meisten Fällen recht teuer. Über EF Education First kann online ein umfassender und kostenfreier Englisch-Test abgelegt werden, der dem offiziellen Gemeinsamen Europäischen Referenzrahmen für Sprachen (GER) entspricht. QR-Code scannen und loslegen!

1.2. Joint Study Program

Als Alternative zu Erasmus gibt es auch die Möglichkeit, ein Austauschsemester bzw -jahr an außereuropäischen Partneruniversitäten zu absolvieren. Die Universitäten pflegen über das sogenannte **Joint Study Programm** neben den Erasmus-Partnerschaften zahlreiche Beziehungen zu Universitäten auch auf internationaler Ebene, entweder über einzelne Institute oder gesamtuniversitär. Wer somit gern einen Aufenthalt in Ländern wie den USA, China, Afrika oder Australien in Angriff nehmen möchte, hat auch hierzu die Gelegenheit – man muss jedoch mit einem etwas erhöhten Organisationsaufwand rechnen, allein schon im Hinblick auf das zu beantragende Visum und allfällige Versicherungen.

Unter Berücksichtigung diverser Faktoren, wie etwa Zeitverschiebungen, divergierender Semesterzyklen und Begrenzungen der Studienplätze, muss man sich natürlich rechtzeitig informieren – über Bewerbungsfristen, **Teilnahmevoraussetzungen** sowie sonstige organisatorische Anforderungen und mögliche finanzielle Unterstützungen. Auch sollte vorab geklärt werden, welche Prüfungsleistungen am Ende tatsächlich angerechnet werden können. Wer überlegt, an einem der Programme teilzunehmen: Das International (Relations) Office ein jeder Universität steht Interessierten für sämtliche Fragen mit Rat und Tat zur Seite. Zudem ist es empfehlenswert, sich Erfahrungsberichte anderer Studierender durchzulesen oder sich bei einem gemütlichen Kaffee persönlich auszutauschen.

2. Auslandspraktika – von WKO über die EU bis hin zu Rechtsanwaltskanzleien

Wer gern schon ein wenig Praxisluft schnuppern und diese Erfahrungen direkt mit einem Auslandsaufenthalt verbinden möchte, kann dies wunderbar über ein (studienbegleitendes) Praktikum. Auch hier gibt es eine Reihe von spannenden Möglichkeiten!

2.1. Volontariatseinsatz an einem AußenwirtschaftsCenter der WKO

Ein fantastischer Tipp für Studentinnen der Wirtschafts- oder Rechtswissenschaften ist ein Volontariatseinsatz an einem **AußenwirtschaftsCenter der WKO**. Die Liste der Destinationen lässt dabei keine Wünsche offen, sie reichen von Abu Dhabi bis hin zu Istanbul und Mexiko. Der Einsatz dauert zwei bis zweieinhalb Monate und wird mit 550,00 € bzw für Einsätze außerhalb Europas mit 750,00 € pro Monat bezuschusst. Die erste Bewerbungsrunde erfolgt stets bis zum 31.8. eines jeden Jahres. Nach diesem Zeitpunkt werden Restplätze laufend und ganzjährig vergeben, wobei dabei nach dem „First Come, First Served"-Prinzip verfahren wird.[14] Die Bewerbungsanforderungen im Überblick:

- ➔ ausgezeichnete Sprachkenntnisse
- ➔ fundierte Microsoft-Anwenderkenntnisse (Word, Excel und Access)
- ➔ Social-Media-Kenntnisse
- ➔ Vorkenntnisse durch bereits absolvierte Arbeitspraxis (mindestens ein Monat)
- ➔ österreichische Staatsbürgerschaft

---

14 Stand 2024, vgl https://www.wko.at/aussenwirtschaft/volontariat.

→ laufendes Studium mit überwiegend juristischen und/oder wirtschaftlichen Inhalten, ab dem 4. Semester des aktuellen Studiums bis maximal zehn Semester zum Zeitpunkt der Bewerbung

Alle notwendigen Informationen rund um einen Volontariatseinsatz bei der WKO lassen sich über den QR-Code abrufen!

2.2. Praktikum bei der Europäischen Union

Wer schon immer einmal wissen wollte, wie im Europäischen Rechnungshof gearbeitet wird, wie der Arbeitsalltag bei der Europäischen Wertpapier- und Marktaufsichtsbehörde (ESMA – European Securities and Markets Authority) oder bei Mitgliedern des Europäischen Parlaments aussieht oder was die Agentur für Cybersicherheit (ENISA – European Union Agency for Cybersecurity) überhaupt macht, sollte ein Praktikum bei einem der Organe, Einrichtungen und sonstigen Stellen der **Europäischen Union** in Erwägung ziehen. Die meisten Praktika dauern fünf bis sechs Monate, sind (in unterschiedlicher Höhe) vergütet und ermöglichen einen spannenden Einblick in vielfältige Bereiche, von der Personalverwaltung und Wettbewerbsrecht bis hin zu Außenbeziehungen und Entwicklungspolitik. Die meisten Stellen werden über die Website des „European Personnel Selection Office" inseriert und richten sich vor allem an fortgeschrittene Studentinnen oder frischgebackene Hochschulabsolventinnen. Die Stellenausschreibungen, Anforderungen und alles andere Wissenswerte sind über den QR-Code verlinkt!

2.3. Praktikum in einer Rechtsanwaltskanzlei oder einem Unternehmen

Weiterhin, besonders für jene Studentinnen, die an der anwaltlichen Praxis interessiert sind und gern einen tieferen Einblick in eine Kanzlei im Ausland erhaschen möchten, bieten sich die Traineeships von **ELSA** (The European Law Students' Association) an. Im Frühjahr und im Herbst eines jeden Jahres gibt es die Möglichkeit, sich zu bewerben – der Beginn sowie die Dauer der einzelnen Praktika hängen von den jeweiligen Arbeitgebern ab. Alle Informationen rund um die Traineeships von ELSA sind über den QR-Code abrufbar.

Darüber hinaus besteht natürlich auch die Möglichkeit, sich proaktiv und damit eigeninitiativ bei ausländisch ansässigen Rechtsanwaltskanzleien oder Rechtsabteilungen in Unternehmen zu bewerben.

TIPP
Dort Fuß zu fassen, ist nicht immer ganz einfach. Daher lohnt es sich, schon während des Studiums Zeit und Liebe in den Aufbau des eigenen Netzwerks zu investieren. Auch in Österreich ansässige Unternehmen und Rechtsanwaltskanzleien haben vielfach eigene Standorte oder Partnerkanzleien im Ausland, und eine persönliche Empfehlung ist häufig der Schlüssel zur (Praktikums-)Tür! Die *Paragraphinnen*-Events an den unterschiedlichen Standorten sind hierfür zweifelsohne ein wunderbarer Ansatzpunkt.

3. Finanzierung

Ein kleiner Ausflug zum Thema Finanzierung, denn nicht immer reichen die im Rahmen von Praktika gewährten Zuschüsse auch zum Leben aus: Im Zuge des oben beschriebenen Mobilitätsprogramms Erasmus+ werden nicht nur Auslandssemester organisiert bzw. gefördert, sondern auch Praktika bezuschusst. Das Praktikum muss dabei mindestens zwei volle Monate und darf höchstens zwölf Monate dauern und kann in einem Unternehmen oder auch einer Rechtsanwaltskanzlei, Trainings- oder Forschungseinrichtung sowie sonstigen Organisation absolviert werden. Ausgenommen sind jedoch ua Einrichtungen der Europäischen Union. Gefördert werden bezahlte und unbezahlte Vollzeitpraktika, unabhängig davon, ob es sich um einen freiwilligen Auslandsaufenthalt oder ein Pflichtpraktikum handelt. Die Bewerbung ist spätestens zwei Monate vor dem Praktikumsbeginn einzureichen und steht nicht nur den Studentinnen offen, sondern auch frisch Graduierten. Zu beachten ist in diesem Fall jedoch, dass die Bewerbung noch während des laufenden Studiums zu erfolgen hat und das Praktikum zumindest innerhalb eines Jahres nach Studienabschluss beendet sein muss.

Wichtig: Im Rahmen dieses Programms wird lediglich eine finanzielle Förderung angeboten, der Praktikumsplatz muss hingegen selbst organisiert werden. Im Wesentlichen kommt für eine Erasmus+ Förderung jede Art von Praktikum infrage, solange dieses facheinschlägig ist und in den EU-Mitgliedstaaten bzw bestimmten Überseedepartements wie etwa Liechtenstein, Norwegen oder Island absolviert wird. Eine Übersicht über geförderte Praktika ist ua auf der „ERASMUS INTERN"-Website zu finden.

TIPP
Über Facebook-Gruppen lassen sich häufig preiswerte Unterkünfte und WG-Zimmer ergattern. Wem sich die Gelegenheit bietet, sich bei Einheimischen untermieten zu können, hat es besonders gut getroffen: Zum einen fällt es auf diesem Wege wesentlich leichter, die Sprache zu lernen. Zum anderen kennen Locals alle geheimen Orte und (günstigen) Food Hotspots, die man gesehen haben muss!

4. Summer und Winter Law School

Ein Auslandssemester oder gar ein ganzes Jahr an einer anderen Universität erfordert doch einiges an Organisation und vor allem auch: Zeit. Wer sich fachlich weiterbilden und dies mit einem kürzeren Auslandsaufenthalt verbinden möchte, kann dies auch über Summer und Winter Law Schools tun. Der Besuch einer solchen kann während der vorlesungsfreien Zeit erfolgen und dauert zum Teil nur eine oder wenige Wochen. Angeboten werden die Kurse teils von Universitäten, aber auch von Rechtsanwaltskanzleien, und sie decken alle denkbaren juristischen Themen ab, die sonst im regulären Curriculum zu kurz kommen: Entwicklungen in den Bereichen Finanzkriminaliät, Korruption und Geldwäsche, Weltraumrecht oder LegalTech.

Doch lohnt es sich wirklich, den Sandstrand oder die Skipiste gegen den Schreibtisch zu tauschen? Die Antwort hierauf: Ein klares JA! Die Programme bieten in aller Regel ein spannendes Rundumpaket von Theorie und Praxis bis hin zu Networking und Kultur. Zudem erhält man im Anschluss in aller Regel ein Teilnahmezertifikat, das den Lebenslauf aufwertet, und man kann sich die ECTS bestenfalls auch für das Studium anrechnen lassen. Eine schöne Übersicht über in Europa angebotene Summer und Winter Law Schools sind über den folgenden QR-Code zu finden.

5. Postgraduale Ausbildung im Ausland

Die Möglichkeiten, Auslandserfahrung zu sammeln, beschränken sich natürlich nicht nur auf die Studienzeit im engeren Sinne. Auch postgraduale Fortbildung kann im Ausland erfolgen, dabei kommt natürlich erst einmal der LL.M. in den Sinn (mehr zum LL.M. und zur juristischen Promotion gibt es in Kapitel § 8). Im Zuge einer Promotion muss man auf einen Auslandsaufenthalt ebenfalls nicht zwangsläufig verzichten, besonders Dissertationsvorhaben mit Berührungspunkten zu ausländischen Rechtsordnungen lassen einen Forschungsaufenthalt als „Visiting Researcher" zu. Ein weiterer postgradualer Studiengang, der mit Vorliebe im Ausland absolviert wird, wäre der „Master of Business Administration". Der MBA vermittelt vertiefte betriebswirtschaftliche Kenntnisse und ist besonders für jene interessant, die eine Karriere in der Unternehmensberatung oder im Management eines Unternehmens einer klassischen juristischen Karriere vorziehen.

6. Als (absolvierte) Juristin im Ausland arbeiten – geht das?

Die guten News vorab: Ja klar geht das! Dauerhaft oder zumindest über einen längeren Zeitraum hinweg im Ausland zu arbeiten, ist für Juristinnen trotz Globalisierung nicht ganz so einfach, wie für Vertreterinnen vieler anderer Berufe. Dies liegt daran, dass die juristische Ausbildung schwerpunktmäßig auf die jeweils eigene Rechtsordnung ausgelegt ist und sich die Rechtssysteme teilweise sehr stark voneinander unterscheiden. Auch die Mitgliedstaaten der Europäischen Union sind trotz tiefgreifender Harmonisierungsmaßnahmen von Rechtsvielfalt geprägt – und doch ist eine internationale Karriere der Traum vieler Nachwuchsjuristinnen. Es stellt sich somit die Frage, unter welchen Voraussetzungen eine solche überhaupt möglich ist und welche Hürden es zu meistern gilt. Ein paar ausgewählte Möglichkeiten und Ideen für eine Karriere als Juristin im Ausland sind hier zusammengetragen:

6.1. Als Unternehmensjuristin ab in die freie Wirtschaft!

Vergleichsweise unproblematisch ist eine Tätigkeit in der **freien Wirtschaft**, Unternehmen haben stets einen hohen Bedarf an qualifizierten (Unternehmens-)Juristinnen. Typische Beispiele wären etwa Unternehmensberatungen und Wirtschaftsprüfungsgesellschaften, diese sind häufig weltweit aktiv und international sehr gut vernetzt. Die internationalen Mitstreiter ermöglichen es ihren Mitarbeiterinnen auch gern, innerhalb des gleichen Unternehmens an unterschiedlichen Orten tätig zu sein. Ein wenig einfacher haben es dabei Wirtschaftsjuristinnen, da in den meisten Fällen keine Anwaltszulassung notwendig ist. Es empfiehlt sich jedoch, sich schon im Rahmen der Ausbildung international und besonders auch wirtschaftlich zu orientieren, um somit möglichst früh die Weichen zu stellen. Zum Rüstzeug einer internationalen Karriere gehören ohne Frage sehr gute Fremdsprachenkenntnisse, zudem sind Zusatzqualifikationen wie etwa ein LL.M. sehr gern gesehen.

6.2. Leidenschaft Rechtsanwaltskanzlei – in Europa und international

Österreichische Anwältinnen sind aufgrund der beruflichen Freizügigkeit innerhalb der Europäischen Union jederzeit befugt, sich niederzulassen und ihre anwaltliche Tätigkeit aufzunehmen – wer somit die Anwaltszulassung in der Tasche hat, kann als „europäische Rechtsanwältin" auch über die Grenzen hinaus agieren. Üblicherweise kann nach einer mindestens dreijährigen, effektiven und regelmäßigen Tätigkeit im Mitgliedstaat nach Wahl auch dort eine Zulassung zur Rechtsanwaltschaft und Eintragung beantragt werden. Darüber hinaus besteht jederzeit die Möglichkeit eines Antrags auf Feststellung einer gleichwertigen Berufsqualifikation, die in aller Regel eine Eignungsprüfung vor der jeweiligen Rechtsanwaltskammer erforderlich macht.

Wer eine internationale Karriere als Rechtsanwältin anstrebt, ist zudem mit einer Tätigkeit bei einer **international aufgestellten Großkanzlei** gut beraten – von M&A, Gesellschaftsrecht bis hin zu Private Equity und Intellectual Property werden nicht nur national, sondern auch international führende Unternehmen bei Transaktionen und sonstigen Angelegenheiten des Wirtschaftsrechts beraten. Großkanzleien ermöglichen es ihren Konzipienten auch immer häufiger, im Zuge von „Secondments" Kanzleiluft an einem Standort im Ausland zu schnuppern, oder sie (teil-)finanzieren ein LL.M.-Programm. Nicht selten wird auch ein (dauerhafter oder zeitweiser) Wechsel innerhalb der Kanzlei an einen anderen Standort ermöglicht.

TIPP
Wer den langen Weg der Konzipientinnenzeit und der RAP in Österreich nicht gehen möchte, sondern direkt nach dem Diplomstudium den Schritt ins Ausland wagt und den Traumberuf Anwältin jedoch nicht aufgeben will, kann über Nostrifikationsverfahren oder gesonderte Eignungsprüfungen auch im EU-Ausland zum **juristischen Vorbereitungsdienst** zugelassen werden.

6.3. Ambition Europäische Union

Eine weitere und spannende Möglichkeit ist der Weg in die Dienste der **Europäischen Union**. Nachdem die EU einen Beamtenapparat aus verschiedenen Unionsbürgern unterhält, steht dieser Weg immer offen. Diesfalls müssen die Sprachkenntnisse jedoch über Englisch hinausgehen, zumindest sollte auch die französische Sprache verhandlungssicher beherrscht werden. Der Weg zur Europäischen Union ist vielfältig und beispielsweise über das Richteramt, eine vorangegangene Beamtinnenlaufbahn innerhalb Österreichs, als wissenschaftliche Mitarbeiterin oder auch als Assistentin von EU-Abgeordneten möglich. Der Einstieg ist meist nicht ganz so einfach, daher heißt es vor allem: Initiative, dranbleiben und Kontakte knüpfen!

6.4. Verwaltung und Justiz

Der Weg in den ausländischen Staatsdienst, somit zu Tätigkeiten in der **Verwaltung** oder **Justiz** und damit zur Richterin oder Staatsanwältin, ist äußerst schwierig. Dies liegt daran, dass einige Staaten (darunter auch Österreich und Deutschland) nur Bürger des eigenen Landes einstellen. Wer diesen Schritt ins Ausland wagen möchte, muss sich vorab entsprechend eingehend informieren.

6.5. Traumziel USA

Auch in den Vereinigten Staaten ist eine juristische Karriere möglich. Hierfür wird man jedoch die sogenannte Bar Exam ablegen müssen, die nach erfolgreichem Bestehen zur Führung des Titels „Attorney at Law" in einem Bundesstaat berechtigt. Das Examen ist recht kostspielig, zeitintensiv und erfordert starke Nerven – mit entsprechendem Willen und Ehrgeiz ist es jedoch definitiv machbar. Es gilt somit: Make your dream come true!

   Der Schritt ins Ausland ist also zu jedem Zeitpunkt in der Karriere möglich. Ob noch während des Studiums oder erst im späteren Berufsleben – internationale Erfahrung ist unbezahlbar und sollte in jedem Curriculum Vitae auftauchen. Nicht nur wegen der gesteigerten Berufschancen, sondern besonders wegen der unvergesslichen Zeit und der Erinnerungen. Die wichtigste Frage lautet nun – wo geht's hin?

§ 10

DR.ᴵᴺ IUR. ODER LL.M.?

Autorin: Eva-Maria Böhm

Kaum naht das Ende des juristischen Diplomstudiums, steht man unweigerlich vor der Frage, wie die weiteren Karriereschritte aussehen sollen – und die Wege sind vielfältig. Vom Sprung in die Praxis bis hin zu akademischen Weiterbildungsmöglichkeiten stehen alle Türen offen. Die wohl renommiertesten juristischen Zusatzqualifikationen sind das Doktoratsstudium sowie der Master of Laws (LL.M.). Doch welcher dieser beiden Titel[15] ist der bessere Karriere-Booster – und: Ist eine Promotion wirklich das Nonplusultra? Welche Gründe sprechen für, welche gegen die jeweilige Ausbildung? Wie sind die Bewerbungsmodalitäten sowie Finanzierungsmöglichkeiten ausgestaltet? Wann ist der ideale Zeitpunkt, um mit einem dieser Studien zu beginnen?

Nachdem bei einer Promotion und einem LL.M.-Studium gravierend unterschiedliche Kompetenzen gefordert und geschult werden und auch der Ablauf stark voneinander abweicht, lassen sich diese Fragen pauschal nicht beantworten. Es kommt sehr stark auf die individuellen Umstände und persönlichen Interessen an, mit entsprechender Motivation und Disziplin ist durchaus eine Kombination beider Grade denkbar – nicht selten sogar berufsbegleitend. Gleich vorab: Einen idealen Zeitpunkt oder ein allgemeingültiges perfektes Timing für eine Promotion oder ein LL.M.-Studium

---

15 Streng genommen handelt es sich beim Master of Laws um einen Grad, nicht um einen Titel. Im Volksmund werden die beiden Begriffe in diesem Zusammenhang jedoch gern synonym verwendet.

gibt es nicht. Damit die Entscheidung ein klein wenig leichter fällt, werden in diesem Kapitel die wichtigsten Antworten und Hard Facts rund um diese beiden Qualifikationen zusammengetragen.

1. LL.M. (Master of Laws)

FUN FACT
Die Abkürzung LL.M. steht für den lateinischen Terminus „Legum Master" („Meister der Rechte" bzw „Master of Laws"), wobei das zweite „L" den Plural für weltliches bzw staatliches sowie kirchliches Recht widerspiegelt. LL.M.-Studiengänge sind postgraduale Masterstudiengänge für Juristinnen mit unterschiedlichen Schwerpunktsetzungen und Spezialisierungen.

1.1. Vermittelte Skills und Kompetenzen

Der „Master of Laws" war in den letzten Jahren immer mehr in den Portfolios qualifizierter Nachwuchsjuristinnen zu finden. Ein LL.M. ist besonders im Arbeitsumfeld international tätiger Unternehmen und (Wirtschafts-)Kanzleien eine gern gesehene Zusatzqualifikation, da dieser häufig im Ausland erworben wird und daher auf hervorragende Fremdsprachenkenntnisse schließen lässt – eine besondere Rolle nimmt nach wie vor die englische Sprache ein. Wer im Ausland studiert hat, ist in der Lage, sich in eine fremde Rechtskultur einzuarbeiten, komplexe juristische Sachverhalte in einer fremden Sprache zu verstehen und verhandlungssicher zu kommunizieren. Fähigkeiten, die für eine Zusammenarbeit mit internationalen Mandanten unabdingbar sind. Doch ein Auslandsaufenthalt verbessert nicht nur die eigenen Sprachkenntnisse, sondern ist auch in vielerlei anderer Sicht eine Bereicherung! Man erhält einen wundervollen Einblick in andere Kulturen, kann internationale Kontakte knüpfen und so sein (berufliches) Netzwerk ausbauen. Indem man aus dem gewohnten Umfeld ausbricht, seine Taschen packt und für einige Monate ins Ausland zieht, beweist man auch ein gewisses Maß an Mut, Interesse und Engagement – man erweitert seinen Horizont und sein persönliches Skillset gleich auf mehreren Ebenen. Das Angebot an LL.M.-Studiengängen ist in den letzten Jahren jedoch extrem gewachsen und beschränkt sich schon lange nicht mehr nur auf das Studium im Ausland. Viele inländische Universitäten bieten mittlerweile eine große Auswahl an Masterstudien an, was letztlich eine berufsbegleitende Weiterbildung ermöglicht und im Hinblick auf die Vereinbarkeit mit der Familie geringere Hürden mit sich bringt. Hilfreich ist dabei auch, dass die Studiengänge vielfach nicht mehr nur als Präsenzstudium, sondern auch als Fernstudium absolviert werden können.

Neben möglichen sprachlichen und zweifelsohne persönlichen Facetten steht ohne Frage auch die fachliche Komponente. Der Master kann entweder in Form eines „General LL.M." oder eines „Specialized LL.M." absolviert werden. Die Studieninhalte eines allgemeinen LL.M. können wesentlich flexibler zusammengestellt werden, ermöglichen damit eine individuelle Schwerpunktsetzung und gehen eher in die Breite. Ein prominentes Beispiel hierfür wäre ein Aufbaustudium in den Grundzügen des Deutschen Rechts, wie es etwa an der Ludwig-Maximilians-Universität in München angeboten wird. Entscheidet man sich für eine Spezialisierung, lässt das LL.M.-Angebot keine Wünsche offen – von Klassikern wie Europa- und Steuerrecht bis hin zu Luft- und Weltraumrecht, Medizinstrafrecht oder Biotech-Recht. Ein LL.M. bietet somit die Möglichkeit der Fortbildung auch in eher außergewöhnlichen Rechtsbereichen, um sich im späteren Verlauf der Karriere leichter in einer Nische zu positionieren.

Wer ein wenig stöbern möchte, findet über den folgenden QR-Code eine Übersicht über eine Vielzahl von Masterprogrammen (inklusive Kosten, Dauer, Zulassungsvoraussetzungen und Bewerbungsmodalitäten), und das weltweit. Da stellt sich nur noch die Frage: Wo soll es hingehen? Afrika, USA, Asien oder doch vielleicht ein Programm in Europa?

1.2. Zulassungsvoraussetzungen

Nachdem es sich um einen postgradualen Studiengang handelt, bedarf es zunächst eines abgeschlossenen Studiums der Rechtswissenschaften (Bachelor-, Master-, Magister- oder Diplomstudiums), um zu einem LL.M.-Studiengang zugelassen zu werden. Je nachdem, ob das Masterstudium im Ausland absolviert werden soll, sind zudem in aller Regel einschlägige Sprachkenntnisse nachzuweisen. Von vielen Universitäten im englischsprachigen Raum werden üblicherweise die standardisierten Sprachtests TOEFL oder IELTS als entsprechender Nachweis anerkannt. Häufig wird von den Bewerberinnen auch facheinschlägige Berufserfahrung gefordert, wobei hier bereits absolvierte Berufsjahre als Konzipientin oder das deutsche Referendariat für gewöhnlich ausreichen. Ein gewisser Notenschnitt wird üblicherweise nicht verlangt oder zumindest nicht explizit ausgeschrieben, kann aber durchaus ein Auswahlkriterium darstellen – besonders an den renommierten Universitäten in den USA (den sogenannten Prestige Law Schools wie etwa Yale, Stanford, Harvard oder Columbia Law) sowie in Großbritannien.

Doch keine Sorge, Noten sind auch in diesem Fall längst nicht alles! Am Ende zählen das Gesamtbild und ein interessantes Profil – so können die Erfolgsaussichten der Bewerbung auch durch Auslandsaufenthalte, Praktika und außercurriculare Aktivitäten sowie ein ehrenamtliches Engagement erhöht werden und dabei helfen, das Portfolio abzurunden.

1.3. Dauer, Kosten und Finanzierungsmöglichkeiten

Die klassischen LL.M.-Studiengänge sind auf ein akademisches Jahr ausgelegt, in vereinzelten Fällen kann das Studium auch bis zu zwei Jahre in Anspruch nehmen. Neben dem Zeitfaktor spielt auch die Kostenfrage eine signifikante Rolle bei der Auswahl des LL.M.-Programms. So schlägt ein LL.M. in den USA samt Studiengebühren, Lebenshaltungskosten und Studienmaterialien, Versicherungen und dergleichen mit durchschnittlich 100.000 € zu Buche. Ein Masterstudium in Großbritannien ist auch nicht wesentlich günstiger. In diesen Ländern, besonders in den USA, ist es aus diesem Grund auch nicht unüblich, diese Kosten weitgehend über einen entsprechend hohen Studienkredit abzudecken (sofern kein Platz in einem Stipendienprogramm ergattert werden kann).

LL.M.-Studiengänge in Europa, ua auch in Österreich, sind dagegen erschwinglicher – die Studiengebühren liegen im Durchschnitt bei ca 10.000 bis 15.000 €, zum Teil sind diese sogar kostenfrei. Liegt der persönliche Fokus maßgeblich auf dem eigenen Wissenszuwachs sowie der Spezialisierung, ist ein „lokales" Masterprogramm eine sehr gute Alternative. Doch gibt es durchaus einige Möglichkeiten, wie man sich das Studium finanzieren bzw sich unterstützen lassen kann, sollten die eigenen Ersparnisse oder ein Nebenjob während des Studiums nicht ausreichen:

→ Mittlerweile gibt es eine große Palette an Stipendien, auf die sich Studierende bewerben können. Von Stiftungen und Organisationen bis hin zu Rechtsanwaltskanzleien werden vielfach großzügige Fördermöglichkeiten geboten. Auch die kostenträchtigen Law Schools bieten sogenannte Scholarships an, die im Regelfall zumindest einen Studiengebührenerlass („Tuition Waiver") ermöglichen, in seltenen Fällen sogar ein Vollstipendium anbieten. Zudem kann es sich lohnen, einmal beim International Office der eigenen Universität anzuklopfen und sich dahingehend zu informieren, ob nicht eine Kooperationsvereinbarung mit einer der avisierten Universitäten besteht, die den Weg für einen Gebührenerlass frei macht. Eine gute Übersicht über die möglichen Stipendien und Fördermöglichkeiten findet man über die österreichische Stipendiendatenbank „grants.at", eine Initiative des OeAD (Österreichische Agentur für Bildung und Internationalisierung).

→ Das Schöne an Stipendien ist, dass diese Beträge nicht zurückbezahlt werden müssen. Sollte man kein Stipendium ergattern, sind **zinsgünstige Studienkredite** und **Bildungsfonds** eine gute Alternative.

→ Eine attraktive Möglichkeit stellt auch die Finanzierung über den **Arbeitgeber** dar. Manche (Groß-)Kanzleien bieten die Option voll- oder teilfinanzierter Weiterbildung, im Falle des LL.M. häufig über den „Executive Track". Diese Art der Masterprogramme zeichnet sich durch hybride Systeme und geblockte Veranstaltungen aus, die sich leichter mit dem Berufsleben vereinbaren lassen. In der Regel dauert das Programm ein halbes Jahr und erfordert nur einen kurzzeitigen Auslandsaufenthalt – ein LL.M., der nur von kurzer Dauer ist, dafür aber sehr intensiv. Es lohnt sich somit durchaus, frühzeitig das Gespräch zu suchen und über Fördermöglichkeiten zu sprechen.

→ Wenn auch nicht zu Beginn des Studiums auf dem Konto sichtbar, sind dennoch die **Steuervorteile** nicht zu vergessen. Die Kosten eines LL.M.-Studiums lassen sich wunderbar absetzen!

Die Frage der Finanzierung des Studiums wird sich bei vielen Interessentinnen maßgeblich auf die Entscheidung, in welchem Land und an welcher Universität der LL.M. absolviert werden soll, auswirken. Darüber hinaus spielt der Kostenfaktor auch im Hinblick auf den Zeitpunkt eine nicht unerhebliche Rolle – so wird man ein paar Jahre nach dem Berufseinstieg ein wenig mehr finanziellen Puffer haben als unmittelbar nach Abschluss des ersten qualifizierenden Studiums. Nicht zuletzt wird der finanzielle Spielraum bei einem berufsbegleitenden Master erwartungsgemäß etwas größer sein. Wichtig ist dabei in jedem Fall, sich frühzeitig und sorgfältig mit der Thematik zu befassen. Gerade bei längeren Auslandsaufenthalten, im Rahmen derer die Beantragung eines Visums erforderlich ist, muss in aller Regel nachgewiesen werden, dass die (voraussichtlichen) Kosten gedeckt werden können.

1.4. Bewerbungsmodalitäten und Zeitplan

Während die Bewerbung für einen LL.M. im europäischen Raum relativ unkompliziert vonstattengeht und meist auch verhältnismäßig kurzfristig zum jeweiligen Beginn des Sommer- bzw Wintersemesters möglich ist, sieht die Welt für einen juristischen Master in den USA oder in Großbritannien ein wenig anders aus. Die konkreten Vorbereitungen für die einzelnen Bewerbungen, die Modalitäten rund um den Auslandsaufenthalt (Visum, Versicherungen und allenfalls Impfungen) sowie Anträge für mögliche Stipendien nehmen einiges an Zeit in Anspruch. Es sollte **zumindest ein Jahr Vorbereitungszeit** eingeplant werden, es gilt das Motto: „The early bird catches the worm!" Welche Bewerbungsunterlagen am Ende notwendig und welche Fristen zu beachten sind, wird auf den Websites der infrage kommenden Universitäten aufgelistet. Um bereits eine grobe Vorstellung davon zu haben, was auf einen zukommen könnte, anbei ein kleiner Überblick über die gängigsten Bewerbungsunterlagen, die einzureichen sind:

→ Bewerbungsformular
→ Zeugnisse
→ Sprachnachweis
→ Lebenslauf
→ Motivationsschreiben
→ Empfehlungsschreiben

Wem die Möglichkeit offen steht, ein LL.M.-Studium in den USA antreten zu können, findet alle notwendigen Informationen rund um das Studium und die Organisation, hilfreiche Tipps und Tricks sowie eine Vielzahl von spannenden Erfahrungsberichten detailliert und kompakt auf der Website „LL.M. Essentials" zusammengetragen.

1.5. Ablauf und Inhalt des Studiums

Der Master of Laws ist in erster Linie als klassisches Studium ausgestaltet, aus diesem Grund auch auf das akademische Jahr festgelegt. Der Umfang bewegt sich zwischen 60 und 120 ECTS, das Curriculum bzw der Stundenplan werden im Vorfeld fixiert und damit in einen festen Rahmen eingebettet. Abgeschlossen wird das Studium in den meisten Fällen mit der Anfertigung einer wissenschaftlichen Arbeit – der Masterarbeit. Der Organisations- und Informationsaufwand spielt sich somit im Wesentlichen im Vorfeld ab: Welche Fachrichtung kommt infrage? Ausland oder Inland? Wie sieht es mit der Finanzierung aus? Sind die Bewerbungen abgeschickt und ist man einmal inskribiert, darf man noch einmal ein paar schöne Monate Studentenleben genießen und, für das vollumfängliche Erlebnis, auch ein paar weitere Prüfungsphasen verbuchen. Vorausgesetzt, der LL.M. wird nicht berufsbegleitend absolviert – dann sind zweifelsohne gute Zeitmanagement-Skills und Durchhaltevermögen gefragt.

2. Die juristische Promotion (Dr.in iur.)

In manchen Ländern galt die Promotion für eine juristische Karriere lange Zeit als Karriere-Booster – doch ist dies auch noch heute so? Das kommt wohl darauf an. In Deutschland winken für promovierte Juristinnen noch immer lukrative Gehaltsaussichten. Die mit einem Doktorat erworbenen Kompetenzen werden jedoch auch bei Bewerbungen in österreichischen Kanzleien und anderen potenziellen Arbeitgebern sehr gern gesehen. Ohne Zweifel gilt der „Dr.in iur." jedoch als akademisches Statussymbol und ist eine elementare Qualifikation für eine Habilitation und damit für eine Karriere in der Wissenschaft.

FUN FACT
Vor der grundlegenden Reformation des Studiums der Rechtswissenschaften in Österreich Anfang der 80er Jahre und der damit einhergehenden Gliederung in ein Diplomstudium und ein darauf aufbauendes Doktoratsstudium erhielten die Absolventinnen ihren Doktorgrad automatisch – ohne, dass sie eine Dissertation im Umfang mehrerer hundert Seiten anfertigen mussten.

2.1. Formale Voraussetzungen, Dauer und Kosten

Wie auch als Zulassungsvoraussetzung für einen LL.M. bedarf es für das Doktorat eines abgeschlossenen Studiums der Rechtswissenschaften, wobei ein bloßer Bachelorabschluss nicht genügt. Daneben muss sich die Promovierende um ein Betreuungsverhältnis mit einer hauptamtlichen Professorin oder einer Dozentin bemühen. In manchen Fällen ist auch ein bestimmter Notendurchschnitt erforderlich, zumindest jedoch werden in aller Regel vom anvisierten Lehrstuhl (sehr) gute Leistungen im betreffenden Fach gefordert, bevor eine Dissertationsvereinbarung in Erwägung gezogen wird. Wer also eine unternehmensrechtliche Dissertation anfertigen möchte, braucht in vielen Fällen auch eine gute Note in dieser Diplomprüfung. Auch die Leistung bzw Benotung der Diplomarbeit kann eine Rolle spielen. Wie immer gilt jedoch: Keine Regel ohne Ausnahmen! Wer großes Interesse an einem bestimmten Rechtsbereich hat und eine gute Idee für eine Doktorarbeit mitbringt, sollte sich in jedem Fall mit potenziellen Betreuerinnen in Verbindung setzen.

Eine Doktorarbeit ist in zeitlicher Hinsicht sehr schwer planbar und dauert üblicherweise auch deutlich länger als der LL.M. Die durchschnittliche Promotion wird nach zwei bis fünf Jahren eingereicht, abhängig von den Rahmenbedingungen und dem Thema. Dafür ist eine Promotion auch für den schlanken Geldbeutel geeignet, denn abgesehen von den Semesterbeiträgen und jenen Kosten, die am Ende im Zuge der Publikation anfallen (können), liegen die Kosten in aller Regel bei „null" – allfällige Opportunitätskosten einmal außer Acht gelassen.

TIPP

Auch hier lohnt sich im Hinblick auf die Finanzierung ein Blick in die Stipendiendatenbank!

Eine Dissertation wird in den meisten Fällen berufsbegleitend angefertigt, gern wird diese Zeit auch mit einer wissenschaftlichen Mitarbeiterstelle am entsprechenden Lehrstuhl überbrückt bzw verknüpft. Im Vergleich zu einer Tätigkeit in einer Kanzlei oder Rechtsabteilung bietet die Arbeit an der Universität zum einen den idealen Kontakt zur Betreuungsperson und die Nähe zur Wissenschaft sowie zum anderen auch einen unkomplizierten Zugang zu einer gut bestückten Universitätsbibliothek. Nachdem an der Universität der Fokus auf der wissenschaftlichen und forschenden Tätigkeit liegt und ein besonderes Interesse daran besteht, dass die Doktorarbeiten am Ende auch eingereicht werden, sind die Dissertationsstellen in der Regel auf 30h/Woche angesetzt. So soll jedenfalls wöchentlich ausreichend Zeit verbleiben, sich dem eigenen Forschungsprojekt widmen zu können.

TIPP

(Groß-)Kanzleien stellen gerne neue Juristinnen an, die bereits Erfahrung in einer akademischen Stelle sammeln konnten – ihre Forschungskompetenzen (Research Skills) und der bis dahin ausgefeilte Schreibstil sind auch in der Praxis sehr gefragt!

2.2. Der Weg zur Dr.^{in} iur. – ein Überblick

Wer in Erwägung zieht, eine Dissertation anzufertigen, hat vielleicht nur eine sehr grobe Vorstellung davon, was einen im Rahmen einer Promotion erwartet. Das Doktoratsstudium erfordert ein hohes Maß an Eigeninitiative – anbei ein grober Überblick über den Ablauf und die einzelnen Schritte des Studiums, wobei die Promotionsordnungen der einzelnen Universitäten im Hinblick auf Detailfragen der dargestellten Schritte durchaus divergieren können. Wie auch im Zuge der Recherche nach dem richtigen LL.M.-Programm gilt somit auch hier: Rechtzeitig informieren!

→ **Vorfragen und Bewerbung:** Ganz zu Beginn stehen natürlich die Fragen des „Ob" und des „Wann". Hat man sich für eine Promotion entschieden und den Zeitpunkt festgelegt, muss man sich um eine Betreuungsperson und ein passendes Thema kümmern. Diese beiden Komponenten sind eng miteinander verwoben, denn das Thema muss in das Forschungsgebiet des bzw der Betreuerin fallen – anschließend geht es an die Bewerbung und Inskription für das Studium. Hier sind häufig auch ein CV und ein Motivationsschreiben notwendig. So oder so empfiehlt sich vorab ein genauer Blick in das Curriculum der gewünschten Universität, denn in manchen Fällen bedarf es bei Antritt des Studiums nicht notwendigerweise schon einer Beschreibung des Dissertationsvorhabens oder gar einer Dissertationsvereinbarung. Für den persönlichen Erstkontakt mit einem bzw einer potenziellen Wunschbetreuerin bieten sich dann besonders die eingangs zu absolvierenden Seminare und Lehrveranstaltungen an.

→ Die **Anfangsphase** dient maßgeblich der Konkretisierung des Themas und Definition der Forschungsfrage, der Ausarbeitung eines Exposés sowie Fragen der Arbeitsorganisation (beispielsweise die Beschäftigung mit Literaturverwaltungsprogrammen, Backup-Systemen und Bildung von Doktorandinnen-Arbeitsgruppen). Das Exposé bildet außerdem die perfekte Grundlage für die Bewerbung für ein Promotionsstipendium!

→ In den jeweiligen Promotionsordnungen der österreichischen Universitäten fällt auch stets ein Teil der zu absolvierenden ECTS auf **Lehrveranstaltungen**. Dabei handelt es sich etwa um wissenschaftlich-theoretische Kernkompetenzen wie etwa Methodenlehre, Workshops zu juristischen Schlüsselqualifikationen wie beispielsweise Rhetorik oder Seminare im und außerhalb des Bereichs der Dissertation. Nachdem sich die Themenfindung bzw -konkretisierung gern auch ein wenig in Länge ziehen kann, bietet es sich an, über die Absolvierung der Lehrveranstaltungen auf diesem Wege schon Fortschritte im Studium zu verbuchen.

→ Die nächsten Schritte drehen sich allein um die Dissertation selbst. Die **Schreibphase** ist Kern der Promotionszeit und nimmt am meisten Zeit in Anspruch, wobei die Dauer stark von den persönlichen Rahmenbedingungen der Promovierenden, dem zu bearbeitenden Thema sowie dem Betreuungsverhältnis abhängt.

→ Die **Überarbeitungsphase** ist häufig zweigliedrig gestaltet, denn in den meisten Fällen erfolgt bereits in der Schreibphase (etwa kapitel- oder thesenweise) eine Zwischenkorrektur durch die Betreuungsperson. Vor der endgültigen Abgabe wird den Promotionsstudentinnen in aller Regel eine Art Vorkorrektur angeboten. Diese ermöglicht es, vor der offiziellen

Abgabe und anschließenden Benotung ein letztes Feedback der Betreuungsperson einzuholen und einzuarbeiten. Es empfiehlt sich zudem, auch den Freundeskreis oder das Arbeitsumfeld zum Korrektur lesen zu motivieren, damit diese die Arbeit sprachlich und auch inhaltlich kritisch gegenlesen. Darüber hinaus gibt es auch die Möglichkeit eines professionellen, kostenpflichtigen Lektorats, auch KI wird hier zukünftig eine große Rolle spielen.

→ Die **Abgabe** erfolgt entweder in gedruckter und/oder digitaler Form und wird im Zuge eines Erst- und Zweitgutachtens bewertet. Die Promotionsnoten reichen von „summa cum laude" (mit Auszeichnung) bis hin zu „insuffizienter" (mangelhaft).

→ Die **Verteidigung** (sogenannte Disputatio, Rigorosum oder Defensio, eine Art Prüfungsgespräch vor der Kommission bzw. dem Prüfungssenat) und der **Veröffentlichungsprozess** schließen das Promotionsstudium ab und berechtigen dazu, den so hart erarbeiteten Doktortitel am Ende auch offiziell führen zu dürfen.

Wer sich tiefergehend mit den Themen, Fragestellungen und Problemen rund um die juristische Promotion beschäftigen möchte, findet über den **QR-Code** viele nützliche Informationen!

2.3. Vermittelte Kompetenzen und Mehrwert einer Promotion für die eigene Karriere

Während ein LL.M. grundsätzlich auf einen konkreten Rechtsbereich und damit breiter angelegt ist, geht man bei einer Doktorarbeit stark in die Tiefe, sammelt in einem kleinen, sehr eingegrenzten Bereich Expertenwissen und leistet darüber hinaus einen Beitrag zur wissenschaftlichen Diskussion. Doch welche sonstigen Fähigkeiten und Kompetenzen erlernt man im Zuge einer Promotion? Die juristische Promotion setzt in erster Linie die Fähigkeit zur Selbstorganisation voraus. Auch wenn an vielen Universitäten im Zuge des Doktoratsstudiums facheinschlägige Seminare absolviert werden müssen (etwa Veranstaltungen zu juristischen Schlüsselqualifikationen oder wissenschaftlichen Grundlagen), ist man beim Anfertigen der Dissertation weitestgehend flexibel und daher in besonderem Maße auf seine eigenen Zeitmanagement-Skills angewiesen. Doch eignet man sich auf dem Weg noch einige andere Fertigkeiten an, die auch abseits der Wissenschaft nützlich sind:

- **Recherche** ist das A und O! Von Kommentaren, Handbüchern, Zeitschriften, Monografien und Rechtsdatenbanken – man lernt alle Tools kennen, die beispielsweise auch bei der Bearbeitung von Causen im Kanzleialltag hilfreich sind. Im Laufe der Zeit ist man in der Lage, Quellen schnell zu erfassen und auszuwerten sowie effiziente Systeme für die Organisation von Recherchematerial und Notizen zu schaffen.
- **Strukturiertes Arbeiten** und **Organisationsfähigkeit** – wer den Überblick im Quellenchaos verliert, hat keine Chance auf eine gute Dissertation. Diese beiden Skills sind auch in der Praxis unabdingbar.
- Im Zuge einer Dissertation hat man in aller Ruhe Zeit, sich mit klassischen Auslegungsmethoden zu befassen, den Blick auf andere Fragestellungen zu schärfen und kreative Lösungen zu finden. Wie auch bei der Fähigkeit, klare und verständliche Formulierungen aufs Papier zu bringen, handelt es sich hierbei um wichtige Komponenten des **juristischen Handwerkszeugs** – ein perfekter Zeitpunkt, daran zu feilen.
- Man lernt, **Argumente** anderer **kritisch** zu hinterfragen, zu durchdenken und zu bewerten, und das auf einem anderen Niveau und in einer anderen Tiefe als noch während des Grundstudiums.
- **Disziplin** und **Durchhaltevermögen**, zwei wichtige Begleiter! Ein derart großes Projekt eigenverantwortlich voranzutreiben und erfolgreich abzuschließen, ist keineswegs einfach und von steten „Auf und Abs" gekennzeichnet. Wer eine Promotion erfolgreich abschließt, hat unzweifelhaft eine hohe Frustrationstoleranz!
- Auch gehört es zu den Learnings von Doktorandinnen, mit **Feedback** umgehen zu können, dieses einzuordnen und am Ende auch umzusetzen. Diese Fähigkeit ist besonders beim Berufseinstieg sehr wertvoll, gleich in welcher Branche.
- Der Erwerb von **Sprachkenntnissen** wird eher mit einem im Ausland absolvierten LL.M.-Studiums verknüpft. Doch gibt es auch im Zuge einer Promotion, abhängig vom jeweiligen Thema, unter Umständen die Möglichkeit eines Forschungsaufenthalts (sogenannte Visiting Researchers) im Ausland.

3. Die Qual der Wahl

LL.M. oder Doktorat – vielleicht sogar beides? Die Beantwortung dieser Frage hängt von vielen individuellen Faktoren ab. Vielleicht sollte man sich daher nicht zu sehr den Kopf darüber zerbrechen, ob es nun (nur) der eine oder andere Titel bzw. Grad sein soll, sondern vielmehr, was einem zur gegebenen Zeit sowie auf lange Sicht wichtiger ist und mehr Spaß machen würde. Wer Lust auf Auslandserfahrung hat und gern in andere Kulturen eintauchen möchte, sollte sich eher für einen LL.M. entscheiden – wen das Entwickeln eigener Ideen und das wissenschaftliche Arbeiten locken, ist mit einem Doktorat gut beraten. Wird eine Karriere an der Universität angestrebt, kommt man um eine Promotion nicht umhin – doch auch unter den Professorinnen ist ein LL.M. keine seltene Zusatzqualifikation mehr. Mit entsprechender Motivation, Disziplin, solidem Zeitmanagement und Ehrgeiz lassen sich LL.M. und Doktorat auch wunderbar miteinander kombinieren – zeitgleich oder hintereinandergeschaltet!

Die Besonderheiten von Promotion und LL.M.-Studium im Vergleich		
	Promotion	**LL.M.**
Zulassungsvoraussetzungen	→ postgraduales Studium, erforderlich ist somit ein abgeschlossenes Studium, wobei ein Bachelorabschluss nicht genügt → idR (sehr) gute Leistungen im betreffenden Fach – abhängig vom jeweiligen Lehrstuhl und den Promotionsordnungen	→ postgraduales Studium, erforderlich ist zumindest ein abgeschlossenes Bachelorstudium → für ein Studium im Ausland: einschlägige Sprachkenntnisse → keine feste Notengrenze, bei der Bewerbung ist idR das Gesamtbild ausschlaggebend
Dauer	→ zwei bis fünf Jahre	→ zwei bis vier Semester
Ablauf	→ nach Einreichung des Exposés Anfertigung der Dissertation → uU begleitende Vorlesungen in geringem ECTS-Ausmaß → Verteidigung/Rigorosum	→ Besuch von Vorlesungen und Seminaren → ggf wissenschaftliche Abschlussarbeit (Masterarbeit)

Flexibilität	→ hoch, sofern die Promotion nicht mit einer Stelle als wissenschaftliche Mitarbeiterin an der Universität verbunden ist: freie Zeiteinteilung und Ortswahl	→ idR relativ gering, sofern es sich um kein Fernstudium handelt, ist das Masterstudium von einer Bindung an Studienort und feste Vorlesungszeiten geprägt
Kosten	→ abgesehen von den Semestergebühren und allfälligen Opportunitätskosten: sehr gering → falls eine Publikation in Print geplant ist, fallen möglicherweise noch Zusatzkosten an	→ hohe Kosten, besonders bei einem LL.M. im Ausland (in den USA durchschnittlich 100.000 €, wobei eine Reihe von Finanzierungsmöglichkeiten offensteht) → günstigere Masterprogramme in Europa (im Schnitt 10.000 bis 15.000 €), zum Teil fallen gar keine Studiengebühren an
Skills	→ Recherche → strukturiertes Arbeiten, Organisationsfähigkeit → juristisches Handwerkszeug → Disziplin, Durchhaltevermögen → Erlernen des Umgangs mit Feedback und Kritik	→ bei einem Studium im Ausland: vertiefte Sprachkenntnisse, interkulturelle Kompetenzen und Anpassungsfähigkeit → Spezialkenntnisse im gewählten Fachbereich
Abbruchquote	→ relativ hoch	→ gering
Sonstige Benefits	→ je nach Thema ist ein Forschungsaufenthalt möglich	→ Aufbau eines (international geprägten) Netzwerks → bei Studium im Ausland besteht in manchen Fällen die Option, zur Anwaltsprüfung zugelassen zu werden (etwa zur „Bar Exam" in den USA)

Tabelle 5: Die Besonderheiten von Promotion und LL.M.-Studium im Vergleich

§ 11

MENTAL HEALTH IM STUDIUM UND BEYOND

Autorin: Franziska Federspieler

> „Die Pflege der eigenen mentalen Gesundheit ist für Rechtsanwältinnen keine Schwäche, sondern eine Notwendigkeit. Nur wer sich selbst schützt, kann andere wirksam verteidigen."
>
> *Verena Haumer*, Partnerin, BEURLE Rechtsanwälte

In den letzten zehn Jahren ist das Bewusstsein für mentale Gesundheit und Themen wie Work-Life-Balance aus gutem Grund deutlich gestiegen. Ganz gleich, ob im Studium, im Berufsleben oder im Alltag – die Bedeutung der mentalen Gesundheit kann nicht genug betont werden. Sie ist ein zentraler Faktor, der in allen Lebensbereichen eine entscheidende Rolle spielt.

Da das Jus-Studium uns alle vor besondere und individuelle Herausforderungen stellt, die unsere mentale Gesundheit beeinflussen können, widmen wir dieses Kapitel gezielt den studienbezogenen Themen. Im Kapitel § 16 wird zudem auf die spezifischen Herausforderungen und Besonderheiten im Hinblick auf die berufliche Laufbahn eingegangen.

Man hat nun also Jahre eines Studiums vor sich, das voll mit juristischen Fachbegriffen, Fällen und großen Prüfungen ist. Es wirkt so, als ob das Streben nach Wissen und Perfektion untrennbar mit stundenlangem Lernen, Leistungsdruck und dem ständigen Wettbewerb zwischen sich und seinen Studienkolleginnen verbunden ist. Doch was passiert, wenn der Druck überhandnimmt? Wann werden die nächtlichen Lehrstunden, der ständige Vergleich und die Angst davor, eine Prüfung nicht zu bestehen, zu einer Belastung für das geistige Wohlbefinden?

Wer sich bereits mit dem Thema „Mental Health" beschäftigt hat, weiß, dass psychische Belastungen nicht nur die Leistungsfähigkeit beeinträchtigen, sondern auch die allgemeine Lebensqualität mindern können. Deshalb ist es wichtig, sich frühzeitig mit der eigenen mentalen Gesundheit auseinanderzusetzen. Das Jus-Studium legt oft den Grundstein für einen ebenso herausfordernden Beruf. Die Studienzeit ist daher nicht nur entscheidend, um Paragraphen und juristische Fachliteratur zu lernen, sondern auch, um die Anzeichen von chronischem Stress, Überlastung und möglichen Warnsignalen für ein Burn-out zu erkennen. Und ja, auch Studentinnen können ein Burn-out erleiden. Zudem bietet die Studienzeit die Gelegenheit, geeignete Methoden zur Selbstfürsorge und Stressbewältigung, die man lebenslang anwenden kann, zu entwickeln.

Dieses Kapitel bietet einen prägnanten Einblick in die mentalen Herausforderungen, die im Studium auftreten können, und stellt konkrete Lösungen und Tipps bereit. Es werden Strategien aufgezeigt, wie man effektiv mit Prüfungsangst umgehen kann, um die Prüfungen erfolgreich zu meistern. Außerdem erfährt man, wie man mit Überforderung und Misserfolgen gut umgehen kann. Es wird auch beleuchtet, wie man damit umgehen kann, wenn Freundschaften und Beziehungen durch die Belastungen des Studiums in Mitleidenschaft gezogen werden.

Ziel des Kapitels ist es, nicht nur die Herausforderungen zu beleuchten, sondern auch praktische Tipps zu geben, um die mentale Gesundheit während des Studiums zu fördern und zu erhalten.

1. Challenges während des Studiums

1.1. „Lostheit"

Orientierungslosigkeit, oder weniger förmlich „Lostheit", kann zu jedem Zeitpunkt im Studium auftreten. Häufig zeigt sie sich, nachdem die anfängliche Orientierungsphase (meistens das erste Studienjahr, wo man einen gewissen „Ersti-Bonus" genießt) überwunden ist.

Im Allgemeinen beschreibt Lostheit das Gefühl, sich verloren oder überwältigt zu fühlen – oft weil man den Überblick oder die Orientierung verloren hat. Es ist ein Zustand, in dem man aufgrund der Herausforderungen nicht mehr genau weiß, wie man weitermachen soll.

Das Studentinnenleben ist geprägt von Herausforderungen, Chancen und Entdeckungen. Doch zwischen Vorlesungen, Seminaren, Prüfungen und sozialen Verpflichtungen ist es schon einmal möglich, in eine Spirale der Überforderung zu geraten und nicht mehr so leicht herauszufinden.

Diese Phasen und Gefühle sind normal. Wenn man Tag für Tag nur die gleichen Hörsäle und Lernplätze sieht, kann es vorkommen, dass man die Perspektive und infolgedessen auch die Motivation zum Weitermachen verliert.

Was kann man dagegen tun?

→ Zunächst ist es wichtig, sich **keine Vorwürfe** zu machen, sondern die Situation zu akzeptieren und darüber nachzudenken, wie und wann wieder Orientierung gefunden werden kann.

→ Es ist ratsam, sich dafür bewusst Zeit zu nehmen und in kleinen Schritten vorzugehen. Veränderungen und Anpassungen erfordern **Geduld**, und es ist hilfreich, sich keinen unnötigen Druck zu machen.

→ Der **Austausch mit anderen**, wie Kommilitoninnen, Professorinnen oder Freundinnen, kann neue Perspektiven eröffnen und wertvolle Unterstützung bieten.

→ Das Studium sollte nach und nach erkundet werden, ähnlich wie bei einem Date, bei dem man in **Ruhe** herausfindet, was funktioniert und was nicht. Es ist sinnvoll, sich über verschiedene Informationsquellen und Methoden zu informieren, ohne zusätzlichen Druck zu empfinden.

1.2. Die Last der Erwartungen

Auch wenn das selten offen kommuniziert wird, ist das Studium von Erwartungen geprägt, sei es durch die Gesellschaft, durch die Familie oder einen selbst. Wer sich für ein Jus-Studium entscheidet, geht meist mit der Erwartungshaltung in das Studium, es in Mindeststudienzeit und mit guten Noten abzuschließen. Jedoch stoßen viele bereits nach ein paar Semestern an ihre Grenzen.

Neben der Erwartungshaltung an einen selbst setzt die stark leistungsorientierte Gesellschaft ebenso oft schwer zu erreichende Standards. Das Studium ist keine Ausnahme. Schon früh im Studium bildet sich eine klare Vorstellung davon, was ein „erfolgreiches" Studium ausmacht und wie eine „erfolgreiche" Studentin sein sollte. Auch die berufliche Welt trägt zu der Belastung bei, da der Mythos weiterhin besteht, dass nur herausragende

Noten und eine kurze Studienzeit den Weg zu den begehrten Positionen ebnen. Dies verursacht für viele Studentinnen erhebliche Belastungen und Sorgen um die berufliche Zukunft.

Idealerweise bietet die Familie Unterstützung dabei, unrealistische Erwartungen auch als solche zu identifizieren. Doch häufig kann es auch vorkommen, dass Familienmitglieder selbst unrealistische Anforderungen an die Studentinnen stellen. Insbesondere in Familien, die keine Juristinnen in ihrer Mitte haben oder in denen man die erste Person ist, die studiert, können solche Erwartungen besonders ausgeprägt sein. Sie können von der Vorstellung, was ein erfolgreicher Karriereweg ist, bis hin zu Vorstellungen darüber, welche Noten gut genug sind oder welche Fachrichtung das meiste Ansehen hat, reichen. Dieser Druck kann großen Einfluss auf Entscheidungen während des Studiums haben. Soll man eine Prüfung wiederholen, nur weil es kein „Sehr gut" geworden ist? Ist ein „Genügend" gut genug? Die alljährlichen Fragen von Familienmitgliedern am Weihnachtstisch wie „Und wann bist du endlich fertig?" oder „Welche Note hattest du bei der letzten Prüfung?" können zu Drucksituationen und negativen Einstellungen gegenüber dem persönlichen Erfolg führen.

Der wohl größte Druck kommt allerdings meistens durch einen selbst. Sei es durch den äußerlichen Einfluss von Familie und Gesellschaft oder den inneren Ehrgeiz – man selbst ist sein strengster Richter. Wieder eine Prüfung aufgeschoben, weil man nicht genug Zeit hatte zum Lernen. Wieder nur ein „Genügend", hätte man doch mehr gelernt. Solche Gedanken gehen vielen oftmals durch die Köpfe. Der Druck, den man selbst erzeugt, weil man glaubt, nicht gut genug gewesen zu sein, ist oftmals riesig.

Was kann man nun tun, um diesen Erwartungshaltungen entgegenzuwirken und sich selbst den Druck zu nehmen?

Offene Kommunikation mit der Familie
Vielleicht haben Familienmitglieder vor mehr als 40 Jahren studiert und sind mit den heutigen Anforderungen nicht vertraut. Sie wissen möglicherweise nicht, dass eine Prüfung, für die man gerade lernt, oft eine Durchfallquote von über 45 % hat oder dass eine scheinbar kleine Prüfung 15 ECTS umfasst, was einem geschätzten Lernaufwand von 375 Stunden entspricht. Diese Informationsasymmetrie führt oft zu Missverständnissen und Reibungen.

In der Folge kennt die Familie häufig nur die Ergebnisse und deren Auswirkungen, nicht jedoch den dahinterstehenden Aufwand. Die langen Lerntage in der Bibliothek, der Umfang und die Komplexität des Lernstoffs sowie die abgesagten Treffen mit Freundinnen werden oft nicht berücksichtigt. Stattdessen wird nur registriert, dass eine Prüfung verschoben wurde und sich der Abschluss um ein Semester verzögert.

Um diese Diskrepanz zu überwinden und die Erwartungen anzupassen, ist offene Kommunikation entscheidend. Statt nur zu erwähnen, dass man im aktuellen Semester eine Zivilrechtsprüfung ablegen möchte, sollte man auch erklären, dass der Lernstoff mehr als 1000 Seiten umfasst und die Prüferin als besonders anspruchsvoll gilt. Ebenso sollte man die eigenen Herausforderungen sowie Bedürfnisse und Wünsche klar kommunizieren, etwa dass man Pausen einlegen oder im Semester nur kleinere Prüfungen ablegen wird.

Es ist nicht immer notwendig, jede Entscheidung zu rechtfertigen, aber ein transparenter Einblick in die Gesamtsituation hilft dabei, realistische Erwartungen zu entwickeln und den Druck zu verringern. Dabei sollte man sich jedoch stets bewusst sein, dass die eigenen Ziele und Bedürfnisse oberste Priorität haben. Letztlich studiert man für sich selbst!

Eigene Grenzen kennen(lernen)

Die realistische Erwartungshaltung an sich selbst ist wohl auch hier eine Herausforderung. Als Studienanfängerin neigt man oft dazu, den Lernaufwand zu unterschätzen und sich unrealistische Ziele zu setzen. Dies führt häufig zu großer Enttäuschung, einem verminderten Selbstvertrauen und einer geringeren Lernmotivation als zuvor. Um dies zu vermeiden, ist es wichtig, die eigene Erwartungshaltung realistisch anzupassen und eine Balance zu finden.

Folgende Selbstreflexions-Fragen helfen dabei:

→ Wo stehe ich gerade (im Studium, beruflich)?
→ Was brauche ich für meinen zukünftigen Weg?
→ Wann fühle ich mich am Ende eines (produktiven und eines nicht so produktiven) Tages wohl?
→ Wie viel Zeit habe ich realistischerweise zum Lernen?

Bei der letzten Frage, wird gerne übersehen, dass man nicht „nur" Vollzeitstudent ist. Viele Studentinnen arbeiten nebenbei, engagieren sich außercurricular oder ehrenamtlich. Das nimmt Zeit in Anspruch, die man oft nicht bedenkt, wenn man sich über die noch anstehenden Prüfungen Gedanken macht. Dabei sollte man auch anerkennen, was man bisher erreicht hat, und sich nicht ständig mit anderen vergleichen. Diese Reflexion kann dazu beitragen, den Druck zu mindern und die Studienzeit bewusster und positiver zu erleben.

Realistische Ziele setzen
Durch das Setzen realistischer Ziele kann man den Druck erheblich reduzieren. Es ist kaum machbar, mehrere große Prüfungen (zB Bürgerliches Recht, Öffentliches Recht und Strafrecht) in einem Semester zu schaffen. Ein solch straffer Studienplan wird von Anfang an Druck erzeugen, was nachvollziehbar ist. Wenn man sich stattdessen das Ziel setzt, im kommenden Semester die Strafrecht-Vorlesungen zu besuchen, die Übung zu absolvieren und idealerweise am Ende des Semesters die Fachprüfung abzulegen, wird der Druck erheblich gemindert.

••

TIPP
Nicht zu weit in die Zukunft planen, um genügend Flexibilität bei unerwarteten Planänderungen zu haben. In der Regel sollte man ein Semester (maximal ein Studienjahr) im Voraus planen. Das heißt aber nicht, dass man einen groben Fahrplan für das gesamte Studium außer Acht lassen soll.

••

Information, Information, Information
Oft entstehen hohe Erwartungen, weil man denkt, ein bestimmtes Profil aufbauen zu müssen, um einen bestimmten Karriereweg einzuschlagen. In dem Glauben, dass dies der einzige Weg zum Erfolg ist, versucht man während des Studiums verzweifelt, die perfekte Studentin zu sein, ohne sich zu fragen, ob das um jeden Preis notwendig ist.

Wenn man Leistungsdruck spürt, ist es hilfreich sich zu informieren.

Was sind überhaupt die Anforderungen des Wunscharbeitgebers? Muss man tatsächlich einen Notenschnitt von 1,0 in der Mindeststudienzeit von acht Semestern erreichen? Oder sind doch andere Qualitäten und Qualifikationen wichtig? Welche Eigenschaften weisen die Personen auf, die den Wunschjob innehaben?

Arbeitgeberinnen suchen heutzutage nicht mehr nur nach Fachpersonal, sondern nach Persönlichkeiten. Ein abgerundetes Gesamtbild ist in der Regel viel wichtiger als das Sammelzeugnis.

Eine schnelle Recherche über die gewünschten Qualifikationen und Anforderungen kann sehr befreiend sein und neue Perspektiven eröffnen.

> **TIPP**
> Für diesen Informationsaustausch eignen sich die *Paragraphinnen*-Events perfekt. Hier hat man die Möglichkeit, viele Arbeitgeberinnen in einem entspannten Setting kennenzulernen.

1.3. „Mid-Studium-Loch"

Im Gegensatz zur „Lostheit", durch die man sich aufgrund der Informationsfülle überfordert fühlt, bezeichnet das „Mid-Studium-Loch" eine Phase im Studium, in der man sich in der Mitte oder gegen Ende der Studienzeit besonders unmotiviert fühlt. Man kennt grundsätzlich das System und die sämtlichen Abläufe, weiß auch ungefähr, wo die Reise hingeht, tut sich aber schwer, sich zu motivieren und klaren Zielen nachzugehen, was oft zu einem Gefühl der Stagnation führt.

Die Zeit wird kommen, in der einem das Studieren schwieriger fallen wird als sonst. Es sind zwar schon einige Prüfungen geschafft, aber wenn man den Studienplan so betrachtet, kommt es einem vor, als ob man noch ewig studieren müsste. Die Gründe für ein „Mid-Studium-Loch" können vielfältig sein. Häufig spielen auch finanzielle Belastungen eine Rolle. Wenn man wie viele andere Studentinnen neben dem Studium arbeitet, bleibt oft wenig Geld für sich selbst übrig, und die Freizeit ist knapp. Da stellt sich schnell die Frage, warum man sich all das überhaupt antut und wann das Ende in Sicht ist.

Es ist wichtig, rechtzeitig aus diesem Loch herauszukommen. Wenn die Motivation zum Studieren nachlässt, suchen viele Studentinnen nach einem Ersatz, um dennoch das Gefühl von Erfolg oder Zufriedenheit zu spüren. Manche beginnen, mehr zu arbeiten, andere gehen häufiger aus oder engagieren sich in Projekten. In diesen Phasen besteht die Gefahr, den Fokus auf das Studium zu verlieren. Das kann schnell dazu führen, dass Prüfungen verschoben werden und sich das Studium in die Länge zieht.

Folgende kleine Tipps helfen dabei, aus dem Mid-Studium-Loch rauszukommen.

Kleinere Prüfungen absolvieren
Sieht man sich das Curriculum der Rechtswissenschaften an, steht man oft vor – im Vergleich zu anderen Studiengängen – riesigen Prüfungen mit

10–20 ECTS. Da der Studienfortschritt in der Regel an den Prüfungserfolg knüpft, kann diese Aussicht besonders in einem „Mid-Studium-Loch" etwas abschreckend wirken.

Die Motivation und die mentale Kapazität für ein großes Fach mit vielen kleinen Teilgebieten aufzubringen, scheint in einer solchen mentalen Phase fast unmöglich zu sein. Stattdessen wird die Prüfung gerne verschoben und wieder verschoben. So ging es fast jeder Studentin schon einmal.

Eine Möglichkeit, dieses Motivationsloch bzw die eingeschränkte Kapazität zu umgehen, sind kleinere (wenn möglich auch abschnittunabhängige) Prüfungen. Dazu sucht man sich am besten die einfacheren Prüfungen mit 4–5 ECTS. Je nach Universität wird sich das Angebot unterscheiden. Gute Beispiele sind Prüfungen zu Lehrveranstaltungen wie „Einführung in die Betriebswirtschaft" an der Universität Salzburg oder „Juristische Wirtschaftskompetenz" an der Universität Wien. Das Ziel ist auch hier, die Motivation Schritt für Schritt mit kleinen Erfolgserlebnissen, die zum Studienplan gehören, aufzubauen und so wieder in den Lernschwung zu kommen.

Prüfungen vorziehen

Je nachdem, wie flexibel der eigene Studienplan ist, kann man auch die Fachgebiete und Prüfungen, die einen mehr interessieren oder auch im Verhältnis leichter sind, vorziehen. Denn wenn man von einem Fach nicht begeistert ist, warum sollte man es dann nicht einfach auf später verschieben und ein anderes Fach vorziehen? Es ist oft sinnvoller, flexibel mit dem eigenen Plan umzugehen und sich auf ein Fach zu konzentrieren, das einem mehr liegt, als ein ganzes Semester lang mit wenig Motivation zu kämpfen.

Sollten allerdings keine für einen selbst spannenden Fächer mehr vorhanden sein und sollte es auch keine kleineren Fächer mehr geben, die absolviert werden können, besteht immer noch die Möglichkeit, Wahlfächer zu machen. Diese sind oft für die Motivation fördernd, weil sie mehr in die Materie gehen, die einem gefällt, oder weil sie nicht dem „Fachprüfungsschema" folgen, oftmals nicht einmal eine Prüfung, sondern beispielsweise eine Seminararbeit als Beurteilung haben. Hat man schon alle Wahlfächer erfolgreich absolviert und bräuchte eigentlich keines mehr, besteht meist trotzdem die Möglichkeit, noch eines oder zwei zu absolvieren. Anstatt ein Semester völlig ungenutzt verstreichen zu lassen, wäre es sinnvoll, zumindest das Wissen zu erweitern und im Lernrhythmus zu bleiben.

1.4. „Zukunftstraum" verloren

Der ursprüngliche Plan, das Jus-Studium in acht Semestern abzuschließen, das Gerichtsjahr zu absolvieren und dann als Konzipientin zu arbeiten, um schließlich Anwältin zu werden, war eine klare Zukunftsvision. Wenn sich jedoch herausstellt, dass dieser Weg nicht mehr den eigenen Vorstellungen entspricht, kann das eine große emotionale Herausforderung darstellen. Es ist nachvollziehbar, dass der Verlust eines solch bedeutenden Traums die Psyche stark belasten kann, da er einen zentralen Teil der Lebensplanung ausgemacht hat.

Wenn dieser Traum wegfällt und noch kein neuer Plan in Sicht ist, kann dies die Studienmotivation beeinflussen. Die Frage, was man später einmal werden möchte, beschäftigt viele seit Kindheitstagen und prägt die Motivation. Der Übergang von der Vorstellung, Anwältin zu werden, zu einer unklaren Zukunft kann die Freude am Studium mindern.

In solchen Momenten ist es normal, wenn man sich fragt, warum man sich durch die nächste Fachprüfung kämpfen sollte, wenn man sich mit Blick auf die eigene Zukunft unsicher ist.

Es ist jedoch wichtig zu erkennen, dass diese Phasen des Umdenkens und der Neuorientierung Chancen bieten. Sie ermöglichen es, neue Ziele zu definieren und frische Motivation zu finden, um den Studienweg weiterhin mit Zuversicht zu gehen. Schließlich eröffnet ein abgeschlossenes Jus-Studium zahlreiche spannende Möglichkeiten und Perspektiven!

Damit die Spirale der Unsicherheit durchbrochen werden kann, muss etwas Eigeninitiative her:

→ **Recherche:** Welche Möglichkeiten bietet ein Jus-Studium? Welche Karrierewege stehen offen? Oft entdeckt man Berufe, von denen man vorher nichts wusste oder die man nicht mit einem Jurastudium in Verbindung gebracht hätte. Ein Jus-Studium eröffnet viele spannende und vielfältige Berufsfelder, die über die klassische Rechtsberatung hinausgehen. Ein Blick in das Kapitel § 13 bietet viele neue Perspektiven und Zukunftschancen.

→ **Praktika:** Wie wäre es beispielsweise mit einem Praktikum bei einer Notarin oder in der Rechtsabteilung eines großen Unternehmens? Um alternative Karrierewege für die eigene Zukunft zu erkunden, ist es unerlässlich, praktische Erfahrungen zu sammeln. Nur durch aktives Ausprobieren – und nicht durch bloßes theoretisches Lesen – lässt sich herausfinden, welche Fachgebiete einem wirklich liegen und welche beruflichen Möglichkeiten am besten zu den eigenen Interessen passen.

→ **Netzwerke:** Auch Netzwerken und der Besuch von *Paragraphinnen*-Veranstaltungen können bei der Entscheidungsfindung erheblich helfen. Durch den Austausch mit Expertinnen und anderen Studentinnen erhält man wertvolle Einblicke in verschiedene juristische Karrierewege und kann herausfinden, welche Optionen am besten zu den eigenen Interessen und Zielen passen. Solche Veranstaltungen bieten nicht nur die Möglichkeit, aktuelle Trends und Entwicklungen in der Rechtsbranche kennenzulernen, sondern auch direkte Kontakte zu knüpfen und von den Erfahrungen anderer zu lernen. Diese persönlichen Begegnungen und Gespräche können wesentliche Impulse geben und helfen, Entscheidungen über die zukünftige berufliche Richtung zu treffen.

1.5. Prüfungsangst

Das Jus-Studium ist stark von großen Prüfungen geprägt, die den Studienfortschritt maßgeblich beeinflussen. Der erfolgreiche Abschluss dieser Prüfungen kann oft Voraussetzung für die Teilnahme an weiteren wichtigen Modulen und Fächern sein. Zudem spielt er eine entscheidende Rolle, wenn es darum geht, genügend ECTS-Punkte für die Studienbeihilfe zu sammeln oder einen bestimmten Notenschnitt für ein Stipendium zu erreichen. Der Druck, diese Prüfungen zu bestehen, ist daher groß und allgegenwärtig. Dazu kommt noch der klare Wunsch, die Prüfung zu schaffen. Es überrascht kaum, dass Prüfungsangst für viele Studierende während ihres Studiums eine Herausforderung darstellt.

Wie beeinträchtigt uns die Prüfungsangst?
Prüfungsangst entsteht in der Regel aufgrund des mangelnden Vertrauens in das eigene Wissen und die eigenen Fähigkeiten. Dabei spielt es mitunter keine Rolle, ob sich die Studentin ausreichend auf die Prüfung vorbereitet. In anderen Worten: Man kann bestmöglich vorbereitet sein und trotzdem Prüfungsangst empfinden.

Der Unterschied liegt in der Ausprägung. Denn es gibt verschiedene „Stufen" von Prüfungsangst, die bei jeder Studentin individuell ausgeprägt sein können. So gibt es Studentinnen, die „nur" unter leichter Prüfungsangst leiden und „Schmetterlinge im Bauch" spüren. Andere empfinden Angst und Stress vor einer Prüfung, während der Prüfung bleibt aber ihre Konzentration und Leistungsfähigkeit davon unberührt. In Extremfällen führt Prüfungsangst zu Blockaden (zB einem totalen Blackout während der Prüfung) bis hin zu gesundheitlichen Problemen.

Die gängigsten körperlichen Anzeichen für Prüfungsangst sind:

- Herzrasen
- Hitzewallungen und/oder Schweißausbrüche
- Kopfweh und/oder Bauchweh
- Zittern
- Erröten oder Erblassen der Haut
- muskuläre Verspannungen
- Verdauungsprobleme
- Schlafprobleme

Auf der psychischen Ebene kreisen die Gedanken ständig um die Angst vor dem Scheitern und dessen Folgen, was zu negativer Selbstwahrnehmung, depressiven Verstimmungen sowie Gedächtnis- und Konzentrationsblockaden führen kann.

Man kann noch so sehr versuchen, sich auf die Prüfung vorzubereiten, der Kopf lässt es nicht zu. Das Lehrbuch liegt aufgeschlagen vor einem auf dem Tisch und alles, woran man denken kann, ist die Prüfungssituation, wie man all die Fragen beantworten soll, wie man jemals so viel in seinen Kopf bekommen soll.

Die folgenreichste Konsequenz von Prüfungsangst im Studium ist das wiederholte Verschieben von Prüfungen. So meldet man sich deshalb wenige Tage vor der Prüfung ab, mit der Absicht, für den nächsten Prüfungstermin „gescheit" zu lernen, und dann meldet man sich doch wieder ab.

Dieser Bewältigungsmechanismus ist nicht effektiv. Er zieht einerseits das Studium in die Länge und andererseits steigt mit jeder verschobenen Prüfung auch die emotionale Belastung. Emotionen wie Nervosität, Angst, Selbstzweifel oder das Gefühl von Versagen können sich auf Dauer auf die Psyche negativ auswirken.

Prüfungsangst kann auch zur Selbstisolation von Studentinnen führen. Um den unangenehmen Situationen mit Kommilitoninnen oder den Fragen nach dem Studienstand aus dem Weg zu gehen, ziehen sich Studentinnen oftmals zurück. Auch der indirekte Druck, den man empfindet, wenn um einen herum alle scheinbar mühelos und „ohne Probleme" die Prüfungen absolvieren, trägt dazu bei.

Wenn man sich mit der Prüfungsangst nicht auseinandersetzt, kann sie sich langfristig auf die Lernmotivation oder sogar das ganze Studium auswirken.

Mit der richtigen Unterstützung und Strategie kann die Prüfungsangst aber auf ein Maß reduziert werden, das wenige bis keine negative Auswirkungen hat. So kann man wieder die Lernmotivation und somit die gesamte Studienerfahrung positiv beeinflussen. Welche Tipps gibt es zur Reduzierung von Prüfungsangst?

Versuche herauszufinden, woher die Prüfungsangst kommt
Gab es in der Vergangenheit negative Erfahrungen mit Prüfungen, die das heutige Prüfungsverhalten beeinflussen könnten? Empfindet man bestimmte Situationen vor oder während der Prüfung als besonders stressig? Könnte es spezifische Auslöser geben, wie etwa besonders anspruchsvolle Prüfungsaufgaben oder die Atmosphäre des Prüfungsraums, die diese Gefühle verstärken?

Es ist auch hilfreich zu klären, ob diese Herausforderungen in allen Fächern gleich sind oder ob sie sich nur in bestimmten Bereichen bemerkbar machen. Vielleicht gibt es Unterschiede im Stresslevel zwischen verschiedenen Prüfungen oder Themen, was darauf hindeuten könnte, dass bestimmte Fächer besonders belastend sind.

Zusätzlich sollte man reflektieren, ob es wiederkehrende Faktoren gibt, die bei jeder Prüfungssituation zu Stress führen, wie etwa Zeitdruck oder das Prüfungsformat. Diese Erkenntnisse können dabei unterstützen, individuelle Bewältigungsstrategien zu entwickeln und gezielt an den herausfordernden Aspekten zu arbeiten.

Überforderung vermeiden
Leidet man unter Prüfungsangst und hat gleichzeitig einen Hang zur Perfektion, steht man sich oft unbewusst selbst im Weg. Es ist wichtig zu lernen, sich auf einen der beiden Aspekte zu konzentrieren, und zwischen Perfektion und Prüfungsangst ist wohl die Prüfungsangst das „größere Übel". Daher sollte man versuchen, den Perfektionismus etwas in den Hintergrund zu drängen. So kann man etwa lernen, dass man nicht jedes Kapitel im Lehrbuch bis auf das letzte Detail wissen und trotzdem zur Prüfung antreten kann. Hier geht es um die Balance. Jede von uns hat ihre eigenen Grenzen, die man für sich selbst finden muss. Um den Druck für sich selbst zu minimieren, muss man sich immer wieder in Erinnerung rufen, dass es so etwas wie das „richtige Tempo" zum Studieren nicht gibt.

Entspannungsstrategien
Es gibt viele verschiedene Methoden zur Entspannung, die in Prüfungsphasen hilfreich sein können. Ob durch Meditation, Sport oder Musik – die Wege,

um Stress abzubauen, sind zahlreich. Manche finden Entspannung, indem sie vor der Prüfung eine Runde laufen gehen, um den Kopf freizubekommen. Andere setzen sich Kopfhörer auf und blenden die Welt mit ihrer Lieblingsmusik aus. Auch Yoga oder gezielte Atemübungen können dabei helfen, innere Ruhe zu finden und die Nervosität zu reduzieren.

Exkurs: Atemtechniken als Entspannungstool
Es mag einfach klingen, aber Atemtechniken können tatsächlich dabei helfen, den Körper in stressigen Situationen etwas zu entspannen. Um die beste Wirkung zu entfalten, muss man dies auch üben. So gibt es beispielsweise die 6-3-6-3-Übung:

→ 6 – Einatmen und bis sechs zählen
→ 3 – Luft anhalten und bis drei zählen
→ 6 – ausatmen und sechs zählen
→ 3 – Luft anhalten und bis drei zählen

Mit regelmäßiger Übung lernt der Körper, die Atemtechnik als Signal für Entspannung zu erkennen. Im Laufe der Zeit wird diese Reaktion zunehmend automatisiert, sodass der Körper in stressigen Momenten schneller und effektiver in einen entspannteren Zustand übergehen kann.

Angst als Motor
Eine der stärksten Motivationen könnte darin bestehen, die Prüfungsangst zu überwinden. Es geht darum, sich selbst zu beweisen, dass man stärker ist als die eigene Angst. Wenn man sich dieser Herausforderung stellt, kann das immense innere Stärke und Selbstvertrauen aufbauen.

Statt sich von der Angst lähmen zu lassen, kann man sie als Antrieb nutzen. Jede überwundene Prüfung wird zu einem Beweis dafür, dass man in der Lage ist, Herausforderungen zu meistern. Dies stärkt nicht nur das Selbstbewusstsein, sondern sorgt auch dafür, dass zukünftige Prüfungen weniger beängstigend erscheinen.

Es hilft, sich kleine und realistische Ziele zu setzen und diese Schritt für Schritt zu erreichen. Jede gemeisterte Etappe, sei es das Erstellen eines Lernplans, das Erreichen eines bestimmten Punktestands in einer Übungsklausur oder das erfolgreiche Absolvieren eines Teils des Lernstoffs, kann und soll als Erfolgserlebnis betrachtet werden. Diese kleinen Siege tragen dazu bei, die Motivation aufrechtzuerhalten und die Angst weiter zu reduzieren.

Darüber hinaus kann es hilfreich sein, sich an vergangene Erfolge zu erinnern. Welche Herausforderungen hat man bereits gemeistert? Welche

Prüfungen hat man bereits erfolgreich bestanden? Das Bewusstsein über die eigenen Stärken und bisherigen Erfolge kann die Motivation steigern und die Prüfungsangst relativieren.

TIPP
Nervosität wird in den meisten Fällen ein ständiger Begleiter bleiben – und das ist auch in Ordnung. Sie sollte nicht nur negativ betrachtet werden, denn Nervosität zeigt, dass einem die Sache am Herzen liegt. Wenn man keine Schmetterlinge im Bauch spüren würde, wäre es einem vermutlich auch nicht so wichtig.

Prüfungen simulieren
Gemeinsam mit einer Kommilitonin können Prüfungssituationen (mündlich und schriftlich) nachgestellt werden. Diese simulierten Prüfungen sind zwar nicht identisch mit der realen Prüfungssituation, stellen aber einen guten Anfang dar, um den Umgang mit Drucksituationen zu üben. Solche gemeinsamen Übungseinheiten bieten mehrere Vorteile.

Erstens schafft die Zusammenarbeit eine unterstützende Lernumgebung. Man kann sich gegenseitig motivieren und ermutigen, was das Selbstvertrauen stärkt. Zudem kann der Austausch von Wissen und unterschiedlichen Lernstrategien dazu beitragen, den Stoff besser zu verstehen und zu verinnerlichen.

Zweitens kann das Nachstellen von Prüfungssituationen helfen, Prüfungsängste abzubauen. Indem man sich regelmäßig in einer simulierten Prüfungssituation wiederfindet, gewöhnt man sich Schritt für Schritt an das damit einhergehende Gefühl des Drucks und der Anspannung. Dies kann dazu führen, dass die tatsächliche Prüfung weniger beängstigend erscheint, da man bereits ähnliche Erfahrungen gemacht hat.

Darüber hinaus können diese Übungseinheiten dazu genutzt werden, verschiedene Antwortstrategien zu testen. Man kann beispielsweise üben, wie man mit schwierigen Fragen umgeht oder wie man die Zeit während einer Prüfung effizient einteilt. Dies hilft, ein Gefühl für das Zeitmanagement zu entwickeln und Strategien zu finden, um in stressigen Situationen ruhig und konzentriert zu bleiben.

Ein weiterer Vorteil besteht darin, dass man durch das Feedback der Kommilitonin seine eigenen Schwächen und Stärken besser erkennen kann. Konstruktive Kritik kann wertvolle Hinweise darauf geben, welche Bereiche noch verbessert werden müssen und welche bereits gut beherrscht werden. Dies ermöglicht eine gezielte Vorbereitung und steigert die Erfolgsaussichten in der tatsächlichen Prüfung.

TIPP
Sobald man sich in einer geschützten Umgebung mit vertrauten Personen sicher fühlt, kann man den nächsten Schritt wagen und auch die Klausurenkurse sowie Repetitorien als wertvolle Übungsplattformen für die Prüfungsvorbereitung nutzen.

Positiv Denken
Ein entscheidender Aspekt im Umgang mit Prüfungsangst ist die Entwicklung eines positiven Denkens. Statt sich zu fragen „Warum schaffe ich das nie?", sollte man sich fragen „Wie schaffe ich es endlich?" Diese Frage lenkt den Fokus weg von den Problemen hin zu den Lösungen. Es geht darum, konkrete Schritte zu identifizieren, die einem helfen, die gesetzten Ziele zu erreichen. Diese Verschiebung der Perspektive von negativen zu positiven Gedanken kann einen großen Unterschied machen.

Indem man sich bewusst auf die eigenen Stärken und Erfolge konzentriert, kann man eine optimistischere Einstellung entwickeln. Statt sich auf Misserfolge zu fokussieren, sollte man sich an die Momente erinnern, in denen man Herausforderungen erfolgreich gemeistert hat.

Pausen einlegen
Prüfungsangst kann sich schon während des Lernens einschleichen. In solchen Momenten macht es oft keinen Sinn, einfach weiter vor sich hin zu leiden. Stattdessen ist es wichtig, bewusste Pausen einzulegen, in denen man sich gezielt von der Stresssituation ablenken kann.

Dabei geht es nicht nur darum, das Buch beiseitezulegen, sondern auch darum, den Kopf freizubekommen. Eine Runde an der frischen Luft spazieren zu gehen, kann sehr befreiend sein. Die Bewegung hilft, den Körper zu entspannen und die Gedanken zu sortieren. Sich eine Auszeit zu nehmen, um eine Folge der Lieblingsserie zu schauen oder einem Hobby nachzugehen, kann ebenfalls sehr hilfreich sein.

Solche Aktivitäten lenken den Geist ab und bieten eine dringend benötigte Erholung. Es ist wichtig, sich selbst zu erlauben, diese Pausen zu genießen, ohne dabei ein schlechtes Gewissen zu haben.

Prüfungsreihenfolge

In der Regel gibt es Prüfungen, die einem leichter fallen oder deren Inhalte besonders interessant sind. Wenn man mit diesen Prüfungen beginnt und sich allmählich zu den schwierigeren hocharbeitet, kann der gesamte Prozess weniger belastend wirken. Diese Herangehensweise ermöglicht es, mit einem positiven Gefühl zu starten und nach und nach das Selbstvertrauen für die anspruchsvolleren Prüfungen aufzubauen. Indem man sich erst einmal auf die leichteren Aufgaben konzentriert, schafft man eine solide Grundlage, auf der man dann sicherer und motivierter aufbauen kann.

Nimm der Prüfung die Bedeutung!

Prüfungen sind wichtig, aber sie sind nicht alles. In zehn Jahren werden sie wahrscheinlich kaum noch von Bedeutung sein. Es ist hilfreich, die Perspektive zu erweitern und sich auf das größere Bild zu konzentrieren. Der Abschluss des Studiums, die persönliche Entwicklung und die beruflichen Ziele sind letztlich das, was wirklich zählt. Eine einzelne Prüfung ist im Vergleich dazu nur ein kleiner „Kuchenkrümel".

Abschließend lässt sich sagen, dass Prüfungsangst zwar eine herausfordernde Hürde sein kann, man jedoch nicht allein damit ist; mit den richtigen Strategien und einer positiven Einstellung lässt sich diese Hürde erfolgreich überwinden und zu einem Teil des persönlichen Wachstums machen.

Nicht zu sehr verunsichern lassen und die Nerven nicht verlieren

Es ist verständlich, dass das Nichtbestehen einer Prüfung ein unangenehmes Gefühl hervorrufen und mental belastend sein kann. Schon das Warten auf die Note nach einer Prüfung kann Stress für die Psyche bedeuten, und die Enttäuschung nach einem schlechten Ergebnis oder einer negativen Prüfung kann groß sein. Es ist normal, sich zu fragen, warum es in dieser Prüfung nicht geklappt hat, während andere möglicherweise erfolgreich waren. Zudem kann der Eindruck entstehen, dass Lehrende Zweifel an den eigenen Fähigkeiten äußern, was zusätzlich belastend sein kann.

Wichtig ist jedoch, den Blick nach vorne zu richten und sich nicht von diesen Momenten der Verunsicherung überwältigen zu lassen. Vielleicht hat man an diesem Tag nicht die beste Leistung gezeigt oder der Prüfungsfall war besonders herausfordernd und hat genau die Themen abgedeckt, die man nicht so gut wie die anderen Themen beherrscht hat. Solche Situationen sind zwar belastend, doch sollten sie nicht zu Selbstzweifeln führen. Jeder Rückschlag bietet die Chance zur Weiterentwicklung und ermöglicht es, gestärkt daraus hervorzugehen.

Wie bereits erwähnt kann Nervosität ebenfalls eine positive Seite haben: Sie zeigt, dass man die bevorstehende Herausforderung ernst nimmt und sie einem wichtig ist. Diese Reaktion signalisiert Engagement und Leidenschaft für die Aufgabe. Anstatt als Schwäche kann Nervosität als Zeichen für die intensive Auseinandersetzung mit der Materie und den Wunsch, erfolgreich zu sein, betrachtet werden. Sie motiviert dazu, sich bestmöglich vorzubereiten, und trägt so zum persönlichen Wachstum und zur Leistungssteigerung bei.

Nächste Prüfung nicht zu weit rausschieben
Die Grundregel lautet, Prüfungen nicht ohne guten Grund hinauszuzögern. Häufig entstehen mentale Barrieren durch Gerüchte und Mythen, die uns glauben lassen, dass bestimmte Prüfungen extrem schwierig seien, monatelanges Lernen erforderten und die Erfolgschancen minimal wären. Solche Ängste können dazu führen, dass man entweder die Prüfung meidet oder das Lernen immer wieder unterbricht. Um dem entgegenzuwirken, ist es hilfreich, sich auf verlässliche Informationen zu stützen und realistische Ziele zu setzen. Eine strukturierte Lernplanung, bei der alle relevanten Informationen wie Prüfungsstoff, benötigte Bücher und Prüfungstermine gesammelt und organisiert werden, kann die Angst reduzieren und die Prüfung besser bewältigbar machen.

Die rationale Auseinandersetzung mit den Fakten und das Aufschreiben der relevanten Informationen entlastet den Kopf von ständiger Grübelei. Es ist zudem wichtig, sich ehrlich mit den Gründen für das Aufschieben der Prüfung auseinanderzusetzen – steht dahinter die mentale Belastung, Angst oder die wahrgenommene Menge an Stoff? Ehrliche Selbstreflexion hilft dabei, das Problem zu erkennen und gezielt daran zu arbeiten.

Wenn eine Prüfung negativ ausgefallen ist, neigt man dazu, sie auf Eis zu legen und sich einem anderen Fach zuzuwenden. Langfristig kann dies jedoch problematisch sein, da die bisherigen Lerninhalte wertvoll sind und bei der Wiederholung der Prüfung helfen können. Statt die Prüfung zu verschieben, ist es oft effektiver, sich mit dem bisherigen Stoff auseinanderzusetzen und gezielt Defizite aufzuarbeiten.

Ein hilfreicher Tipp ist es, sich die Prüfung abzuholen, um zu verstehen, welche Fehler gemacht wurden und was besser gelernt werden muss. Auch die positiven Aspekte der Prüfung sollten betrachtet werden, um zu sehen, welche Inhalte gut verinnerlicht sind. Auf diese Weise spart man Zeit und vermeidet es, bereits bekanntes Wissen unnötig zu wiederholen. Das

Hinauszögern der Prüfung führt nur dazu, dass sie wie eine unüberwindbare Mauer erscheint. Daher ist es ratsam, den nächstmöglichen Prüfungstermin wahrzunehmen.

Manchmal ist es notwendig, sich einfach der Prüfungssituation zu stellen und sein Bestes zu geben, auch wenn die Angst oder das Gefühl der unzureichenden Vorbereitung weiterhin bestehen. Vollständige Vorbereitung ist selten, man muss sich ab und an ins kalte Wasser stürzen, um seine Angst zu überwinden.

Mehr zum Thema Prüfungsangst gibt es auch in diesem Blogbeitrag:

1.6. Freunde finden, Freunde verlieren

Das Studium besteht nicht nur aus Lernen, Prüfungen und juristischer Materie, sondern auch aus bedeutungsvollen sozialen Beziehungen und Freundschaften. Diese Beziehungen können, wie auch Prüfungsangst oder Motivationslöcher, einen großen Einfluss auf die mentale Gesundheit haben. Sie bieten sowohl Unterstützung und Ermutigung als auch Herausforderungen. Gute Freundinnen und enge Kontakte können eine wertvolle Quelle der Motivation und des Wohlbefindens sein. Daher ist es wichtig, sowohl auf die akademischen Anforderungen als auch auf die zwischenmenschlichen Verbindungen zu achten, um ein gesundes Gleichgewicht zu finden.

Freundinnen sind wichtig fürs Leben. Sie helfen uns dabei, glücklich zu sein, sind eine emotionale Stütze und stehen immer hinter uns. Auch im Studium sind diese sozialen Kontakte wichtig. Freundschaften, die sich während des Studiums entwickeln, können oft ein Leben lang halten.

Viele starten nach der Oberstufe oder einer anderen Ausbildung allein in das neue Leben namens „Uni". Schaut man am ersten Tag des ersten Semesters in einen Hörsaal, sieht man häufig noch etwas orientierungslose Studentinnen, die nicht so ganz wissen, was sie tun. Sie kennen niemanden und haben vielleicht keine Ahnung, an wen sie sich wenden sollen. Das Schöne ist: Blickt man ein paar Wochen/Monate später wieder in diesen Hörsaal, wird man kaum noch Studentinnen ohne Anschluss finden. Ein paar Ausnahmen gibt es immer. Es hat sich für viele eine Welt aufgetan, in der es egal ist, woher man stammt, welche Noten man hat oder welche Interessen, denn es gibt eine große Sache, die alle verbindet – das Studium.

Die meisten gehen nach den ersten Semestern dann gemeinsam weiter und beschreiten so Stück für Stück den Weg des Studiums zusammen, helfen sich bei Prüfungen, bilden Lerngruppen, besuchen zusammen die Vorlesung oder gehen nach der Uni noch auf einen Kaffee. Hier können Freundschaften entstehen, die irgendwann weit über die akademische Ebene hinausreichen.

Solche Beziehungen sind wichtig für Studentinnen. Für unser Wohlbefinden ist es wesentlich, uns gegenseitig zu stärken, für den anderen da zu sein, wenn mal eine Prüfung in den Sand gesetzt wurde oder man sich mit einem Lehrenden verkracht hat. Gemeinsam im Hörsaal zu sitzen und vor Lachen fast zu sterben, weil etwas Lustiges passiert ist. Zusammen feiern zu gehen und das Studentenleben zu genießen. Es werden Erinnerungen geschaffen, die ein Leben lang bleiben werden.

Zu jedem positiven Aspekt gibt es bekanntlich auch einen negativen. Leider ist das auch der Fall, wenn es zu sozialen Beziehungen während des Studiums kommt. So werden einige Kommilitoninnen das Studium abbrechen oder die Fachrichtung wechseln. Da kann es schon einmal passieren, dass man sich aus den Augen verliert. Auch Kommilitoninnen, die man im ersten Semester kennenlernt, wird man teilweise aus den Augen verlieren, weil man in verschiedenen Kursen ist oder ein Fachgebiet zu einem anderen Zeitpunkt macht. Das sind leider alltägliche Dinge, die auch die mentale Belastbarkeit beeinträchtigen können. Freunde zu verlieren, ist nichts, das man einfach so wegsteckt.

Auch von negativen sozialen Interaktionen werden die meisten wohl nicht verschont bleiben. Besonders im Jus-Studium ist die „Egostudentin" oftmals zu finden – also Kommilitoninnen, die nur auf sich selbst fokussiert sind, die anderen keine Erfolge gönnen, da sie immer die Besten sein müssen. Manchmal geht das auch so weit, dass eine Kommilitonin erzählt, sie sei schon fast fertig oder hätte nur gute Noten, auch wenn das nicht der Fall ist, nur um besser dazustehen als das Gegenüber. Solche sozialen Beziehungen können psychisch belastend sein. Vor allem auch, weil man oft die Wahrheit nicht kennt und sich selbst unter Druck setzt. Warum ist sie schon so weit? Warum ich noch nicht? Dies kann sich wiederum auf die oben bereits genannten Punkte wie die Überforderung im Studium auswirken.

Ein wichtiger Aspekt, der oft übersehen wird, ist, dass alte Freundinnen aus der Schule möglicherweise kein Verständnis dafür haben, wie intensiv das Lernen im Jus-Studium tatsächlich ist und dass man nicht jeden zweiten Tag feiern gehen kann. Dieser Mangel an Verständnis kann dazu führen, dass man sich schuldig fühlt, weil man keine Zeit für soziale Aktivitäten oder Treffen hat. Es ist wichtig, sich bewusst zu machen, dass diese Schuldgefühle unbegründet sind. Die immense Lernbelastung und die Anforderungen des Studiums erfordern einfach Zeit und Engagement. Das eigene Wohlbefinden und der Fortschritt im Studium sollten daher Priorität haben, ohne sich von den Erwartungen anderer beeinflussen zu lassen. Offene und ehrliche Kommunikation gegenüber dem Freundeskreis ist entscheidend.

TIPP
Ein effektives Zeitmanagement hilft dabei, die Anforderungen des Studiums mit sozialen Kontakten in Einklang zu bringen und die richtige Balance zu finden. Ein genauerer Blick auf diese Thematik findet sich in Kapitel § 2.

Generell lässt sich sagen, dass Freundschaften im Studium nicht nur eine emotionale Stütze bieten, sondern auch zum Wohlbefinden beitragen. Auch wenn Herausforderungen und Veränderungen auftreten können, bleiben die während des Studiums geschlossenen Beziehungen häufig eine wertvolle und langfristige Unterstützung. Ein ausgewogenes Verhältnis zwischen akademischen Verpflichtungen und sozialen Kontakten fördert eine erfüllende und gesunde Studienerfahrung. Bekanntlich ist das Studium mehr als nur Bücher, Prüfungen und Paragraphen.

2. Professionelle Hilfe

Abschließend ist es besonders wichtig zu betonen, dass die mentale Gesundheit eine zentrale Rolle für ein glückliches und gesundes Leben spielt. Die Anforderungen und Herausforderungen des Studiums können manchmal so überwältigend sein, dass sie das psychische Wohlbefinden erheblich belasten. Wenn das Gefühl aufkommt, dass die psychische Belastung zu groß wird oder die Schwierigkeiten unüberwindbar erscheinen, sollte man nicht zögern, professionelle Hilfe in Anspruch zu nehmen.

Viele Studentinnen entwickeln während ihrer Studienzeit ungesunde Bewältigungsstrategien, die sie langfristig an ihre Grenzen bringen können. Es ist daher umso wichtiger, schon frühzeitig gesunde Verhaltensmuster und Methoden zur Stressbewältigung zu erlernen. Diese Fähigkeiten sind nicht nur während des Studiums von unschätzbarem Wert, sondern begleiten einen auch durch das gesamte Leben.

Professionelle Unterstützung kann eine wertvolle Hilfe sein, um gesunde Strategien zu entwickeln. Denn als Studentin hat man zwar viel Wissen über das Studium, ist aber nicht automatisch eine Expertin für das eigene Wohlbefinden. Sich Hilfe zu holen, ist kein Zeichen von Schwäche, sondern eine kluge Entscheidung, um langfristig gesund und ausgeglichen zu bleiben. Indem man gesunde Bewältigungsmechanismen frühzeitig erlernt, schafft man eine solide Grundlage für ein Leben, in dem man Herausforderungen mit Stärke und Resilienz begegnen kann.

Wenn man Unterstützung benötigt, gibt es zahlreiche kostenlose Beratungsangebote für Studentinnen, die wertvolle Hilfe bieten können. Hier findest du diese Ressourcen und kannst dich über die verfügbaren Angebote informieren, um die notwendige Unterstützung zu erhalten und den Herausforderungen des Studiums besser gewachsen zu sein.

3. Wohlfühl-Checkliste

→ Selbstreflexion
  – Wie steht es um die Energiereserven?
  – Studienplan erstellen und realistische Ziele setzen
→ Pausen einlegen
  – Lieber mal einen Monat Pause machen und die mentale Gesundheit an erste Stelle setzen
→ Gesunde Lebensgewohnheiten
  – Schlaf, Ernährung und Bewegung tragen essenziell zum Wohlbefinden und somit zu einem erfolgreichen Studium bei
→ Stressbewältigungsstrategien
  – Yoga, Meditation, Atemübungen, Spazieren, Hund kuscheln ...
→ Soziale Unterstützung
  – Mit Kommilitoninnen lernen, auf einen Kaffee mit Freunden gehen

→ Netzwerk aufbauen
  - *Paragraphinnen*-Veranstaltungen besuchen
→ Grenzen setzen
  - „Nein" sagen lernen, wenn es einem zu viel wird
→ Professionelle Hilfe
→ Positive Einstellung
  - Erfolge feiern und optimistisch bleiben

Podcast Mental Health:

§ 12

SOFT SKILLS ALS KARRIEREBOOST?

Autorin: Dora Bertrandt

> „Natürlich sind juristische Fachkenntnis wichtig für Associates, aber Softskills und Persönlichkeit können am Ende den entscheidenden Erfolgsfaktor darstellen. Schon während des Studiums bietet sich die perfekte Möglichkeit, genau in diesen Bereichen zu wachsen, zu lernen und sich mit anderen zu vernetzen – wobei natürlich die Entwicklung von Softskills und der Persönlichkeit auch noch weit über das Studium hinausgeht."
>
> **Katharina Kubik**, Partnerin, Freshfields

Auch wenn es zu Beginn mit dem Lernplan, einem möglichen Nebenjob und anderen Verpflichtungen unrealistisch erscheinen mag, ist das Studium die Zeit, in der man am flexibelsten ist und die größte Freiheit genießt. Es ist die Phase, in der man das größte Potenzial hat, sich weiterzuentwickeln und neue Fähigkeiten, Hobbys und Kompetenzen zu erlernen, die einen das ganze Leben lang begleiten werden.

So bietet sich etwa die Möglichkeit, Kommunikationsfähigkeiten zu trainieren, die später im Umgang mit Mandantinnen, Kolleginnen und Kundinnen von Vorteil sind. Man kann Verhandlungstechniken erlernen, um das eigene Gehalt immer wieder zu verbessern oder die besten Ergebnisse für die Klientinnen zu erzielen. Wie bereits zuvor dargestellt, ist es ebenso wertvoll, gesunde Strategien zur Stressbewältigung zu entwickeln.

Sich bereits während des Studiums mit der persönlichen Weiterentwicklung zu beschäftigen, ist aus zwei Gründen entscheidend. Der erste Grund liegt auf der Hand: Man möchte die beste Version seiner selbst werden. Dazu gehören nicht nur Fachwissen, sondern auch Soft Skills und andere Kompetenzen, die Selbstbewusstsein und Kompetenz auf dem eigenen Karriereweg fördern.

Der zweite Grund ist mindestens genauso wichtig und orientiert sich an den Anforderungen des juristischen Arbeitsmarkts. Jus-Studentinnen neigen oft dazu, ihr Studium als ihr größtes Alleinstellungsmerkmal zu betrachten. Wer kennt nicht den berühmten Scherz: „Woran erkennt man eine Jus-Studentin? Sie wird es dir sofort sagen." Auch wenn der Studienabschluss ein Erfolg ist, reicht er allein nicht aus.

Denn jede Studentin beendet das Jus-Studium mit einem Mag.ª iur oder einem LL.M. Der Abschluss allein genügt also nicht, um sich von der Konkurrenz abzuheben, da alle Absolventinnen über ein ähnliches Fachwissen verfügen. Wie bereits erwähnt, ist der Abschluss zwar die Eintrittskarte, aber keineswegs ein Alleinstellungsmerkmal auf dem Bewerbungsmarkt oder im Berufsleben.

Sobald man das verstanden hat, stellt sich die Frage: Worauf kommt es wirklich an? Es zählt das Gesamtpaket, die Persönlichkeit. Dazu gehört nicht nur die fachliche Qualifikation, sondern dazu zählen auch Soft Skills, Charaktereigenschaften und alles, was einen als Individuum ausmacht.

Man kann die beste Juristin sein, aber wenn man nicht effizient mit Mandantinnen kommunizieren kann, wird der Erfolg ausbleiben. Ebenso hilft es wenig, brillante Urteile zu verfassen, wenn man nicht in der Lage ist, selbstbewusst aufzutreten und eine Verhandlung effektiv zu führen.

Falls das bisher für einen noch nicht im Fokus stand, ist das kein Grund zur Selbstkritik. Das Jus-Studium ist in erster Linie darauf ausgelegt, juristische Werkzeuge und rechtliche Grundlagen zu vermitteln – und das ist bereits eine große Herausforderung. Soft Skills sind hingegen oft nur am Rande (zB in Wahlfächern) vorgesehen und werden daher leicht übersehen.

Die gute Nachricht: All diese Fähigkeiten und noch viele mehr lassen sich proaktiv erlernen.

Hier einige Vorschläge, auf welche Skills man den Fokus legen könnte:

1. Rhetorik

Die Sprache ist das zentrale Werkzeug jeder Juristin. Rhetorik, die Kunst der Überzeugung, zählt dabei zu den wichtigsten Fähigkeiten, die man bereits während des Studiums gezielt entwickeln und verfeinern sollte. Sie umfasst zahlreiche Facetten – von klarer Ausdrucksweise bis hin zur Fähigkeit, überzeugend zu argumentieren. Eine geübte Rhetorikerin profitiert nicht nur im Studium, sondern auch in ihrem gesamten beruflichen und privaten Leben.

Durch gezieltes Rhetoriktraining kann man beispielsweise die Ausdrucksweise bei mündlichen Prüfungen verbessern, was sich positiv auf die Bewertung auswirkt. Genauso lernt man, wissenschaftliche Arbeiten selbstbewusst zu präsentieren, etwa bei der Defensio. Die Fähigkeit, Argumente klar und überzeugend vorzubringen, erweist sich auch in praktischen Situationen als wertvoll, wie etwa bei der Prüfungseinsicht. Hier kann man seine Position besser vertreten und eventuell eine Notenverbesserung erzielen.

Darüber hinaus spielt souveräne Kommunikation eine entscheidende Rolle in Bewerbungsgesprächen, im Umgang mit Mandantinnen und Kundinnen oder bei Auftritten vor Gerichten und Behörden. Wer rhetorisch versiert ist, kann sich nicht nur klar und präzise ausdrücken, sondern auch schwierige oder unangenehme Situationen elegant meistern. Das gilt besonders im Umgang mit Beleidigungen oder unangebrachten Kommentaren, bei denen es darauf ankommt, klug und diplomatisch zu reagieren.

Rhetorik lernt man am effektivsten durch die Praxis. Das Angebot an Rhetorikkursen ist groß, und es gilt, den passenden Kurs für sich zu finden. Die Verfeinerung dieser Fähigkeit geschieht fast ausschließlich durch Übung. Ein guter Einstieg ist es, im vertrauten Umfeld zu beginnen – etwa indem man Freundinnen von einer Idee überzeugt oder bewusst eine Diskussion im Familienkreis zu einem heiklen Thema führt. Wer bereits erste Erfahrungen gesammelt hat, kann seine Fähigkeiten durch die Teilnahme an Debattierclubs weiter ausbauen. Im juristischen Bereich bieten „Moot Courts" eine ausgezeichnete Gelegenheit, rhetorische und argumentative Fähigkeiten in realitätsnahen juristischen Szenarien zu trainieren.

Ganz gleich, ob es um formelle oder informelle Kommunikation geht – Rhetorik ist ein unverzichtbares Werkzeug im Repertoire einer erfolgreichen Juristin.

2. Verhandlungen und Verhandlungstechniken

Ob vor Gericht oder am Verhandlungstisch – es ist entscheidend zu lernen, wie man Verhandlungssituationen erfolgreich meistert. Es erfordert Mut, sich solchen Situationen zu stellen, eine gründliche Vorbereitung, das Erlernen von Verhandlungstechniken und – nicht zuletzt – ständige Übung. Der Ausgang einer Verhandlung hängt oft von den Fähigkeiten der Verhandelnden ab. Je früher man lernt, die eigene Position nicht nur juristisch, sondern auch strategisch zu verteidigen, desto erfolgreicher wird man sein. Dies gilt sowohl bei der Verhandlung des Einstiegsgehalts oder einer Gehaltserhöhung als auch bei Vertragsverhandlungen im Interesse der Mandantinnen.

Bevor man jedoch in spezifische Verhandlungstechniken eintaucht, ist es wichtig, die Scheu vor Verhandlungssituationen abzubauen. Dazu gehört, sich bewusst solchen Herausforderungen zu stellen. Gerade am Anfang der Karriere fällt es oft schwer, für die eigenen Interessen einzutreten. Viele stimmen vorschnell zu und ärgern sich später, dass sie nicht mehr für sich herausgeholt haben. Mit zunehmender Übung wird es jedoch leichter, solche Situationen souverän zu meistern. Die Fähigkeit, für sich selbst einzustehen, ist die beste Vorbereitung, um später die Interessen der eigenen Mandantinnen erfolgreich zu vertreten. Auch hier kann man klein beginnen und zB bei einem unklaren Punkteabzug bei einer Klausur ein Gespräch mit den Korrigierenden suchen oder in einem Restaurant zugeben, dass etwas doch nicht geschmeckt hat oder das Service nicht in Ordnung war.

Ein weiterer wichtiger Schritt zum erfolgreichen Verhandeln ist die gründliche Vorbereitung. Es ist entscheidend, frühzeitig zu lernen, Argumente zu sammeln, diese kritisch zu hinterfragen und sinnvoll zu strukturieren. Ohne überzeugende Argumente bleibt selbst die beste Verhandlungstechnik wirkungslos.

TIPP
Man sollte sich auf etwa drei schlagkräftige Argumente konzentrieren. Mehr als drei können die Aufmerksamkeitsspanne der Gegenseite überfordern und den Fokus verwässern.

Mit der Zeit entwickelt man auch ein Gespür dafür, wie man mit unterschiedlichen Persönlichkeitstypen in Verhandlungen umgeht. Manche Menschen lassen sich nur durch objektive, quantifizierbare Daten wie Zahlen und Fakten überzeugen, während andere mehr Hintergrundinformationen benötigen. Dieses Know-how lässt sich hervorragend schon während des Studiums aneignen. So kann man bspw bei Prüferinnen wunderbar beobachten, wie sie Prüfungsfälle bewerten – werden Punkte etwa für die richtige Norm oder für die Argumente vergeben?

Viele dieser Fähigkeiten kann man durch zusätzliche Kurse und Workshops außerhalb der Universität erlernen. Workshops zur „Harvard-Methode" sind hier besonders empfehlenswert. Auch die bereits erwähnten Moot Courts bieten eine hervorragende Gelegenheit, Verhandlungstechniken in einem praxisnahen Umfeld zu erproben.

TIPP
Wer in einer Kanzlei arbeitet, sollte fragen, ob es möglich ist, bei der Vorbereitung auf eine Verhandlung zuzusehen. Das zeigt Eigeninitiative und bietet eine wertvolle Gelegenheit, direkt in die Praxis einzutauchen.

3. Körpersprache

Die Bedeutung der Körpersprache ist seit Langem bekannt, bleibt aber ein entscheidender Erfolgsfaktor, sei es im Studium oder im Berufsleben. Eine selbstbewusste und offene Körpersprache kann Türen öffnen, aber sie umfasst weit mehr als den klassischen festen Händedruck und Blickkontakt. Oft wird unterschätzt, wie stark Gesten, Haltung und Mimik die Außenwirkung beeinflussen. Bestimmte Gesten können sowohl Autorität als auch Nervosität signalisieren, während gezielte Techniken Sympathie und Professionalität fördern.

Der erste Schritt zur Verbesserung der Körpersprache ist die Selbstbeobachtung. Eine Möglichkeit besteht darin, sich beim Sprechen aufzunehmen, um Nervositätssignale zu erkennen. Dazu zählen etwa ein automatisch in Richtung Ausgang zeigendes Bein (das sogenannte Fluchtbein), das Wippen mit dem Fuß oder das Spielen mit den Händen oder Haaren. Häufiges Greifen zum Nacken beim Nachdenken ist ebenfalls ein Zeichen für innere Unruhe.

Eine weitere Methode zur Verfeinerung der Körpersprache ist die Beobachtung von Vorbildern oder Expertinnen, sei es im Alltag oder im Fernsehen. Dabei kann analysiert werden, welche Aspekte positiv oder negativ auffallen, um diese anschließend im eigenen Verhalten anzuwenden.

Es gibt zahlreiche Bücher, die sich intensiv mit Körpersprache auseinandersetzen, doch entscheidend ist, die eigene Mimik und Gestik frühzeitig bewusst wahrzunehmen und gezielt einzusetzen. Regelmäßige Übung spielt hierbei eine zentrale Rolle. Das Internet bietet zudem eine Fülle von Informationen und Kursen, die wertvolle Unterstützung bieten können.

••

TIPP
Frauen neigen oft dazu, beim Zuhören den Kopf leicht zu neigen, was als Zeichen von Unterwürfigkeit wahrgenommen werden kann. Es lohnt sich, dies bewusst zu beobachten und gegebenenfalls zu vermeiden.

••

4. Networking

Die Fähigkeit, authentische und erfolgreiche Beziehungen aufzubauen, zählt zu den zentralen Kompetenzen, die man als Juristin entwickeln sollte. Ob es darum geht, Kolleginnen kennenzulernen oder mit potenziellen Arbeitgeberinnen oder Mandantinnen ins Gespräch zu kommen – entscheidend ist, wie Gespräche initiiert und geführt werden. Niemand möchte sich unangenehm anschweigen oder in peinlicher Stille nebeneinanderstehen. Erfolgreiches Networking erfordert sowohl rhetorische Fähigkeiten als auch ein gezieltes Einsetzen der Körpersprache.

Netzwerke sind unverzichtbar, um wertvolle Kontakte zu knüpfen und sich als Expertin in einem Fachgebiet zu positionieren. In einer Zeit, in der Social Media oft als Hindernis für persönlichen Austausch wahrgenommen wird, kann es zunächst ungewohnt erscheinen, Menschen aktiv anzusprechen. Doch auf Veranstaltungen und Konferenzen sind alle Anwesenden dort, um genau das zu tun – Netzwerke zu knüpfen. Diese Erkenntnis nimmt viel Druck und erleichtert den Einstieg in Gespräche.

Wie bei jeder Fähigkeit braucht es auch beim Networking Übung. Ein einfacher Einstieg könnte darin bestehen, im Rahmen von Lehrveranstaltungen mit Kommilitoninnen ins Gespräch zu kommen und erste Kontakte zu knüpfen.

TIPP

Paragraphinnen-Events bieten einen idealen Rahmen, um sich im Networking zu üben – in einem geschützten und unterstützenden Umfeld. Unabhängig vom Wissenstand oder Studienfortschritt sind alle willkommen. Eine Übersicht der kommenden Events gibt es hier:

5. Kritisches Denken oder „Out of the box"-Denken

Im juristischen Bereich ist kritisches Denken unerlässlich. Diese Fähigkeit kann herausfordernd sein, da man im Studium häufig darauf trainiert wird, Lehrmeinungen und Fachliteratur zu verinnerlichen. Doch in der Praxis – sei es in einer Kanzlei, einem Gericht oder einer Rechtsabteilung – ist es entscheidend, Argumente stets zu hinterfragen. Sinnerfassendes Lesen und eine kritische Analyse der Sachlage sind dabei grundlegende Kompetenzen.

Das Studium bietet die ideale Gelegenheit, um diese Fähigkeit zu trainieren. Durch die Beschäftigung mit aktuellen juristischen Themen kann eine eigene fundierte Meinung gebildet werden. Gute Juristinnen zeichnen sich nicht dadurch aus, dass sie bloß Fakten auswendig lernen, sondern dass sie komplexe Situationen aus verschiedenen Perspektiven betrachten und differenzierte Lösungen erarbeiten.

Ebenso wichtig ist es, neue Gedanken einzubringen, über den Tellerrand zu blicken und sich davon zu distanzieren, dass alles immer so gemacht und gedacht wird, wie man „das eh schon immer gemacht hat". Damit hebt man sich von der breiten Masse ab.

6. Nein-Sagen (ohne schlechtes Gewissen)

Die Fähigkeit, „Nein" zu sagen, wird häufig unterschätzt. Ein klares Nein schützt die eigenen Grenzen und hilft, den Fokus zu bewahren und Überlastung zu vermeiden. Hier einige Situationen, in denen das Nein-Sagen besonders wertvoll ist:

- → Absagen einer Feier, um sich auf eine Prüfung vorzubereiten
- → Ablehnen von Überstunden, um das Studium nicht zu vernachlässigen
- → Keine neuen Aufgaben annehmen, bevor die Prioritäten festgelegt sind
- → Ablehnen von Aufgaben, die nicht der eigenen Position entsprechen, wie zum Beispiel das Kaffeeholen für andere

Oft fällt es schwer, Nein zu sagen, da niemand enttäuscht werden soll. Doch wer überall Ja sagt, riskiert, die eigenen Bedürfnisse zu vernachlässigen. Je früher die Fähigkeit entwickelt wird, bewusst Grenzen zu setzen, desto leichter lässt sich mit stressigen Situationen umgehen.

Ein hilfreicher Gedanke ist: „Ein Nein zu einer Sache bedeutet ein Ja zu einer anderen." Hier ein paar Beispiele:

- → Nein zur Feier bedeutet Ja zu einer erfolgreichen Prüfung.
- → Nein zu Überstunden bedeutet Ja zu einem pünktlichen Studienabschluss.
- → Nein zu neuen Aufgaben bedeutet Ja zu einer besseren Qualität der bestehenden Aufgaben.
- → Nein zum Kaffeeholen bedeutet Ja zur Wahrnehmung als Juristin und nicht als Assistentin.

Je voller und stressiger der Alltag wird, desto wichtiger ist es, bewusst Nein sagen zu können. Die Studienzeit bietet eine ideale Gelegenheit, diese Fähigkeit zu trainieren.

TIPP

Wer diese Fähigkeiten weiter vertiefen und gleichzeitig ein Zertifikat für die Bewerbungsmappe erwerben möchte, kann sich für das *Paragraphinnen*-Mentoring in Wien oder Innsbruck bewerben.

§ 13

MAG.ᴬ IUR UND WAS NUN? – DER ABSCHLUSS UND DIE GERICHTSPRAXIS

Autorinnen: Anja Federschmid, Schirin Pohlodek

> „Die Gerichtspraxis bietet wertvolle Erfahrungen für die weitere Berufspraxis. Mein Tipp ist es daher, das meiste aus dieser Zeit herauszuholen. Man lernt den Justizbetrieb hinter den Kulissen kennen und hat Gelegenheit, Einblicke in die Arbeitsweise der Gerichte zu bekommen. Ich empfehle auch immer, an möglichst vielen Gerichtsverhandlungen teilzunehmen und mit den Richtern deren Eindrücke zu besprechen, weil man dadurch auch viele Denkanstöße für die eigene zukünftige Arbeitsweise bekommt. Letztlich bietet die Gerichtspraxis auch die Gelegenheit, sich mit anderen Juristen zu vernetzen und bereichernde Kontakte für das Berufsleben zu knüpfen."
>
> *Barbara Kuchar*, Partnerin, KWR Rechtsanwälte

First things first – herzlichen Glückwunsch zum Abschluss!

Dieses besondere Ereignis verdient es, ausgiebig gefeiert und in vollen Zügen genossen zu werden, auch wenn es manchmal etwas Zeit braucht, um die Bedeutung des erreichten Meilensteins vollständig zu erfassen.

Nach dem Abschluss stellt sich die Frage: Wie geht es weiter? Wenn man bereits einen klaren Plan hat, ist das hervorragend. Doch was ist, wenn man noch (wie die meisten Absolventinnen) unsicher ist, wohin die Reise gehen soll? Genau dafür bietet die Gerichtspraxis eine perfekte Möglichkeit, indem man dabei die Zeit sinnvoll nutzen kann, um sich der Frage nach dem „Was kommt danach" zu widmen. Zudem erhält man die einmalige Gelegenheit, in den Gerichtsalltag hineinzuschnuppern und verschiedene Berufe (aber auch Verhandlungsstile und -typen) hautnah zu erleben.

Die Hard Facts der Gerichtspraxis:

→ Die Gerichtspraxis ist ein Teil der juristischen Ausbildung. Sie ist **verpflichtend** für alle Absolventinnen, die folgenden Berufen nachgehen möchten: **Richteramt, Staatsanwaltschaft, Rechtsanwältin, Notarin.**

→ **Dauer: sieben Monate** (auch wenn man oft den Begriff „Gerichtsjahr" hört).

→ **Zuteilung:** verschiedene **Zivil- und Straf-Zuteilungen** am Bezirks- und Landesgericht. Die erste Zuteilung dauert in der Regel drei Monate und die zweite und dritte Zuteilung zwei Monate.

→ **Besonderheit: Gerichtspraxis als Übernahmswerberin.** Wer den Beruf der Richterin oder Staatsanwältin anstrebt, wird als Übernahmswerberin in die Gerichtspraxis aufgenommen. Nach den sieben Monaten des „Grunddurchgangs" kann zum ersten Mal für weitere sechs Monate verlängert werden. Danach erfolgen die zweite Verlängerung und die Aufnahme als Richteramtsanwärterin. Auf Übernahmswerberinnen lastet ein höherer Druck, da sie unter noch größerer Beobachtung stehen. Die Übungen und Beurteilungen während der Gerichtspraxis sind jedoch für alle gleich.

→ **Ausbildungsbetrag:** Es wird ein Betrag von 50 % des Monatsentgelts einer Vertragsbediensteten der Entlohnungsgruppe v1, Entlohnungsstufe 1 (§ 71 Abs 1 VBG) bezahlt. Dieser Betrag erhöht sich nach dem achten Monat (für Übernahmswerberinnen relevant) auf 100 %. Sonderzahlungen gebühren separat.

→ **Gehalt: ca EUR 1.700 brutto/Monat**

→ **Nebentätigkeiten:** Neben der Gerichtspraxis ist es **möglich**, einer zusätzlichen Beschäftigung nachzugehen, was Flexibilität und eine zusätzliche Einkommensmöglichkeiten bietet.

→ **Arbeitszeiten: 40h/Woche**, täglich 7:30 – 15:30 Uhr

→ **15 Urlaubstage**

→ **12 Krankenstandstage** – ab dem 13. Tag gilt die Gerichtspraxis als unterbrochen.

→ **Vielfältige Tätigkeiten:** Rechtspraktikantinnen unterstützen Richterinnen und Staatsanwältinnen in ihren täglichen Aufgaben. Dazu gehören zB das Verfassen von Schriftstücken, die Erstellung von Rechtsmitteln und die Überwachung von Besuchen in der Justizanstalt.

Die Gerichtspraxis ist Voraussetzung für den Beruf der Richterin, der Staatsanwältin, der Rechtsanwältin, der Notarin und für Beamte der Finanzprokuratur (zumindest für fünf Monate). Für die Privatwirtschaft sowie den öffentlichen Dienst ist die Gerichtspraxis somit jedenfalls kein „Muss". Nichtsdestotrotz ist eine absolvierte Gerichtspraxis ein klarer Vorteil bei vielen Arbeitgebern und wird gerne gesehen.

Die Erfahrungen, die man aus der Gerichtspraxis mitnimmt, sind von unschätzbarem Wert. Man erhält seltene Einblicke in die Justiz, versteht endlich, worum es bei ZGV, StVO und anderen prozessrechtlich Bestimmungen eigentlich geht, und knüpft Kontakte zu interessanten Persönlichkeiten wie Richterinnen und Staatsanwältinnen. Außerdem bekommt man Einblicke in die Arbeit von Sachverständigen und Dolmetschern. Nicht außer Acht lassen darf man auch die Tatsache, dass man viele neue junge Juristinnen kennenlernt, die Karriere in verschiedenen (Rechts-)Berufen machen werden. Im Rahmen der Gerichtspraxis hat man also die Möglichkeit, frei von Lernstress und Druck sein Netzwerk in jede Richtung auszubauen. Der soziale Aspekt kommt also sicher nicht zu kurz!

Wer sich nicht als Übernahmswerberin (siehe Punkt Übernahme in diesem Kapitel) für die Gerichtspraxis anmeldet, erlebt die Gerichtspraxis als besonders lustige und stressfreie Zeit. Dennoch kann es (auch wenn äußerst selten) je nach Zuteilung und Arbeitsumfang gelegentlich auch fordernd werden. Insbesondere dann, wenn man lange Anfahrtswege auf sich nehmen muss, nebenbei noch arbeitet oder andere Verpflichtungen hat. Dennoch wird die Gerichtspraxis für viele im Vergleich zum Studium als deutlich entspannter angesehen. Die Gerichtspraxis ist besonders empfehlenswert, wenn man eine kurze „Entspannung" zwischen dem Abschluss und dem Berufseintritt braucht.

Zusammengefasst eröffnet die Zulassung zur Gerichtspraxis auf der einen Seite zahlreiche Möglichkeiten, auf der anderen Seite ist sie eine einmalige Gelegenheit, um hinter die Kulissen der Justiz zu blicken.

1. Zulassung zur Gerichtspraxis: Was benötige ich?

Für die Zulassung zur Gerichtspraxis ist ein Antrag auf Zulassung zur Gerichtspraxis zu stellen, dem ein Konvolut an weiteren Unterlagen beizufügen sind.
　Die Anforderungen sind je nach OLG-Sprengel etwas unterschiedlich. Es empfiehlt sich daher, sich auf der Homepage des jeweiligen OLG zu informieren. Unter dem Reiter „Gerichtspraxis" oder „Ausbildung" findet sich eine Merkliste und/oder ein beispielhaftes Antragsformular. Ist im jeweiligen OLG-Sprengel kein Antragsformular beigefügt, so ist es empfehlenswert, sich an den anderen Sprengeln zu orientieren.

1.1. OLG Wien (Sprengel Wien, Niederösterreich, Burgenland)

Aufnahmen sind ganzjährig möglich, für Übernahmewerberinnen jedoch ausschließlich am 1. März, 1. Juni, 1. September und am 1. Dezember. Nähere Informationen:

1.2. OLG Linz (Sprengel Oberösterreich und Salzburg)

Aufnahmen nur möglich am 1. März, 1. Juni, 1. September und 1. Dezember. Nähere Informationen:

1.3. OLG Graz (Sprengel Graz und Kärnten)

Aufnahmefreie Monate: Februar, Juni, Oktober, ansonsten für Nicht- und Aufnahmewerberinnen immer möglich. Nähere Informationen:

1.4. OLG Innsbruck (Sprengel Tirol und Vorarlberg)

Aufnahmen sind jederzeit möglich, für Aufnahmewerberinnen zumindest zweimal im Jahr (Frühjahr/Herbst). Nähere Informationen:

→ Nach dem aktuellen Stand sind neben dem Antrag folgende **Dokumente** jedenfalls erforderlich:
→ zwei Lichtbilder (in Graz nur eines)
→ Geburtsurkunde
→ gegebenenfalls Heiratsurkunde
→ gegebenenfalls Geburtsurkunden der Kinder
→ Staatsbürgerschaftsnachweis
→ Meldezettel (Haupt- und Nebenwohnsitz)
→ Maturazeugnis
→ 1., 2., 3. Diplomzeugnis
→ Nachweis Studienerfolg (in Wien: Sammelzeugnis)
→ gegebenenfalls Nachweis anderer Studien
→ Bescheid über den akademischen Grad (oder vorläufiger Bescheid)
→ Antrag auf bargeldlose Gehaltszahlung (holt man direkt bei der Bank)
→ Lebenslauf
→ Sozialversicherungsnummer (Kopie E-Card)
→ Bekanntgabe eines aufrechten Dienstverhältnisses
→ Nachweis des Zivil-/Präsenzdienstes
→ Einzahlungsbeleg über die Beilagengebühr

Die Gerichtspraxis wird unabhängig vom Sprengel immer mit Monatsersten begonnen. Die Anmeldefrist endet immer einen Monat davor. Wenn man also im September beginnen möchte, muss der Antrag spätestens am 31. Juli beim jeweiligen Sprengel einlangen. Im Ansuchen ist auch anzugeben, wann man mit der Gerichtspraxis beginnen möchte und ob während der Gerichtspraxis ein aufrechtes Dienstverhältnis besteht.

Je nach OLG-Sprengel kann es sein, dass man bereits beim Ansuchen angeben muss, ob man die Aufnahme zum Richteramt anstrebt, und man muss sich in der Folge als Übernahmswerberin anmelden (mehr dazu unter Punkt Übernahme). Da sich das Übernahmeverfahren von der siebenmonatigen Gerichtspraxis als Rechtspraktikantin stark unterscheidet, sollte man sich im Vorfeld ausreichend Zeit nehmen und überlegen, ob die Übernahme das Richtige für einen ist.

TIPP
Es spricht nichts dagegen, sich als Übernahmswerberin anzumelden und sich im Laufe der Gerichtspraxis wieder abzumelden. Dadurch bleibt die Möglichkeit, den Beruf der Richterin zu ergreifen, offen, und man kann im Laufe der Zeit besser einschätzen, ob dieser Weg für einen persönlich der richtige ist. Sprengelabhängig besteht zwar die Möglichkeit, sich innerhalb der ersten Zuteilung, also in den ersten drei Monaten, nachträglich anzumelden, allerdings hat man hier dann eventuell einige Kurse und Übungen verpasst. Bei einigen OLG-Sprengel hat man länger Zeit, um sich zu entscheiden. Dazu weiter unten mehr.

2. Was ist die Zuteilung und kann ich einen Zuteilungswunsch angeben?

Während der Gerichtspraxis durchläuft man mehrere Zuteilungen bei verschiedenen Gerichten. Zuteilungswünsche (zB drei Monate am BG Baden oder LG Linz) können je nach Kapazität berücksichtigt werden. Pauschale Urteile über die Qualität der Ausbildung an verschiedenen Gerichten gibt es nicht. Wer sich früh anmeldet, hat jedoch eine größere Chance, die bevorzugten Plätze zu bekommen.

Begonnen wird die Gerichtspraxis immer am Bezirksgericht. Dort erhält man normalerweise eine „C"- (Zivil) oder Außerstreit-Zuteilung. Nach drei Monaten wechselt man dann aufs Landesgericht, wo man eine Zivil- und eine Strafzuteilung durchläuft. Die Zivilzuteilung verbringt man dann entweder im ASG (Arbeits- und Sozialgericht) oder im Cg (Zivil), während die Strafzuteilung meist eine „Hv"-Zuteilung (Hauptverhandlung) ist. In Ausnahmefällen kann man die Zeit der Strafzuteilung auch bei einer HR-Richterin (Haft- und Rechtschutz) verbringen oder sogar bei der Staatsanwaltschaft.

3. Ansuchen abgegeben – was nun?

Mit der persönlichen Abgabe des Ansuchens samt allen erforderlichen Dokumenten hat man den Platz bei Gericht eigentlich schon sicher. Dennoch dauert es im Anschluss noch einige Zeit, bis alle Unterlagen gesichtet und überprüft wurden. Den erforderlichen Zulassungsbescheid erhält man dann zeitnah (zum Teil auch nach wenigen Tagen) vor Beginn der Gerichtspraxis. Neben der Ausbildungsmappe bekommt man auch alle Informationen, die man für den ersten Tag bei Gericht benötigt.

• •

TIPP
Der Studienabschlussbescheid kann problemlos am ersten Tag im Präsidium nachgereicht werden, falls er noch nicht vorliegt.

• •

Per E-Mail erhält man dann die Zugangsdaten zum ELAN-RP. Dabei handelt es sich um das digitale Ausbildungsprogramm der Justiz, in dem man während der sieben Monate verschiedene Ausbildungsmodule ablegen muss.

Üblicherweise beginnt man die Gerichtspraxis am Landesgericht mit einer Einschulung. Die erste Zuteilung für das Bezirksgericht erfährt man dann am jeweiligen BG direkt. Die Information zu weiteren Zuteilungen für das LG erhält man per E-Mail an die eigene Justiz-E-Mail-Adresse ein bis zwei Wochen vor dem Ende der jeweiligen Zuteilung.

4. ELAN-RP

„Elektronisches Lernen – Ausbildung im Netzwerk für Rechtspraktikanten" – kurz genannt ELAN-RP – ist das Lernprogramm der Justiz.
Dieses Tool besteht aus den folgenden acht Modulen:

→ Allgemeines
→ Zivilrecht
→ Strafrecht
→ Außerstreitrecht
→ Arbeits- und Sozialrecht
→ Wohnrecht
→ Compliance
→ IKT-Benutzungsrichtlinie

Das ELAN-RP dient der Vermittlung der Grundkenntnisse und soll zudem relevante Rechtsgebiete wieder aufzufrischen. Dies ist für alle Rechtspraktikantinnen verpflichtend.

Die Module „Allgemeiner Teil", „Compliance" und „IKT-Benutzungsrichtlinie" müssen vor Beginn der Gerichtspraxis absolviert werden, wobei dies erfahrungsgemäß nicht allzu streng gehandhabt wird. Die Nachweise für die Module müssen jedenfalls in den ersten zwei Wochen im Präsidium des Landesgerichtes abgegeben werden. Die weiteren Module richten sich nach der jeweiligen Zuteilung. Das bedeutet, dass man während der Strafrechtzuteilung das Modul „Strafrecht" absolvieren muss usw.

Jedes Modul besteht aus vertonten Folien, Wiederholungsfragen und einem Onlinetest. Das entsprechende Kapitel muss jedoch vollständig bearbeitet werden, um anschließend für den Onlinetest freigeschaltet zu werden. Der Onlinetest besteht aus Multiple-Choice-Fragen und kann beliebig oft wiederholt werden. Um den Test zu bestehen, müssen mehr als 75 % der Fragen richtig beantwortet werden, wobei alle Fragen aus dem Pool der Wiederholungsfragen stammen.

Das Prüfungsergebnis und das Zertifikat druckt man anschließend aus und legt es der Ausbildungsrichterin zur Unterzeichnung vor. Diese Zertifikate sind dann bei der entsprechenden Geschäftsstelle oder im Präsidium des Gerichtes abzugeben und werden zum Personalakt hinzugefügt. Außerdem ist es erforderlich, ein Exemplar auszudrucken und in der Ausbildungsmappe abzulegen.

Die Ergebnisse der ELAN-RP-Tests sind vor allem für Übernahmswerberinnen wichtig. Wird keine Übernahme zum Richteramt angestrebt, werden die Tests zwar dem Personalakt beigelegt, sie spielen jedoch keine überragende Rolle.

5. Arbeitszeit

Die Arbeitszeit beträgt 40 Stunden, werktags von 07:30–15:30. Die Frage der Einhaltung der Arbeitszeit hängt von den jeweiligen Gerichten ab. Es gibt Gerichte, bei denen die Arbeitszeiten rigoros kontrolliert werden. An anderen Gerichten wiederum wird weniger auf die Arbeitszeiten geachtet, zumal viele Ausbildungsrichterinnen selbst zu den unterschiedlichsten Zeiten am Gericht sind. Es empfiehlt sich, gleich zu Beginn die dienstälteren Kolleginnen zu fragen, wie dies gehandhabt wird. Dennoch sollte man sich mit seiner zugewiesenen Ausbildungsrichterin oder Staatsanwältin abstimmen. Vor allem wenn man früher geht oder später kommt, ist das zwingend der Ausbildungsrichterin oder Staatsanwältin bekannt zu geben. Ebenfalls rechtzeitig anzuzeigen ist es, wenn man Arzttermine oder Ähnliches hat.

6. Der erste Tag am Gericht

Am ersten Tag heißt es pünktlich sein und den Zulassungsbescheid (der als „Eintrittskarte" bei der Eingangskontrolle vorgewiesen werden muss) nicht vergessen.

Die Nervosität wird schnell verfliegen. Die neuen Arbeitskolleginnen trifft man dann kurze Zeit später vor dem Präsidium, wo meistens alle warten. Wenn man in einem kleineren Sprengel wie OÖ & Sbg ist, ist die Wahrscheinlichkeit groß, dass man die meisten schon von der Uni kennt. Ansonsten schaden zum Kennenlernen ein paar Small-Talk-Fragen nicht. Beispielsweise könntest du in Erfahrung bringen, wo deine Kolleginnen studiert haben, was sie bisher gemacht haben und warum sie sich für die Gerichtspraxis entschieden haben.

Aber dann geht es los! Es wird einem der Zimmerschlüssel ausgehändigt und man erfährt, wer die Ausbildungsrichterin ist und wann das erste Kennenlernen mit der Vorsteherin des Bezirksgerichtes oder der Präsidentin des Landesgerichts stattfindet. Jede Rechtspraktikantin wird an ihrem ersten Tag mit den Worten „Ich gelobe" angelobt. Dies erfolgt meist im Rahmen des Willkommensgesprächs mit der Vorsteherin oder der Präsidentin.

Nachdem man sich im Zimmer eingerichtet und seine Zimmerkolleginnen kennengelernt hat, sollte man sich unbedingt im Haus vorstellen – jedenfalls bei der Ausbildungsrichterin sowie bei den Vertretungsrichterinnen und den entsprechenden Kanzleien. Es kann sein, dass die Ausbildungsrichterin noch nicht da ist. In diesem Fall hilft einem die Kanzlei gerne weiter, denn dort weiß man oft, wann die Richterinnen im Haus sind. Guter Tipp an dieser Stelle: Bevor man seinen Rundgang startet, unbedingt die eigene Telefondurchwahl aufschreiben und sich auch die Durchwahl der Kanzlei geben lassen.

Am ersten Tag hat man meistens etwas Zeit, um sich mit seinem Arbeitsplatz vertraut zu machen, einen Rundgang durchs Gericht zu starten und so einen guten Überblick über die Räumlichkeiten zu erhalten. Ein guter Tipp ist es auch, gleich zu Beginn die Bibliothek aufzusuchen und die Bestände zu checken – das könnte später noch hilfreich sein.

7. Der Alltag in der Gerichtspraxis

Jeder Tag beginnt in der Regel mit dem Einlauf. So werden die Akten genannt, die jeden Tag von der Kanzlei für die Richterinnen zur Bearbeitung vorbereitet werden. Dazu gehören Akten, die für einen bestimmten Termin auf den Kalender gesetzt wurden und an diesem Tag erneut vorgelegt werden müssen, sowie neue Akten oder Eingaben. Mittlerweile ist der Einlauf fast ausschließlich elektronisch, sodass man als Rechtspraktikantin mit wenigen physischen Akten in Berührung kommt.

Die Richterinnen bearbeiten die Akten und „verfügen" das weitere Vorgehen. Verfügungen sind Anmerkungen für die Kanzlei, die dann weiß, was mit dem Akt als Nächstes geschehen muss, beispielsweise, dass der Akt abgelegt werden soll, zur Einsicht an die Staatsanwaltschaft geschickt wird oder dass die Rechtskraft und Vollstreckbarkeit einer Entscheidung bestätigt wurde.

Verfügungen bestehen oft aus Kürzel, wie zB „ZV" für „Zustellverfügung", womit verfügt wird, dass ein Dokument an eine bestimmte Person/Abteilung zu schicken ist, beispielsweise an den Kläger, einen Betroffenen, den ErwVT (Erwachsenenvertreter), die StA (Staatsanwaltschaft) oder die JA (Justizanstalt). Ein weiteres häufiges Kürzel ist „KAL + Datum", wodurch die Kanzlei den Akt auf Kalender mit bestimmten Daten legt und dann der Richterin wieder vorgelegt wird, oder auch „Lad" zur Ladung einer Person zu einer Verhandlung.

Grundsätzlich erhält man von seiner Richterin Akten zur Bearbeitung. Oft handelt es sich dabei um das Verfassen von Beschlüssen, Urteilen oder um die Vorbereitung einer Verhandlung. Manche Richterinnen bieten einem auch an, selbst eine Verhandlung zu führen, was man sich auf keinen Fall entgehen lassen sollte und eine einmalige Gelegenheit ist.

Bei der Strafzuteilung wird man regelmäßig zur Besuchsüberwachung in der Justizanstalt eingeteilt. Im Grunde überwacht man die Besuche und muss die Personen darauf hinweisen, dass nur auf Deutsch gesprochen und im Falle der Untersuchungshaft nicht über den Fall selbst gesprochen werden darf. Hier erhält man aber vorab eine Einweisung durch die Justizwachebeamten.

Vor allem in der Strafrechtszuteilung (Hv) steht es an der Tagesordnung, dass man in Einzelrichterverhandlungen Schriftführen muss. Auch wenn es anfangs ungewohnt ist, findet man schnell hinein. Für Verhandlungen in Senatsbesetzung gibt es meist eine Ton- und Bildaufzeichnung oder eigene Schriftführerinnen.

Bei einer Zuteilung zur Staatsanwaltschaft wird man zur Sitzungsvertretung geschickt. Das bedeutet, man vertritt die Staatsanwaltschaft bei Verhandlungen und darf selbst den Strafantrag vorführen. Aber auch hier erhält man in den ersten Tagen eine genaue Einschulung über die Abläufe und die Tätigkeit.

Je nach Zuteilung, Abteilung und zuständiger Richterin gehören folgende Aufgaben zu den häufigsten Tätigkeiten:

→ Bearbeitung des Akteneinlaufes
→ Vorbereiten von Tagsatzungen
→ Recherchieren und Aufbereiten von Rechtsfragen
→ Schriftführen bei Verhandlungen
→ Erteilung von Auskünften am Amtstag oder Protokollierung von Anträgen
→ Sitzungsvertretung (Vertretung der Staatsanwaltschaft bei Verhandlungen)
→ Gesprächsüberwachung in der Justizanstalt
→ Verhandlungsführung mit Anwesenheit der Richterin
→ Durchführung von Vernehmungen
→ Erstellung von Entscheidungs- und Rechtsmittelentwürfen

Exkurs: Sollte es während der Gerichtspraxis zu Problemen oder unangenehmen Situationen mit der Ausbildungsrichterin oder der Staatsanwältin kommen und ein direktes Gespräch mit der Person nicht möglich sein, sollte man sich an die Vorsteherin oder Präsidentin wenden. Es gibt an jedem Gericht auch eine eigene Ansprechperson für Frauen und eine eigene Sprecherin der Richteramtsanwärterinnen, die auch für Rechtspraktikantinnen zuständig ist.

8. Beurteilungen durch Ausbildungsrichterinnen

Unabhängig davon, ob man Übernahmewerberin ist oder nicht, erfolgt eine Beurteilung durch die Ausbildungsrichterin. Diese Beurteilungen sind besonders für Übernahmewerberinnen von großer Bedeutung, da sie ausschlaggebend dafür sind, ob man schließlich als Richteramtsanwärterin übernommen wird. Da die Beurteilungen zum Personalakt genommen werden, liegen sie auch der Rechtsanwaltsprüfungskommission vor. Auch wenn die Beurteilung keine Grundlage für das Bestehen der Prüfung darstellt, ist es gut zu wissen, dass die Beurteilung im Personalakt verbleibt.

Dies ist auch zu bedenken, wenn nach bestandener Rechtsanwalts- oder Notariatsprüfung ein Quereinstieg in das Richter- oder Staatsanwaltsamt angestrebt wird.

Aus dem Intranet kann man den Beurteilungsbogen herunterladen und durchlesen. Grundsätzlich beinhaltet dieser Angaben zu den durchgeführten Tätigkeiten, den fachlichen Kenntnissen und Fähigkeiten. Es werden aber auch die soziale Kompetenz, die Motivation, der Einsatz und das Arbeitsverhalten bewertet. Abschließend wird von der Ausbildungsrichterin eine Empfehlung zur weiteren Entwicklung und Verbesserung sowie eine Einschätzung über die Eignung für die Tätigkeit des Richteramts oder der Staatsanwaltschaft abgegeben. Die Gesamtbeurteilung erfolgt dann in fachlicher und persönlicher Hinsicht. Die Bewertungen reichen von „Ausgezeichnet", „Sehr gut", „Gut" und „Entsprechend" bis „Nicht entsprechend".

9. Übungen für Rechtspraktikantinnen

Gemäß § 7 RPG werden in gewissen zeitlichen Abständen Übungskurse zu verschiedenen Rechtsgebieten, vom Außerstreitverfahren bis hin zur Kostenrechnung, abgehalten. Je nach Gericht kann es sein, dass die Kurse online via Zoom abgehalten werden oder präsent bei einem bestimmten Gericht. Die Termine zu den Übungen werden per Mail versendet oder am ersten Tag bekannt gegeben und sind grundsätzlich verpflichtend.

10. Übernahme

An dieser Stelle werden die Grundzüge des Übernahmeverfahrens dargestellt. Dabei ist zu beachten, dass die Vorgehensweise einerseits sehr stark vom jeweiligen OLG-Sprengel abhängt, da das Vorauswahlverfahren zum Teil unterschiedlich gestaltet ist.

Personen, die eine Übernahme als Richteramtsanwärterin anstreben, haben im Vergleich zu Rechtspraktikantinnen zusätzliche Verpflichtungen. Sie müssen spezielle (teilweise auch mehr fordernde) Übungskurse besuchen, die darauf abzielen, ihre juristischen Fähigkeiten zu vertiefen und sich auf die anstehenden Prüfungen vorbereiten.[16] Die Zuweisung der Über-

---

16 Das gilt bspw nicht in OÖ oder SBG; hier absolvieren alle immer dieselben Kurse und Übungen.

nahmswerberinnen erfolgt gezielt an erfahrene Richterinnen, die sich der Ausbildung besonders angenommen haben. Darüber hinaus werden die Übernahmswerberinnen intensiv in die praktische Arbeit eingebunden und verfassen in der Regel eine Vielzahl von Urteilen, wodurch sie ihre juristischen Fähigkeiten in der Praxis erproben und festigen können.

TIPP
Wer eine Karriere als Richterin anstrebt, sollte vor Dienstantritt die prozessrechtlichen Bestimmungen auffrischen und Gerichtsentscheidungen zur Übung durchlesen.

10.1. Übernahmeverfahren im OLG-Sprengel Wien[17]

Im OLG Sprengel Wien hat man drei verschiedene Zuteilungen. Die erste dauert drei Monate und die beiden weiteren zwei Monate.

In den ersten drei Monaten der Gerichtspraxis müssen Übungskurse besucht werden. Je nach Zuteilung finden in diesem Zeitraum ein Probeamtstag und ein schriftlicher Test oder zum Beispiel auch ein Abschlussgespräch bei der Präsidentin des Landesgerichtes statt.

Schriftliche Prüfungen im sechsten Monat: Diese bestehen aus einem strafrechtlichen und einem zivilrechtlichen Teil, wobei jeweils ein Urteil zu verfassen ist. Bei Bestehen dieser Prüfungen wird die Gerichtspraxis verlängert, wofür ein Formular zur Verlängerung benötigt wird. Dieses Formular ist im Intranet der Justiz abrufbar.

Mündliche Prüfungen im achten oder neunten Monat: Diese bestehen aus vier Prüfungen zum materiellen und formellen Strafrecht sowie zum Zivilrecht. Auch hier ist beim erfolgreichen Bestehen eine erneute Verlängerung mittels Formular erforderlich.

Psychologischer Test/medizinische Untersuchung: In weiterer Folge finden eine halbtägige psychologische Untersuchung sowie ein persönliches Gespräch mit einer Psychologin statt.

---

17 https://www.justiz.gv.at/file/2c92fd168524863801859fdc8dcb1a5e.de.0/202105_folder_gerichts jahr.pdf?forcedownload=true (29.11.2024).

Hearing – der finale Schritt: Beim Hearing wird der Lebenslauf durchleuchtet, und die Übernahmswerberin wird zu ihrer Motivation für das Richteramt und zu aktuellen Themen befragt. Eine Kommission – bestehend aus der Präsidentin und Vizepräsidentin des jeweiligen Oberlandesgerichts, einer Vertreterin der Oberstaatsanwaltschaft, einem Mitglied der Standesvertretung sowie einer externen Personalberaterin – führt das Hearing durch. Anschließend muss man sich auch im Bundesministerium für Justiz vorstellen und ähnliche Fragen beantworten.

10.2. Übernahmeverfahren im OLG-Sprengel Linz und Salzburg[18]

Die Ausbildung in Linz und Salzburg gliedert sich in zwei Abschnitte. Dabei werden drei Monate beim Bezirksgericht und vier Monate beim Landesgericht absolviert.

Die Ausbildung beginnt für sämtliche Rechtspraktikantinnen mit einem zweitägigen Einführungskurs am jeweiligen Gerichtshof. Dabei werden die Grundlagen des Zivil-, Straf- und Außerstreitverfahrens, der Aktenführung, des Amtstages sowie der richterlichen Tätigkeit vermittelt.

Im OLG-Sprengel Linz findet monatlich ein Übungskurs für alle Rechtspraktikantinnen statt.

Erste Verlängerung: Im sechsten Monat der Gerichtspraxis wird für alle Übernahmswerberinnen ein Test durchgeführt, der die Grundlage für eine mögliche Verlängerung der Gerichtspraxis bildet. Der vierstündige Test besteht in der Verfassung eines Zivilrechtsurteils. Zusätzlich gibt es noch ein Übernahmegespräch, nach welchem man eine Reihung erfährt. Besteht man diesen Aufnahmeprozess, wird man für weitere sechs Monate in den Justizdienst aufgenommen und durchläuft alle zwei Monate eine neue Zuteilung.

Zweite Verlängerung: Ende des 9. Monats erfolgt erneut ein Übernahmegespräch, bei dem auch tagespolitische Themen rund um die Justiz besprochen werden. Zusätzlich zur Bewertung herangezogen werden die Bewertungen der letzten beiden Zuteilungen.

Wird man vom Gericht dann gereiht, erfolgt das psychologische Gespräch. Im Anschluss daran wird man in den richterlichen Vorbereitungsdienst aufgenommen.

---

18 https://www.justiz.gv.at/olg-linz/oberlandesgericht-linz/gerichtspraxis.2c94848b4689b3dd01 46d700ebc80d5e.de.html (29.11.2024).

10.3. Übernahmeverfahren im OLG-Sprengel Innsbruck[19]

Die Übungskurse finden in den Monaten Januar bis Mai und Oktober bis Dezember statt und sind grundsätzlich für alle Rechtspraktikantinnen verpflichtend.

Die Übernahme der Rechtspraktikantinnen erfolgt zumindest zweimal im Jahr, im Frühjahr und im Herbst. Das Übernahmeverfahren in diesem Sprengel unterscheidet sich von anderen dadurch, dass eine Bewerbung auf eine ausgeschriebene Planstelle und eine mindestens sechs Monate lange absolvierte Gerichtspraxis bis zum Ende der Bewerbungsfrist erforderlich sind, um teilnehmen zu können.

Sind die Zulassungsvoraussetzungen erfüllt, erfolgt eine vorläufige Reihung anhand der Beurteilungen der bisherigen Ausbildungsrichterinnen. Diese müssen alle mindestens mit einem „Sehr gut" abgeschlossen sein, wobei mindestens die Hälfte mit einem „Ausgezeichnet" abgeschlossen werden muss.

Erst danach folgen die schriftlichen Prüfungen, die aus dem Verfassen eines zivil- und strafrechtlichen Urteils bestehen. Wenn eine bestimmte Punkteanzahl erreicht wurde, kommt es zum psychologischen Eignungstest sowie zum Hearing.

10.4. Übernahmeverfahren im OLG-Sprengel Graz[20]

Die Prozessabläufe für Rechtspraktikanten und Übernahmswerberinnen weisen anfänglich keine Unterschiede auf, da sämtliche Rechtspraktikantinnen alle vier Ausbildungsstationen durchlaufen. Dies hat den erheblichen Vorteil, dass zu Beginn keine Entscheidung zur Übernahme getroffen werden muss. Es setzt jedoch voraus, dass sämtliche Ausbildungsstationen absolviert werden, da ein Verzicht oder die Nichtteilnahme an einzelnen Abschnitten zum Ausscheiden aus dem weiteren Prozess führt.

Auch wenn die Gerichtspraxis bis auf die Monate Februar, Juni und Oktober immer begonnen werden kann, wird das Auswahlverfahren dreimal

---

19 https://www.justiz.gv.at/olg-innsbruck/oberlandesgericht-innsbruck/ausbildung.2c94848542ec4981014371fe4b7c0cc7.de.html; https://www.uibk.ac.at/rewi/studium/unterlagen/merkblatt---7-monate-gp_fassung-2020-01.pdf (21.11.2024).
20 https://www.justiz.gv.at/olg-graz/oberlandesgericht-graz/gerichtspraxis/gerichtspraxis.2c94848540b9d4890140debdb11d1142.de.html (21.11.2024).

pro Kalenderjahr durchgeführt. Das Auswahlverfahren ist auch in diesem Sprengel mehrstufig aufgebaut. Dabei spielen die Beurteilungen der Ausbildungsrichterinnen, die Mitarbeit in den Ausbildungskursen, die schriftlichen Fachtests, die eignungspsychologische Begutachtung, das mündliche Prüfungsgespräch sowie das Hearing eine ausschlaggebende Rolle.

11. Nachträgliche Übernahme

In den OLG-Sprengeln, in denen bereits beim Ansuchen angegeben werden muss, ob man eine Übernahme in das Richteramt anstrebt, besteht die Möglichkeit, sich während der ersten Zuteilung, also in den ersten drei Monaten, nachträglich für die Übernahme anzumelden.

Dazu ist ein spezielles Formular (im Intranet zu finden) auszufüllen und bei der Präsidentin des Oberlandesgerichts einzureichen. Zusätzlich dazu müssen entsprechende Kurse besucht werden, und der erste Teil des Übernahmeverfahrens muss absolviert werden. Zu welchem Zeitpunkt man in das Übernahmeverfahren eintritt, lässt sich nicht pauschal sagen, da dies vom individuellen Zeitpunkt abhängt.

12. Am Ende der Gerichtspraxis

Am letzten Tag der Gerichtspraxis müssen Rechtspraktikantinnen den Antrag auf Amtsbestätigung einreichen. Dieser kann wieder über das Intranet abgerufen werden und wird gemeinsam mit dem Dienstausweis bei der Geschäftsstelle oder im Präsidium eingereicht.

Ein Rückblick zeigt vielen, wie schnell die Zeit tatsächlich vergangen ist. Für zahlreiche Rechtspraktikantinnen war diese Phase besonders prägend, voll von wertvollen praktischen Erfahrungen und tiefen Einblicken in die juristische Arbeit. Mit erweitertem Fachwissen und gestärkten Fähigkeiten sind sie nun bereit, ihre berufliche Laufbahn weiter fortzusetzen.

§ 14

WAS KANN ICH MIT JUS ALLES MACHEN?

Autorin: Carina Stiglbauer

Rechtsanwältinnen oder Richterinnen – an diese Berufe denken viele, wenn sie hören, dass jemand Jus studiert hat. Doch ist das alles? Nein, mit Jus kann man so viel mehr machen. Jus ist ein Studium, das gute Grundlagen vermittelt, unter anderem analytisches Denken, Genauigkeit, Argumentationsfähigkeit, kritisches Denken, Problemlösungsfähigkeit, Zeitmanagement, Belastbarkeit, Selbstdisziplin und Durchhaltevermögen sowie Kommunikationsfähigkeit. Und diese Fähigkeiten kann man in vielen Berufen einsetzen. Österreich ist ein Land, in dem Titel immer noch sehr wichtig sind. Ein abgeschlossenes Jus-Studium ist – selbst wenn man nicht juristisch tätig sein möchte – von großem Vorteil.

Nach dem Jus-Studium wünschen sich viele eine Orientierungshilfe, um zu wissen, was sie in den verschiedenen juristischen Berufen erwartet. Diese Unterstützung ist oft schwer zu finden. Dieses Kapitel soll genau diese Lücke schließen, indem es Einblicke in die Praxis und verschiedene Berufe bietet.

1. Das Jus-Studium und seine Möglichkeiten

Um einen guten Überblick zu geben, haben neun Absolventinnen des Jus-Studiums (inklusive ich selbst) dieselben Fragen zu Themen wie erforderliche Ausbildung, Tätigkeiten, Herausforderungen im Beruf, Gehalt und Work-Life Balance beantwortet.

Die Frauen sind in folgenden Berufen tätig:

→ Richterin
→ Rechtsanwältin
→ Notarin
→ Steuerberaterin
→ Unternehmensjuristin
→ Juristin im Ministerium
→ Universitätsprofessorin
→ Selbständige Personalberaterin, Personalvermittlerin
→ Unternehmerin

2. Erfahrungen aus erster Hand: Berufliche Perspektiven von Juristinnen

2.1. Richterin – Interview mit Mag.ª Martina Ladentrog

Kurze Vorstellung der Person
Mein Name ist *Martina Ladentrog*. Ich bin Richterin an einem Wiener Bezirksgericht. In offizieller Ansprache werde ich „Frau Rat" genannt.

Welche Aufgaben habe ich in diesem Beruf?
Zu meinen Rechtsgebieten, in denen ich tätig bin, gehören das Allgemeine Zivilrecht sowie das Familien- und Außerstreitrecht. Meine Aufgabe als Richterin ist es im Wesentlichen, in Gerichtsverfahren nach Möglichkeit zwischen den Parteien zu schlichten und Lösungen herbeizuführen und so das nicht möglich ist, nach Durchführung eines Beweisverfahrens eine Entscheidung zu treffen, die für die Parteien eines Verfahrens, so sie nicht erfolgreich in einem Rechtsmittelverfahren bekämpft wurde, verbindlich ist und auch mit Zwangsmaßnahmen durchgesetzt werden kann.

In einem Erwachsenenschutzverfahren ist es zB meine Aufgabe, zu überprüfen, ob eine Person einen Erwachsenenvertreter benötigt, weil sie ihre Angelegenheiten nicht ohne Gefahr eines Nachteils wegen einer psychischen Erkrankung oder gleichwertigen Beeinträchtigung besorgen kann.

Meine primären Aufgaben bestehen darin, rechtliche Anliegen von Bürgerinnen mit diesen zu besprechen, Anträge und Klagen zu Protokoll zu nehmen, Verhandlungstermine unter Ladung von Parteien und Zeuginnen auszuschreiben, Verhandlungen zu führen, dabei Parteien und Zeuginnen zu vernehmen, gegebenenfalls Gutachten in Auftrag zu geben, Lokalaugenscheine durchzuführen und letztlich Entscheidungen auf Basis der gewonnenen Erkenntnisse zu treffen und schriftlich auszufertigen.

Um die Aufgaben in einer Gerichtsabteilung bewältigen zu können, braucht es ein gut funktionierendes Team; und so unterstützen mich Kanzleikräfte, Rechtspflegerinnen, Schreibkräfte und sonstige Gerichtsbedienstete. Nicht zu vergessen sind unsere Rechtspraktikantinnen und Richteramtsanwärterinnen, die bei Gericht nach dem Studium ihr Praktikum/ihre Ausbildung zum Richteramt absolvieren.

Welche Ausbildung brauche ich für diesen Beruf? Sind zusätzliche Ausbildungen wie Doktorat oder LL.M. von Vorteil?
Nach einem Studienabschluss in Rechtswissenschaften oder einem Masterabschluss in Wirtschaftsrecht absolviert man zunächst ein Rechtspraktikum auf bezirksgerichtlicher und landesgerichtlicher Ebene, auf das jede Studienabsolventin einen Rechtsanspruch hat und das grundsätzlich sieben Monate dauert. Dieses Praktikum ist übrigens auch Voraussetzung, um Rechtsanwältin, Notarin oder Staatsanwältin werden zu können. Sollte man den richterlichen Vorbereitungsdienst anstreben, sollte dies bereits bei der Bewerbung für ein Praktikum bekannt gegeben werden. Eine zusätzliche Ausbildung wie Doktorat/LL.M. ist übrigens gesetzlich nicht erforderlich, um Richterin oder Staatsanwältin werden zu können.

Bereits während des Praktikums gibt es kleinere Zwischenklausuren und man wird auch durch die jeweilige Ausbildungsrichterin in fachlicher und persönlicher Hinsicht beurteilt. Es folgen während des Praktikums eine schriftliche und mündliche Prüfung in Zivil- und Straf(verfahrens)recht sowie eine psychologische Testung. Nach einem Hearing vor einer Kommission werden die am besten für den Richterjob oder als Staatsanwältin geeigneten Bewerberinnen zur Übernahme als Richteramtsanwärterinnen dem Justizministerium vorgeschlagen und von diesem nach Planstellenbedarf ernannt. Insgesamt dauert die Ausbildung zur Richterin oder zur Staatsanwältin vier Jahre. In dieser Zeit arbeitet man bei verschiedenen justiziellen Einrichtungen in unterschiedlichsten Sparten, in einer Rechtsanwaltskanzlei und wahlweise bei justiznahen Einrichtungen, wie zB in der Bewährungshilfe, in Erwachsenen-/Gewaltschutzeinrichtungen oder in der Flüchtlingshilfe. Aber auch internationale Tätigkeiten im Rahmen des europäischen justiziellen Netzwerks sind möglich.

Während der Ausbildung kann man sich ein umfassendes Bild über die Vielfalt der justiziellen Bereiche verschaffen und dazu Wissen aneignen. Zusätzlich werden unseren Richteramtsanwärterinnen zahlreiche Kurse und Seminare geboten, um ihr Know-how zu verbessern und um sie bestmöglich auf ihren späteren Job vorzubereiten. Jährlich findet für die Richteramtsanwärterinnen eine Auslandsreise statt, um auch die Rechtssysteme anderer Länder und einander besser kennenlernen zu können. Ihren Abschluss findet die Ausbildungszeit wiederum in einer schriftlichen und mündlichen Prüfung, bevor man als Richterin oder Staatsanwältin ernannt werden kann.

Wo findet der Job überwiegend statt? Habe ich Dienstreisen, (interne oder externe) Termine?
Grundsätzlich findet meine Arbeit bei Gericht statt. Homeoffice ist natürlich auch möglich. Es gibt aber wie eingangs erwähnt auch Auswärtstermine bei Lokalaugenscheinen oder Anhörungen von Parteien außerhalb des Gerichts. Von der Justiz oder vom europäischen justiziellen Netzwerk angebotene Seminare oder Exkursionen führen mich ebenso immer wieder an verschiedene Orte und bieten neben Fachwissen, einer Horizonterweiterung und kollegialem Austausch eine angenehme Abwechslung zum Arbeitsalltag.

Welche Eigenschaften (Stärken/Fähigkeiten) sollte man für diesen Beruf mitbringen?
Meines Erachtens ist es in meinem Beruf als Richterin besonders wichtig, dass man sich gerne mit Menschen und deren rechtlichen Problemen auseinandersetzt, ein gutes und von Wertschätzung geprägtes Verhandlungsklima schafft, dabei Führungsqualitäten zeigt, Ausdauer hat, Themen auf den Grund zu gehen, bestmöglich unter Hintanhaltung der eigenen Erfahrungen und der eigenen Persönlichkeit objektiv bleibt und sich unter der Wahrnehmung der verantwortungsvollen Aufgabe als Richterin nicht davor scheut, Entscheidungen zu treffen, die naturgemäß nicht für jedermann angenehm sind.

Da wir sehr viele Fälle gleichzeitig bearbeiten, sind natürlich auch Stressresistenz, ein gutes Zeitmanagement und Flexibilität gefragt. Fundierte Rechtsrecherchen und das schriftliche Verfassen von Entscheidungen sollten einem auch Freude bereiten.

Welche Soft Skills sind für diesen Beruf besonders wichtig?
Zum einen ist Empathie aufbauend auf den vier Säulen der Wahrnehmung, des Verständnisses, der Antizipation und der Resonanz wichtig, zum ande-

ren aber auch Techniken der Gesprächsführung bzw. des Konfliktmanagements.

Was sind die Herausforderungen dieses Berufs?
Gerichtsverfahren sind oft durch hohe Emotionalität bei ua heftigen Schicksalen geprägt. Für einen selbst ist es dabei wichtig, die Probleme der anderen nicht zu sehr zu den eigenen zu machen, sondern sich in angemessenem Maß abzugrenzen. Darüber hinaus werden oft unerwartet Anliegen an das Gericht herangetragen, die dringlich sind, rasch erledigt werden müssen und damit viel Flexibilität und Engagement sowie ein gutes Zeitmanagement abverlangen. Manchmal besteht darüber hinaus auch mediales Interesse an Verfahren. Als Richterin sollte man trotz all der Herausforderungen auch noch stets sachlich, ruhig und ausgeglichen bleiben, Problemkonstellationen gut durchdenken und zu einem reflektierten Ergebnis kommen.

Wie sehen die Verdienstmöglichkeiten in diesem Beruf aus?
Das Gehalt der Richterinnen ist gesetzlich geregelt und beträgt je nach Dienstalter und Gerichtszugehörigkeit (BG, LG, OLG, OGH) zwischen ca EUR 4.900,– und EUR 13.000,– brutto; das Gehalt der Richteramtsanwärterinnen beträgt EUR ca 3.700,– brutto und jenes der Rechtspraktikantinnen EUR 1.700,– brutto.

Wie sehen die Arbeitszeiten in diesem Beruf im Allgemeinen aus? Besteht zeitliche und örtliche Flexibilität?
Es herrscht gänzlich freie Zeiteinteilung bei einem fixen Gehalt, egal wie der Arbeitsanfall aussieht. Erfahrungsgemäß bedarf es immer wieder längerer Arbeitstage, um den jeweiligen Arbeitsanfall bewältigen zu können, insbesondere wenn man eine Abteilung neu übernimmt. Da wird man mit 40 Stunden pro Woche voraussichtlich nicht das Auslangen finden, was sich mit zunehmender Routine allerdings bessert.

Homeoffice ist außerhalb der Verhandlungstermine, die man selbst fixiert, reine Einteilungssache der Richterin. Bei dringlichen Angelegenheiten ist Flexibilität gefragt.

Eine Teilauslastung ist möglich, was besonders mit Kindern attraktiv ist.

Wie sieht es mit der Work-Life-Balance in diesem Beruf im Allgemeinen aus?
Es ist zB „Morgenmuffeln" oder morgendlich Sportaktiven möglich, später mit der Arbeit zu beginnen oder umgekehrt auch früher. Akten können aber

auch abends oder am Wochenende bearbeitet werden. Dadurch, dass man sich als Richterin üblicherweise selbst Zeitfenster schaffen und den Arbeitsanfall bei bestehender Routine in einem durchschnittlichen Ausmaß von 40Std/Wo bewältigen kann, kann man sich eine ausgewogene Work-Life-Balance schaffen. Ab Vollendung des 43. Lebensjahres gibt es auch noch eine 6. Urlaubswoche.

Welchen Tipp würde ich Studentinnen/jungen Juristinnen mitgeben?
Als Studentin eine Rechtshörerschaft bei Gericht zu absolvieren, bringt möglicherweise viel Licht ins Dunkel grauer Theorie und kann für Prüfungsvorbereitungen sehr nützlich sein.

Gesetzliche Bestimmungen haben meist einen logischen Hintergrund. Deshalb sollte man nie auf den Hausverstand vergessen – er ist auch eine wichtige „Rechtsquelle".

Im Übrigen darf ich empfehlen, zur Persönlichkeitsentwicklung, für das eigene Selbstbewusstsein, und das Geschick, mit unterschiedlichen Menschen/Problemstellungen umzugehen, möglichst viel Arbeitserfahrung zu sammeln, wobei es sich nicht zwingend um klassisch juristische Jobs handeln muss. Jede Arbeit bringt einen ein Stückchen weiter, auch auf dem juristischen Lebenspfad!

Sollte man die Übernahme in den richterlichen Vorbereitungsdienst anstreben und diese als Rechtspraktikantin nicht schaffen oder dies auch erst zu einem späteren Zeitpunkt überlegen – auch ein Quereinstieg für Rechtsanwältinnen ist grundsätzlich möglich!

Was ich sonst noch abschließend sagen möchte
Auch wenn ich mich als Studentin noch nicht in einem klassischen Rechtsberuf sah, könnte ich mir auch nach über 20 Jahren keinen schöneren Beruf als den der Richterin für mich vorstellen. Einerseits liebe ich die mir gesetzlich eingeräumte Unabhängigkeit, andererseits kann ich mit der mir als Richterin übertragenen Verantwortung einen wertvollen Beitrag dazu leisten, für Menschen in unklaren Lebens- bzw Rechtssituationen Lösungen zu finden und im Bedarfsfall für sie Entscheidungen zu treffen.

2.2. Rechtsanwältin – Interview mit Mag.ª Veronika Zinterl

Kurze Vorstellung der Person
Mein Name ist *Veronika Zinterl*. Ich bin als selbständige Rechtsanwältin bei Suppan | Spiegl | Zeller Rechtsanwalts OG, einer Kanzlei mit acht Juristinnen, tätig. Meine Schwerpunkte sind Zivilrecht, Mietrecht sowie Familien- und Erbrecht. Davor war ich in einer mittelgroßen Kanzlei im Bereich Immobilien-, Zivilrecht und Zivilprozessrecht tätig.

Welche Aufgaben habe ich in diesem Beruf?
Der Beruf der Rechtsanwältin ist sehr vielseitig. Ich betreue und berate Mandantinnen in allen Lebenslagen. Die Mandantinnen erklären uns ihre Probleme und wir versuchen, für sie die richtige Lösung zu finden. Oft muss man hinsichtlich des rechtlich relevanten Sachverhaltes ein wenig „Detektiv" spielen.

Wir vertreten unsere Mandantinnen vor Gerichten, Behörden, bringen Klagen ein, schreiben Schriftsätze und Rechtsmittel. Weiters prüfen und erstellen wir Verträge.

Die Tätigkeiten hängen häufig von der Kanzleigröße ab. Man unterscheidet zwischen kleinen und mittelgroßen Kanzleien sowie Großkanzleien. Kanzleien können nationale sowie internationale Mandantinnen haben. Oft ist man als Rechtsanwältin auf ein oder mehrere Rechtsbereiche spezialisiert. Spezialisierungen sind etwa Arbeitsrecht, Bankenrecht, Erbrecht, Familienrecht, Immobilienrecht, Kartellrecht, Schiedsgerichtsbarkeit, Stiftungsrecht, Strafrecht und Zivilrecht.

Neben diesen juristischen Kernaufgaben sind auch die organisatorischen Arbeiten wie Fristenmanagement und Aktenmanagement nicht zu vernachlässigen.

Welche Ausbildung brauche ich für diesen Beruf? Sind zusätzliche Ausbildungen wie Doktorat oder LL.M. von Vorteil?
Um den Beruf als Rechtsanwältin ausüben zu können, muss man ein Studium des österreichischen Rechts an einer Universität abgeschlossen haben. Weiters benötigt man eine fünfjährige praktische Berufsausbildung, davon mindestens sieben Monate bei Gericht oder einer Staatsanwaltschaft („Gerichtsjahr") sowie mindestens drei Jahre in einer Kanzlei einer Rechtsanwältin als Berufsanwärterin (Kernzeit). Zusätzlich müssen in dieser Zeit Ausbildungsveranstaltungen (in der Regel AWAK-Seminare) im Ausmaß von mindestens 42 Halbtagen zu den verschiedensten Themenbereichen

absolviert werden. Voraussetzung ist auch, dass man die Rechtsanwaltsprüfung (RAP) positiv absolviert. Die Eintragung in die bei der Rechtsanwaltskammer geführte Liste erfolgt bei Vorliegen der eben dargelegten Voraussetzungen und einer positiven Beurteilung der Vertrauenswürdigkeit.

Zusätzliche Ausbildungen sind immer von Vorteil, wobei meines Erachtens oft mehr Wert darauf gelegt wird, dass Rechtsanwältinnen tatsächlich praktische Erfahrung haben.

Doktorat und/oder ein LL.M. sind nicht zwingend notwendig, werden jedoch gerne gesehen und bieten einen gewissen Benefit bei den Gehaltsverhandlungen. Ausbildungen oder Tätigkeiten im Ausland können insbesondere in internationalen Kanzleien bzw bei Kanzleien mit internationalen Mandantinnen vorteilhaft sein. Man lernt dadurch Rechtssysteme anderer Länder kennen und verbessert seine Sprachkenntnisse, insbesondere Englisch ist in vielen Kanzleien sehr wichtig.

Wo findet der Job überwiegend statt? Habe ich Dienstreisen, (interne oder externe) Termine?
Meine Tätigkeit findet zu einem großen Teil in der Kanzlei statt und kann seit COVID-19 auch im Homeoffice erfolgen. Besprechungstermine finden auch – je nach den Wünschen der Mandantinnen – bei den Mandantinnen vor Ort statt. Auch das Verhandeln im Gerichtssaal oder bei Behörden gehört zur Tätigkeit einer Rechtsanwältin.

Welche Eigenschaften (Stärken/Fähigkeiten) sollte man für diesen Beruf mitbringen?
Da man zumeist viel mit Mandantinnen kommuniziert, sollte man den Kontakt zu diesen nicht scheuen und kommunikativ sein. Auch eine gute schriftliche und mündliche Ausdrucksfähigkeit ist essenziell. Für den Beruf ist es wichtig, sehr gute analytische Fähigkeiten zu besitzen, lösungsorientiert zu arbeiten und genau zu sein. Man sollte stressresistent sein und eine gewisse Gelassenheit mit sich bringen. Auch Verhandlungsgeschick und Freude am „Gewinnen" von Fällen sowie Spaß an der Tätigkeit sollten nicht fehlen.

Welche Soft Skills sind für diesen Beruf besonders wichtig?
Neben der Kommunikationsfähigkeit sind meines Erachtens Empathie und die soziale Kompetenz wichtig. Letztlich löst man Probleme von Menschen. Insbesondere, wenn es sich um persönliche Belange, wie zB eine Scheidung oder erbrechtliche Streitigkeiten handelt, können viele Emotionen im Spiel sein, und man agiert manchmal nicht nur als Rechtsbeistand, son-

dern auch als psychologische Unterstützung für die Mandantinnen. Für die eigene mentale Gesundheit ist es insbesondere bei Familienrechtsstreitigkeiten wichtig, sich abgrenzen zu können.

Was sind die Herausforderungen dieses Berufs?

Die Digitalisierung ist weiterhin eine große Herausforderung für die gesamte Rechtsbranche, und es bleibt zu hoffen, dass dadurch eine Arbeitserleichterung eintritt, die dazu führt, dass der Rechtsanwältin mehr Zeit für den persönlichen Kontakt mit den Mandantinnen bleibt. Hierbei ist es wesentlich, weiterhin für die Mandantinnen persönlich greifbar zu sein, da meines Erachtens keiner gerne mit einer KI über zB seine Eheverfehlungen und eine gewünschte Ehescheidung sprechen oder sein persönliches Testament über eine KI ohne eine individuelle Beratung erstellen lassen möchte. Für Rechtsanwältinnen ist es wichtig, am Puls der Zeit zu sein und mögliche KI-Tools in den Kanzleialltag zu integrieren.

Eine weitere Herausforderung für Rechtsanwältinnen ist die Karenz. Auch wenn mittlerweile ein Stilllegen der Rechtsanwaltschaft möglich ist und teilweise Beiträge reduziert werden können, fehlt eine Anerkennung etwaiger Kinderbetreuungszeiten und eine entsprechende Berücksichtigung bei den Pensionsbeiträgen. Hier gibt es noch viel Luft nach oben, um Frauen und insbesondere Mütter langfristig für die Anwaltei zu begeistern.

Wie sehen die Verdienstmöglichkeiten in diesem Beruf aus?

Rechtsanwaltsanwärterinnen unterliegen keinem Kollektivvertrag. Das Gehalt ist Vereinbarungssache und ua von der Kanzlei, der Kanzleigröße, den Vorgesetzen, dem Tätigkeitsbereich sowie dem Standort abhängig. Weiters muss berücksichtigt werden, ob die Kammerbeiträge von der Kanzlei oder den Rechtsanwaltsanwärterinnen beglichen werden müssen.

Es kann für (vor allem Jung-)Anwältinnen nicht gesagt werden, was sie im Durchschnitt verdienen. Das hängt im Wesentlichen davon ab, für welche Art der Kanzlei sie sich nach der Eintragung entscheiden. Machen sie beispielsweise eine Einzelkanzlei auf, hängt der Verdienst naturgemäß vom Umsatz ab, dieser wiederum von der Auftragslage und den Akquisekünsten.

Viele Anwältinnen werden vorerst (zumindest teilweise) sogenannte Substitutinnen, also kooperieren mit einer bereits bestehenden Kanzlei dauerhaft und übernehmen regelmäßig Aufträge „substitutionsweise". Die Bedingungen der Honorierung sind auch hier grundsätzlich Vereinbarungssache. Bei Großkanzleien gibt es jedoch meistens nur schwer verhandelbare Honorarschemen, die sich meistens aus einem Fixum und einem variablen

Bestandteil, der an das Erreichen von umsatzabhängigen, aber auch individuellen (Eigenakquise, Ausbau des Rufs der Kanzlei durch Publikationen und Vorträge, interne Ausbildungen etc) Zielen geknüpft ist, zusammensetzen.

Die Vereinbarungen mit Kleinkanzleien sind so unterschiedlich wie die Kleinkanzleien selbst, oft wird hier mit Provisionen gearbeitet, man muss also von eigenen Akten einen Prozentsatz des erzielten Umsatzes abführen und erhält für übernommene Akten einen Prozentsatz. Mittelgroße Kanzlei bewegen sich irgendwo dazwischen. Manche Kanzleien bieten auch an, Anwältinnen anzustellen, was aber eher selten ist. Dadurch hat man zwar alle Rechte eines Angestellten, das Einkommen ist aber zumeist etwas geringer.

Was die Verdienste zu einem späteren Zeitpunkt in der Karriere betrifft, gibt es noch weniger generelle Regeln, die Zahl ist hier nach oben offen.

Wie sehen die Arbeitszeiten in diesem Beruf im Allgemeinen aus? Besteht zeitliche und örtliche Flexibilität?
Seit COVID-19 und der dadurch vorangetriebenen Digitalisierung sind die Arbeitszeiten bei Rechtsanwältinnen flexibler, und die freie Zeiteinteilung ist viel öfter möglich. Auch Homeoffice ist bei einem Großteil der Kanzleien nicht mehr wegzudenken. Ansonsten ist der Arbeitsalltag durchaus auch fremdbestimmt, da man von Verhandlungsterminen, Sachverständigenterminen und der zeitlichen Verfügbarkeit der Mandantinnen abhängig ist. Grundsätzlich ist der Beruf von Rechtsanwältinnen aber als flexibel zu bezeichnen.

Wie sieht es mit der Work-Life-Balance in diesem Beruf im Allgemeinen aus?
Meines Erachtens hat sich die Work-Life-Balance in den letzten zehn Jahren durchaus verbessert, da auch in der Anwaltei angekommen ist, dass mentale Gesundheit essenziell ist und den nachfolgenden Generationen ein Leben außerhalb der Anwaltei wichtig ist.

Die Work-Life-Balance hängt natürlich auch immer von der Spezialisierung, der Kanzleigröße sowie der konkreten Kanzleisituation ab. Auch kann es stressigere Zeiten geben, etwa bei großen Transaktionen oder wenn Fristen zu beachten sind. Grundsätzlich ist die Work-Life Balance jedoch bei Rechtsanwältinnen erfreulicherweise immer mehr in den Vordergrund gerückt.

Welchen Tipp würde ich Studentinnen/jungen Juristinnen mitgeben?
Studentinnen möchte ich mitgeben, dass es wichtig ist, bereits während des Studiums Praxis und Erfahrung zu sammeln. Im juristischen Bereich etwa durch Praktika oder eine Beschäftigung als studentische Mitarbeiterin in einer Kanzlei während des Studiums. Ebenso wichtig ist meiner Meinung nach aber auch die generelle Erfahrung im Umgang mit Menschen, da man in diesem Beruf mit den unterschiedlichsten Menschentypen zu tun hat. Die Mandantinnen sind höchst unterschiedlich, man hat mit Anwaltskolleginnen und anderen Mitarbeiterinnen zu tun sowie mit Richterinnen.

Weiters ist es auch wichtig, dass man lernt, *ad hoc*, schnell und richtig bei juristischen Fragestellungen zu reagieren. Das ist sowohl wichtig in der Beratung mit den Mandantinnen als auch während der Verhandlungen vor Gericht. Hier möchte ich den Tipp mitgeben, mehr Mut bei Gerichtsverhandlungen zu zeigen und sich nicht etwa von erfahreneren Anwaltskolleginnen einschüchtern zu lassen.

Essenziell ist es auch, dass man ein Rechtsgebiet findet, das einem Spaß und Freude bereitet.

Was ich sonst noch abschließend sagen möchte
Der Beruf als Rechtsanwältin ist einzigartig, weil er so abwechslungsreich ist, jeder Tag anders ist und man viele spannende Fälle bearbeitet. Viel Spaß und Freude bereitet es mir auch, dass ich Menschen in sämtlichen Lebenslagen unterstützen und begleiten kann und für sie die juristisch und wirtschaftlich optimale Lösung finden kann.

2.3. Notarin – Interview mit Mag.ª Elisabeth Lentner LL.M.

Kurze Vorstellung der Person
Mein Name ist *Elisabeth Lentner*, ich bin Substitutin und Notarpartnerin im Notariat Haiden-Fill & Partner in Klagenfurt am Wörthersee.

Welche Aufgaben habe ich in diesem Beruf?
Als Substitutin der öffentlichen Notarin *Mag.ª Katharina Haiden-Fill* bin ich für sämtliche anfallenden Angelegenheiten im Notariat zuständig. Ein wesentlicher Punkt im Notariat ist die Durchführung von Verlassenschaften. Dabei bin ich für alle Amtshandlungen zuständig, die nicht dem Gericht vorbehalten sind, beispielsweise für die Durchführung der Erstaufnahme und die Verlassenschaftsabhandlung.

Ein weiteres Aufgabengebiet im Notariat ist die Beglaubigung von Unterschriften und die Aufnahme von Notariatsakten. Im Notariat bin ich in verschiedensten Rechtsgebieten tätig – im Liegenschaftsrecht, im Unternehmensrecht, im Erbrecht, im Verwaltungsrecht, im allgemeinen Zivilrecht.

An einem typischen Arbeitstag kann von der Abwicklung eines Liegenschaftsverkaufs bis zur Erstellung eines Testamentes, der Gründung eines Unternehmens, aber auch der Errichtung einer Vorsorgevollmacht alles vorkommen, weshalb der Beruf sehr abwechslungsreich und spannend ist.

Welche Ausbildung brauche ich für diesen Beruf? Sind zusätzliche Ausbildungen wie Doktorat oder LL.M. von Vorteil?

Voraussetzungen für die Ausübung des Notarberufs sind der erfolgreiche Abschluss des Diplomstudiums der Rechtswissenschaften und die bestandene Notariatsprüfung. Weiters benötigt man für die Ernennung auf eine eigene Amtsstelle eine siebenjährige Gesamtpraxis, wovon drei Jahre als Notariatskandidatin nach Ablegung der Notariatsprüfung geleistet werden müssen. Erfüllt man alle Voraussetzungen, kann man sich auf eine freie Amtsstelle bewerben. Solange man keine eigene Amtsstelle hat, ist man als Substitut, also als Vertreterin einer Notarin tätig.

Da im Notariat eine ständige Fortbildung verpflichtend ist, sind zusätzliche Ausbildungen wie ein Doktoratsstudium oder ein LL.M. jedenfalls von Vorteil. Ich persönlich habe vor Kurzem einen berufsbegleitenden Postgraduate-Lehrgang an der Universität Wien abgeschlossen und kann dies aufgrund des dadurch erworbenen Mehrwertes für die Praxis nur empfehlen. Eine Zusatzausbildung ist aber – im Gegensatz zu den Fortbildungen – kein Muss.

Wo findet der Job überwiegend statt? Habe ich Dienstreisen, (interne oder externe) Termine?

Die alltägliche Arbeit findet hauptsächlich im Büro statt. Immer wieder ist es aber notwendig, beispielsweise in Verlassenschaftsverfahren, Sicherungsmaßnahmen oder Schätzungen vorzunehmen, die dann im Amtssprengel auch auswärts stattfinden. Außerdem können auf Wunsch Termine – wenn Mandantinnen zum Beispiel zu gebrechlich sind – auch vor Ort bei diesen durchgeführt werden.

Welche Eigenschaften (Stärken/Fähigkeiten) sollte man für diesen Beruf mitbringen?

Abgesehen vom rechtlichen Fachwissen sind jedenfalls Empathie und ein Gespür für die Anliegen anderer wichtig, um eine bestmögliche und auf die jeweilige Person abgestimmte Beratung leisten zu können. Vor allem in Verlassenschaftsverfahren muss man auch mit großen Emotionen umgehen können und beruhigend auf die Situation einwirken.

Welche Soft Skills sind für diesen Beruf besonders wichtig?
Einfühlungsvermögen gepaart mit Überzeugungskraft und Belastbarkeit. Grundsätzlich sind wir in beratender Funktion tätig – dabei ist es für Mandantinnen jedoch wichtig, eine fundierte rechtliche Beratung zu erhalten, um darauf basierend ihre Entscheidungen treffen zu können. Es ist aber auch Teil der Beratung, ein offenes Ohr für die Probleme der Mandantinnen zu haben, selbst wenn diese nicht per se rechtlicher Natur sind. Die Berücksichtigung der persönlichen Situation der Mandantinnen und deren Wünsche oder Ängste haben einen großen Einfluss auf eine erfolgreiche Vertragsgestaltung. Dabei hat man aber auch immer wieder mit traurigen Schicksalen zu tun – man muss daher selbst eine ausreichende psychische Stärke aufweisen.

Was sind die Herausforderungen dieses Berufs?
Trotz meiner durchgehenden Tätigkeit in rechtsberatenden Berufen seit dem Studienabschluss begegnen mir ständig neue rechtliche Fragestellungen ebenso wie Änderungen in Gesetzen und eine sich wandelnde Rechtsprechung.

Es ist daher von enormer Wichtigkeit, immer am aktuellen Stand zu sein und alle relevanten Informationen zu erhalten, was bei der Fülle von neuen Vorschriften eine Herausforderung sein kann.

Wie sehen die Verdienstmöglichkeiten in diesem Beruf aus?
Zunächst beginnt die Tätigkeit als Notariatskandidatin. Für Notariatskandidatinnen gibt es in den verschiedenen Bundesländern jeweils eigene Einstiegsmindestgehälter, deren Einhaltung von den Kammern auch überprüft wird. Dieses wird regelmäßig angepasst. Darüber hinaus sind die Gehälter frei verhandelbar. Als Notarpartnerin oder Notarin ist man selbstständig – das Einkommen richtet sich daher nach dem Umfang und Ausmaß der eigenen Tätigkeit. Da Notariate in verschiedensten Gebieten – sowohl ländlich als auch in Großstädten – vorhanden sind, kann eine pauschale Aussage über die Verdienstmöglichkeiten nicht getroffen werden.

Wie sehen die Arbeitszeiten in diesem Beruf im Allgemeinen aus? Besteht zeitliche und örtliche Flexibilität?
Auch hier kann eine pauschale Antwort nicht gegeben werden. In einer Kanzlei in der Großstadt sind die Arbeitszeiten mit Sicherheit andere als

in einer kleinen Kanzlei am Land. Je nach Kanzlei und Kanzleistruktur gibt es allgemein auch die Möglichkeit einer freieren Zeiteinteilung und teilweise Homeoffice. Da im Notariat aber der Parteienverkehr während der Öffnungszeiten im Vordergrund steht, sind die Möglichkeiten hier eingeschränkter als in anderen Berufen.

Wie sieht es mit der Work-Life-Balance in diesem Beruf im Allgemeinen aus?

Aus meiner Sicht lässt sich im Notariat eine gute Work-Life-Balance erzielen – obwohl man aufgrund des Parteienverkehrs eingeschränkter im Hinblick auf Homeoffice oder freie Zeiteinteilung ist, hat man dennoch eine gewisse Flexibilität. Aber auch hier gilt – ob und in welchem Ausmaß Überstunden anfallen und wie die Möglichkeiten für freiere Zeiteinteilungen sind, richtet sich nach der konkreten Kanzleistruktur. Es gibt hier leider keine pauschale Antwort.

Welchen Tipp würde ich Studentinnen/jungen Juristinnen mitgeben?

Ich selbst bin ja über den Umweg der Anwaltei ins Notariat gekommen und war auch schon als Rechtsanwältin tätig und eingetragen, bis sich für mich herausgestellt hat, dass die Tätigkeit im Notariat für mich das Richtige ist. Ich kann daher nur allen Studentinnen und jungen Juristinnen raten, so viele Praktika wie möglich in den verschiedensten rechtlichen Berufen zu absolvieren, um einen Einblick in den jeweiligen beruflichen Alltag zu erlangen und die eigenen Vorlieben kennenzulernen. Aber auch wenn man sich bereits für einen Weg entschieden hat und erst dann merkt, dass dieser doch nicht ganz passt – es ist nicht zu spät, die Berufsrichtung zu ändern.

Was ich sonst noch abschließend sagen möchte

Für mich persönlich ist der Beruf der Notarin genau richtig – man ist regelmäßig mit neuen rechtlichen Fragen beschäftigt, man kann Menschen objektiv in rechtlichen Belangen helfen und es ist ein abwechslungsreicher und spannender Beruf. Ich kann daher jedem empfehlen, das Notariat als Berufsweg in Erwägung zu ziehen – ich habe es nie bereut.

2.4. Steuerberaterin – Interview mit MMag.ᵃ Julia Seitz

Kurze Vorstellung der Person
Mein Name ist *Julia Seitz* und ich bin Steuerberaterin.

Welche Aufgaben habe ich in diesem Beruf?
Ich erstelle Jahresabschlüsse, Steuererklärungen und manchmal auch Buchhaltungen für meine Klientinnen. Ich berate bei der Gründung, Umstrukturierung und Übergabe von Unternehmen genauso wie bei alltäglichen Fragen zu Buchhaltung, Rechnungslegung, Investitionsentscheidungen etc. Ich vertrete meine Klientinnen gegenüber den Finanzbehörden, erledige Rechtsmittel und begleite Betriebs- und Sonderprüfungen.

Welche Ausbildung brauche ich für diesen Beruf? Sind zusätzliche Ausbildungen wie Doktorat oder LL.M. von Vorteil?
Ich habe Jus sowie ein wirtschaftswissenschaftliches Studium absolviert – aufgrund meines Alters noch im Diplomstudium. Die meisten jungen Berufsanwärterinnen kommen aus dem (betriebs-)wirtschaftlichen Bereich, Juristinnen sind jedoch auch gerne gesehen. Das Studium Wirtschaftsrecht finde ich für unseren Beruf sehr spannend. Mit Absolventinnen der diversen Tax-FH-Studiengänge habe ich persönlich noch nicht eng zusammengearbeitet und kann zu diesem Ausbildungszweig daher nichts sagen.

Grundsätzlich ist es nicht notwendig, das Gerichtsjahr oder ein Verwaltungspraktikum zu absolvieren, dies ist keine Voraussetzung für die Zulassung zu den Fachprüfungen. Es ist jedoch nie ein Nachteil, aus erster Hand zu wissen, wie in den österreichischen Gerichten bzw Behörden gearbeitet wird.

Zusätzliche Ausbildungen sind nicht notwendig. Das Prüfungsverfahren für Steuerberaterinnen und Wirtschaftsprüferinnen ist sehr umfangreich, mit Erlangen des Berufstitels hat man seine Kompetenz ausreichend unter Beweis gestellt. Es gibt einen relativ neuen postgraduellen Lehrgang für angehende Wirtschaftsprüfer, der gezielt auf die Fachprüfung vorbereitet und zusätzlich einen LL.M.-Abschluss bietet. Hier könnte ich mir vorstellen, dass dies eine sinnvolle Zusatzausbildung ist, meines Wissens gibt es hier aber noch keine Absolventinnen.

Wo findet der Job überwiegend statt? Habe ich Dienstreisen, (interne oder externe) Termine?
Mein Job findet zu 99 % in der Kanzlei statt. Dienstreisen habe und hatte ich nie. Die meisten Termine halte ich in meinen Räumlichkeiten ab, ein ge-

ringer Prozentsatz wird direkt bei Klientinnen oder ab und zu auch einmal an öffentlichen Örtlichkeiten, zB in Cafés, absolviert.

Welche Eigenschaften (Stärken/Fähigkeiten) sollte man für diesen Beruf mitbringen?
Wichtig ist in meinen Augen definitiv eine Affinität zu Zahlen. Darüber hinaus sollte man Freude an Details und eine genaue Arbeitshaltung mit sich bringen. Ein fundiertes wirtschaftliches und juristisches Wissen sowie die Bereitschaft zur ständigen Weiterbildung sind ebenfalls sehr wichtig. Die Corona-Pandemie hat gezeigt, dass auch das gewissenhafte Verfolgen der Nachrichten von Vorteil ist, da viele Infos von der Politik direkt an die Medien gingen. Dies wurde leider auch beibehalten.

Welche Soft Skills sind für diesen Beruf besonders wichtig?
Es ist wichtig, im Beratungsgespräch die wesentlichen Punkte aus oft sehr umfangreichen Informationen herausfiltern zu können. Ein gutes Zeitmanagement ist ebenfalls vorteilhaft, da mit Firmenbuchfristen, Quotenregelung etc viele Fristen zu beachten sind. Freude am Umgang mit Menschen und ein freundliches Zugehen auf die Klientinnen sind ebenfalls essenziell.

Was sind die Herausforderungen dieses Berufs?
Die gesetzlichen Vorschriften ändern sich rasant, leider erhalten die Klientinnen oft gerade zu neuen Regelungen Halbwissen aus den Medien, das dann oft in zahlreichen, nahezu gleichlautenden Telefongesprächen geklärt werden muss. Viele Klientinnen sind sich auch nicht im Klaren darüber, was Steuerberaterinnen beraten können und dürfen und wofür man besser andere Fachleute, wie zB Anwältinnen, hinzuziehen sollte. Auch schwierig ist es manchmal, wenn Klientinnen ihren Unmut über die Steuerbelastung der Beraterin gegenüber Luft machen oder eine Anleitung zur Steuerhinterziehung erwarten.

Wie sehen die Verdienstmöglichkeiten in diesem Beruf aus?
Der Verdienst unterliegt der freien Vereinbarung und steigt mit Absolvierung der Fachprüfung Steuerberatung und/oder Wirtschaftsprüfung deutlich an. Es besteht auch die Möglichkeit, zertifizierter und gerichtlich beeideter Sachverständiger zu werden und sich so eine weitere Einnahmequelle zu eröffnen.

Wie sehen die Arbeitszeiten in diesem Beruf im Allgemeinen aus? Besteht zeitliche und örtliche Flexibilität?
Die Flexibilität der Arbeitszeiten hängt sehr von der konkreten Arbeitgeberin ab. In kleineren Kanzleien sind All-In-Verträge eher ungewöhnlich, es wird mit Stechuhr minutengenau abgerechnet, und Überstunden können als Zeitausgleich konsumiert werden. Homeoffice wird mehr und mehr angeboten, meines Erachtens spricht auch wirklich nichts dagegen. Klientinnen erwarten sich telefonische Erreichbarkeit während der üblichen Arbeitszeiten, die Kernarbeitszeit in den meisten Kanzleien ist daher 9 bis 16 Uhr mit einem kurzen Freitag. In keiner meiner bisherigen beruflichen Stationen war Abend- oder Wochenendarbeit notwendig, sie wurde auch nicht erwartet (mittelgroße Kanzleien in Wien).

Wie sieht es mit der Work-Life-Balance in diesem Beruf im Allgemeinen aus?
Die Work-Life-Balance im Dienstverhältnis ist ganz gut, man kann diesen Beruf auch gut in Teilzeit ausüben, indem man entsprechend weniger Klientinnen laufend betreut. In der Selbstständigkeit ist dies naturgemäß schwieriger, jedoch ist der Beruf auch hier beispielsweise mit einer Familie gut vereinbar.

Welchen Tipp würde ich Studentinnen/jungen Juristinnen mitgeben?
Ich komme aus der Juristerei und bin sehr froh, dass ich mir mehrere, auch nicht ganz klassische beratende Berufe während des Studiums intensiver angesehen habe. Ich würde jeder Studentin raten, sich verschiedene Berufe anzusehen, das Arbeitsklima bei der Berufsauswahl mitzuberücksichtigen und sich auch unter Young Professionals umzuhören, wie die konkreten Erwartungen an Berufsanfängerinnen in den verschiedenen Branchen tatsächlich aussehen. Diese können erfahrungsgemäß sehr stark von dem, was in den Stellenanzeigen steht, abweichen.

Was ich sonst noch abschließend sagen möchte
Ich schätze die langjährigen Beziehungen zu meinen Klientinnen sehr. Ich finde es sehr interessant, Menschen beim Aufbau ihres Unternehmens zu begleiten und freue mich mit ihnen, wenn sie mit ihrer Tätigkeit Erfolg haben. Mein Beruf gibt mir einen Einblick in Unternehmen verschiedenster Branchen, was ich sehr spannend finde. Am besten gefällt mir die persönliche Beratung, das gemeinsame Austüfteln von maßgeschneiderten Lösungen für die Unternehmen meiner Klientinnen.

2.5. Unternehmensjuristin – Interview mit Mag.ª Sarah Plasser

Kurze Vorstellung der Person
Mein Name ist *Sarah Plasser* und ich bin Unternehmensjuristin. Aktuell arbeite ich als Legal Counsel bei Borealis AG.

Welche Aufgaben habe ich in diesem Beruf?
Der Beruf als Unternehmensjuristin ist vielseitig und davon abhängig, in welchem Unternehmen man arbeitet und welches Rechtsgebiet man ausübt.

Ich bin im Bereich Legal Corporate Governance tätig und beschäftige mich den Großteil meiner Zeit mit gesellschaftsrechtlichen Themen, die unsere österreichischen Gesellschaften und deren Organe, aber auch unsere internationalen Beteiligungen betreffen. Hauptsächlich gehts es darum, konkrete Rechtsfragen zu beantworten, Vorschläge des Businesses oder Managements auf deren Umsetzbarkeit zu überprüfen, gemeinsam Lösungen zu erarbeiten und Trainings zu geben.

Welche Ausbildung brauche ich für diesen Beruf? Sind zusätzliche Ausbildungen wie Doktorat oder LL.M. von Vorteil?
Um als Unternehmensjuristin zu arbeiten, brauche ich grundsätzlich ein abgeschlossenes Jus-Studium – ob an einem Juridicum oder an der WU ist irrelevant, die WU ist aber meines Erachtens von Vorteil, weil man mehr unternehmerischen Background mitbekommt. Da wir viel international arbeiten, sind in unserer Rechtsabteilung auch viele Juristinnen tätig, die im Ausland Recht studiert haben. Ich denke aber, dass das für eine österreichische Rechtsabteilung eher untypisch ist. Die abgeschlossene Rechtsanwaltsprüfung (RAP) und allenfalls sogar eine Eintragung als Rechtsanwältin sind bestimmt hilfreich, aber meiner Wahrnehmung nach nicht zwingend notwendig, um als Unternehmensjuristin zu arbeiten. Ein Doktorat und ein LL.M. bringen, denke ich, nur Vorteile, wenn sie inhaltlich etwas mit der Branche des Unternehmens/der konkreten Tätigkeit zu tun haben.

Wo findet der Job überwiegend statt? Habe ich Dienstreisen, (interne oder externe) Termine?
Mein Job findet überwiegend in Wien statt, aber gelegentlich reise ich auch zu unterschiedlichen Standorten, um mit Kolleginnen vor Ort Dinge zu besprechen oder an Projekten zu arbeiten. Fast alle meiner Termine finden mit Kolleginnen innerhalb des Unternehmens statt, weil diese ja sozusagen unsere „Klientinnen" sind. Externe Termine habe ich meist nur mit Anwältinnen, Notarinnen etc.

Welche Eigenschaften (Stärken/Fähigkeiten) sollte man für diesen Beruf mitbringen?
Man sollte jedenfalls open minded und sehr flexibel sein – man arbeitet mit vielen unterschiedlichen Abteilungen und Charakteren zusammen, die auch ganz unterschiedliche Backgrounds haben. Darauf muss man sich einstellen und die eigenen rechtlichen Themen so anschaulich und straightforward wie möglich rüberbringen.

Welche Soft Skills sind für diesen Beruf besonders wichtig?
Gute Kommunikationsfähigkeit, die Fähigkeit, zu priorisieren und Sachen auf den Punkt zu bringen, sowie Risk Assessment (das heißt, das rechtliche Risiko für das Unternehmen einzuschätzen).

Was sind die Herausforderungen dieses Berufs?
Eine rechtlich saubere Lösung zu finden ohne unnötigen Bürokratismus. :)

Wie sehen die Verdienstmöglichkeiten in diesem Beruf aus?
Auch für Unternehmensjuristinnen gilt grundsätzlich der für das Unternehmen anwendbare Kollektivvertrag. Die Gehaltsbandbreite ist natürlich sehr groß und das tatsächliche Gehalt ist dann immer Verhandlungssache. Dass man im Gegensatz zu Konzipientinnen/Anwältinnen einem Kollektivvertrag unterliegt, hat selbstverständlich gewisse Vorteile (zB Inflationsanpassung).

Meine Beobachtung ist, dass man vor allem in Rechtsabteilungen größerer Unternehmen durchaus ähnliche Gehälter wie in Kanzleien erreichen kann – hier gibt es natürlich viele Komponenten, die für das finale Gehalt nochmal einen Unterschied machen können (zB Vorerfahrung, abgeschlossene RAP, Eintragung als Rechtsanwältin etc).

Wie sehen die Arbeitszeiten in diesem Beruf im Allgemeinen aus? Besteht zeitliche und örtliche Flexibilität?
Meine kollektivvertragliche Arbeitszeit beträgt 38,5 Wochenstunden. Seit ich als Unternehmensjuristin begonnen habe, spielt die Arbeitszeit aber ehrlicherweise keine so große Rolle mehr in meinem Arbeitsleben – ich checke zB am Ende der Woche nicht, wie viele Stunden ich „auf der Uhr" habe. Meine Zeiteinteilung ist super flexibel und ich habe insgesamt das Gefühl, aktuell viel flexibler zu sein als in meiner Zeit als selbständige Anwältin. All in all bin ich mit meinen Arbeitszeiten sehr zufrieden, und ich habe das Gefühl, dass ich effizienter arbeite und daher auch „kürzer" als noch in Kanzleizeiten, weil man eben nicht mehr das klassische Dienstleisterleben lebt und relativ wenige „Leerzeiten" hat, die man im schlimmsten Fall absitzen muss.

Homeoffice ist in meinem Beruf gut möglich, und das nehme ich auch immer wieder in Anspruch. Ich gehe aber auch gerne ins Office, um Kolleginnen zu treffen und Meetings face-to-face zu machen – die Balance macht's aus. :)

Wie sieht es mit der Work-Life-Balance in diesem Beruf im Allgemeinen aus?
Sehr gut. Aufgrund der Flexibilität bezüglich Arbeitszeiten und Arbeitsort lässt sich mein Arbeitsleben sehr gut mit meinem Privatleben vereinbaren. No complaints!

Welchen Tipp würde ich Studentinnen/jungen Juristinnen mitgeben?
Probiert alles aus, was ihr euch theoretisch für euer Berufsleben vorstellen könnt. Macht Praktika in verschiedenen Bereichen, sprecht mit Kolleginnen, tauscht euch aus und zweifelt nicht an euch, wenn ihr nicht sofort das Richtige für euch findet – das ist völlig normal, und einen Job auch mal zu kündigen und sich nach was Neuem umzusehen, ist keine Schande! Der Job sollte euch Spaß machen, und ihr solltet am Sonntagabend nicht den Montagmorgen fürchten.

Was ich sonst noch abschließend sagen möchte
Nach einigem Hin und Her, ob ich die Anwaltei wirklich verlassen soll oder nicht, kann ich rückblickend sagen, dass ich es nicht bereut habe. Manchmal muss man seinem Bauchgefühl trauen und sich neuen Herausforderungen stellen (und zurück in die Anwaltei geht ja immer noch!). Als Unternehmensjuristin ist man nicht nur rechtliche Beraterin, sondern vor allem auch Sparringspartnerin für Kolleginnen, was richtig spannend sein kann, und man lernt unglaublich viel auch außerhalb des rechtlichen Bereichs dazu.

2.6. Juristin im Ministerium – Interview mit Mag.ª Julia Schmid

Kurze Vorstellung der Person
Mein Name ist *Julia Schmid*. Ich habe Rechtswissenschaften in Wien und Oslo (Erasmus-Semester) studiert.

Ich bin seit zwei Jahren im Bundesministerium für Inneres in der Sektion II – Generaldirektion für die Öffentliche Sicherheit, Gruppenleitung II/ORK (Organisation, Ressourcen, Krisen- und Katastrophenmanagement) als Hauptreferentin für rechtliche Angelegenheiten des Herrn Gruppenleiters tätig. Davor war ich neun Jahre im Bundesministerium für Finanzen als Juristin in der Koordinationsabteilung des Ressorts tätig.

Welche Aufgaben habe ich in diesem Beruf?
Kein Tag gleicht dem anderen! Zu meinem breit gefächerten Aufgabengebiet gehören neben der generellen rechtlichen Beratung der Gruppenleitung unter anderem die juristische Prüfung und Aufbereitung von Belangen der Gruppenleitung und Abteilungen, aber auch sehr viele Querschnittsmaterien (zB Budget oder Personalangelegenheiten). Weiters arbeite ich an diversen gruppen-, sektions- bzw ministeriumsübergreifenden Projekten mit und bin auch als Compliance-Beauftragte der Generaldirektion tätig.

Welche Ausbildung brauche ich für diesen Beruf? Sind zusätzliche Ausbildungen wie Doktorat oder LL.M. von Vorteil?
Ein erfolgreich abgeschlossenes Studium der Rechtswissenschaften ist Grundvoraussetzung für meinen Job, rechtlich fundiertes Wissen bildet die Basis jeder Entscheidung im Bundesdienst. Dann erfolgt im Rahmen der Grundausbildung im Bundesdienst (von Ressort zu Ressort etwas unterschiedlich mit verschiedenen zuständigkeitsbedingten Schwerpunkten) die erfolgreiche Ablegung der entsprechenden Dienstprüfung inklusive Kursen. Im Regelfall muss die Dienstprüfung nur einmal abgelegt werden und im Falle eines Ressortwechsels nicht neuerlich.

Meiner persönlichen Meinung nach sind Aus-, Fort- und Weiterbildungen immer ein zusätzliches Asset der persönlichen Weiterentwicklung, die einem niemand mehr nehmen kann. Für meine Position ist ein Doktorat oder LL.M. nicht zwingend erforderlich, jedoch sind dienstliche Aus- und Fortbildungen, wie zB tätigkeitsspezifische Seminare oder Workshops, wichtig, insbesondere um die Feinheiten des Bundesdienstes kennenzulernen.

Wo findet der Job überwiegend statt? Habe ich Dienstreisen, (interne oder externe) Termine?
Prinzipiell ist es so, dass man eher wenig unterwegs ist und reist. Mein Hauptdienstort ist in der Zentralleitung des BMI in Wien. Aufgrund der Struktur des Ressorts und meines Tätigkeitsfelds in der Gruppenleitung haben wir verhältnismäßig oft Klausuren und Workshops in den Bundesländern zu diversen Themen und Aufgabenstellungen, zB hat jede Landespolizei-

direktion ein Rechtsbüro, daher gibt es ein- bis zweimal jährlich eine Rechtsbüroleitertagung zum Austausch, zur Vernetzung etc. Weiters ist mir persönlich die Teilnahme an internationalen Konferenzen zu rechtlichen Themen wichtig, weshalb ich auch da viel unterwegs bin.

Welche Eigenschaften (Stärken / Fähigkeiten) sollte man für diesen Beruf mitbringen?

→ Fundiertes juristisches Wissen im Öffentlichen Recht, aber auch Privatrecht (Vertragsrecht), Datenschutz, Vergaberecht.
→ Vernetztes Denken und „thinking outside of the box" → was ist rechtlich möglich und was brauche ich für eine erfolgreiche Lösung des Problems?
→ Problemlösungsfähigkeit, vor allem Erkennen von möglichen Problemstellungen und aktives Anbieten von Lösungsansätzen

Welche Soft Skills sind für diesen Beruf besonders wichtig?

→ Durchsetzungsstärke
→ starke Kommunikationsfähigkeit
→ Resilienz

Was sind die Herausforderungen dieses Berufs?

Interessen zusammenbringen und den Fokus nicht verlieren – was ist möglich, was muss umgesetzt werden (zB EU-Vorgaben oder gesetzliche Verpflichtung)?

Wie sehen die Verdienstmöglichkeiten in diesem Beruf aus?

2 Schema: A nach BDG (Beamten-Dienstrechtsgesetz 1979) oder V1 (Vertragsbedienstetengesetz 1972); jeder Arbeitsplatz im Bund ist bewertet und mit einer Arbeitsplatzbeschreibung hinterlegt und wird dann entsprechend den gesetzlich festgelegten Bezügen entlohnt; dies ist im RIS (Rechtsinformationssystem des Bundes) einsehbar.

Wie sehen die Arbeitszeiten in diesem Beruf im Allgemeinen aus? Besteht zeitliche und örtliche Flexibilität?

Prinzipiell würde ich dem Bundesdienst eine gute Work-Life-Balance attestieren, aber: Jeder Tag ist anders. Großer Wert wird auf die Vereinbarkeit von Familie und Beruf gelegt, Homeoffice ist in meiner konkreten Position je nach Anfall, Terminen, Klausuren etc möglich.

Wie sieht es mit der Work-Life-Balance in diesem Beruf im Allgemeinen aus?
Allgemein gut, abhängig von äußeren Faktoren und dem konkreten Arbeitsanfall.

Welchen Tipp würde ich Studentinnen/jungen Juristinnen mitgeben?
Augen offen halten und viel ausprobieren, zB durch Praktika und Nebenjobs während des Studiums – wofür „brenne" ich? Neugierig bleiben. Das Gerichtsjahr ist gut, um Einblicke zu bekommen.

Was ich sonst noch abschließend sagen möchte
Wenn ihr die Qualifikation für einen Job erfüllt: Traut euch die Aufgabe zu und bewerbt euch!

2.7. Universitätsprofessorin – Interview mit Prof.in Dr.in iur. Julia Nicolussi

Kurze Vorstellung der Person
Mein Name ist *Julia Nicolussi*. Ich bin 36 Jahre alt und Professorin für Handels- und Gesellschaftsrecht, Wirtschaftsrecht und Rechtsvergleichung an der Universität Zürich.

Welche Aufgaben habe ich in diesem Beruf?
In meinem Beruf als Universitätsprofessorin habe ich dreierlei Aufgaben. Zunächst einmal die Ausbildung künftiger Juristinnen, zum zweiten die Forschung und zum dritten die universitäre Selbstverwaltung.

Mit Blick auf die Ausbildung gibt es zwei Facetten. Einerseits die Ausbildung von zukünftigen Juristinnen in meinem Fachbereich durch den Unterricht und zum zweiten die weiterführende Ausbildung der Assistierenden (Studienassistentinnen, *prae doc*, *post doc*), die an meinem Lehrstuhl tätig sind.

Eine zweite zentrale Aufgabe ist die wissenschaftliche Forschung. Forschungsprojekte sucht man sich im Wesentlichen selbst. Bei mir ist es etwa aktuell die Digitalisierung, aber auch sonstige Entwicklungen im Bereich der Corporate Governance. Die Forschungsergebnisse werden dann auf wissenschaftlichen Veranstaltungen und Seminaren präsentiert und fließen im Anschluss in Publikationen etc ein.

Die dritte wichtige Aufgabe in meinem Beruf ist die Mitwirkung an der universitären Selbstverwaltung. Die Universität hat ja das Privileg, dass sie sich und ihre Mitglieder selbst organisiert. Wichtige Entscheidungen der Universität zu Lehre und Forschung werden in Gremien getroffen. Die Gruppe der Universitätsprofessoren ist darin ein großer Entscheidungsträger.

Welche Ausbildung brauche ich für diesen Beruf? Sind zusätzliche Ausbildungen wie Doktorat oder LL.M. von Vorteil?

Grundsätzlich ist das Doktorat notwendige Voraussetzung, um Universitätsprofessorin zu werden. Dieses bildet mehr oder weniger den Einstieg in die wissenschaftliche Tätigkeit. Viele arbeiten während dieser Zeit als Assistentinnen an einem Lehrstuhl mit. Das hat sich sicherlich bewährt und zeigt auch wirklich gute Ergebnisse. Man lernt dabei nicht nur das wissenschaftliche Arbeiten und das richtige Formulieren, das für alle juristischen Berufe notwendig ist, sondern auch im Rahmen von kleinen Lehrveranstaltungen das Unterrichten und die Präsentation.

Danach ist der nächste große Step die Habilitation. Etliche Universitäten berufen jedoch schon vor Abschluss der Habilitation. Bei mir ist es zB auch so gewesen. In Deutschland ist dies mit den Junior-Professorinnen gängig. Aber im Wesentlichen kann man sagen: Das traditionelle Konzept ist der Abschluss der Habilitation und die Erlangung der *venia docendi* für die Fächer, für die man dann berufen werden kann. Die meisten verbringen diese Zeit als Assistentinnen *post doc* an einem Lehrstuhl. Man arbeitet dabei wesentlich freier als Assistentin ohne Doktorat und muss sein Œuvre, etwa Publikationen, Vorträge, Lehrveranstaltungen etc, aufbauen.

Auslandserfahrung ist toll, da es im Idealfall den Blickwinkel in beruflicher und in sozialer Hinsicht ändert. Das kann natürlich im Rahmen eines LL.M.-Studiums passieren oder auch durch einen Job im Ausland. Notwendig denke ich, ist jedenfalls ein sicheres Englisch, da wir auch zum Teil auf Englisch lehren und auch unsere Arbeitsutensilien zum Teil auf Englisch sind.

Das sind die harten Milestones der Ausbildung.

Wo findet der Job überwiegend statt? Habe ich Dienstreisen, (interne oder externe) Termine?

Mein Arbeitsort ist Zürich, dort stehe ich im Hörsaal und dort nehme ich meine Aufgaben im Rahmen der universitären Selbstverwaltung wahr. Mein Team sitzt auch in Zürich. Dienstreisen und Termine habe ich außerhalb der Universität auch, viele davon in Österreich.

Welche Eigenschaften (Stärken / Fähigkeiten) sollte man für diesen Beruf mitbringen?

Zunächst halte ich es für wichtig festzuhalten, dass man als Professorin Universitätslehrerin ist. Das heißt, die zentrale Aufgabe ist es, junge Menschen an der Universität auszubilden. Wenn man das nicht gerne macht oder keine didaktischen Fähigkeiten hat und auch nicht willens ist, sich diese anzueignen, ist man fehl am Platz. Man kann noch so ein guter Wissenschafter bzw eine gute Wissenschaflerin sein, die Ausbildung der Studierenden muss ein zentraler Fokus sein.

Zudem sind Kreativität und die Freude an der wissenschaftlichen Tätigkeit notwendig, um den Beruf auszuüben; gerade auch das Suchen nach neuen Lösungen, wobei der Weg langatmig und holprig ist, sollte Spaß machen.

Was die Ausbildung anbelangt, ist auch Durchhaltevermögen gefragt: Der Ausbildungsweg ist relativ lang. Ob man berufen wird, weiß man erst nach vielen Jahren harter Arbeit. Das ist ein Unsicherheitsfaktor, den man nicht unterschätzen sollte.

Eine weitere Fähigkeit, die man mitbringen sollte, ist eine gewisse Flexibilität: In der Regel ist man Ende 30, wenn man sich dann auf unterschiedliche Professuren bewirbt. Diese sind womöglich nicht am bisherigen Wohnort. Zu diesem Zeitpunkt sind viele schon gesettelt und haben sich ein Leben an einem bestimmten Ort aufgebaut. Ich habe beispielsweise die letzten Jahre in Wien gelebt und mich dann in Zürich beworben. Hier ist Flexibilität gefragt, die nicht für jede in ihr Lebenskonzept passt.

Welche Soft Skills sind für diesen Beruf besonders wichtig?

Zunächst ist man in diesem Beruf nicht nur Wissenschaftlerin, sondern führt auch ein Team von jungen Leuten. Ich bin der Meinung, dass man da vieles richtig gut, aber auch vieles richtig schlecht machen kann. Man ist hier schon sehr prägend für die weitere berufliche Laufbahn von Personen. Ich verstehe mich als Teamleiterin, ohne starre Hierarchien und mit einem großen Vertrauensvorschuss. Mir ist wichtig, dass meine Mitarbeiterinnen ihre Aufgaben umsichtig und sorgfältig erfüllen und dass offen kommuniziert wird – auch was die Wünsche und Vorstellungen von meinen Mitarbeiterinnen anbelangt. Aber nicht nur die fachliche Arbeit soll im Vordergrund stehen, wichtig ist, Freude an der wissenschaftlichen Tätigkeit zu vermitteln und vor allem auch soziale Kompetenzen, wie Freude an der Teamarbeit.

Als Wissenschaftlerin ist es meines Erachtens wichtig, dass man eine hohe Eigenmotivation mitbringt. Anders als in anderen Berufen, in denen

Deadlines mehr oder weniger von außen vorgegeben werden, gestaltet man als Professorin die Deadlines im Wesentlichen selbst. Dies bedeutet aber auch, dass man seine eigenen gesetzten Deadlines wieder verschieben kann. Sich seine eigene Timeline zu gestalten, ist ein Privileg, aber ohne Eigenmotivation Fluch zugleich.

Was sind die Herausforderungen dieses Berufs?
Zunächst kann – wie oben bereits erwähnt – das Fehlen von vorgegebenen Deadlines und auch das Fehlen von unmittelbarem Feedback und Resonanz eine Herausforderung darstellen. Hier sind ein großes Maß an Eigenmotivation und innerer Antrieb notwendig.

Eine weitere Herausforderung liegt jedenfalls im Werdegang, der große Unsicherheiten birgt: Man arbeitet jahrelang darauf hin, aber im Endeffekt weiß man nicht genau, ob der Weg sich so realisieren wird. Die Habilitation bildet einen Abschluss, aber die Berufung als Professorin ist ein Bewerbungsakt und kein bloßer Formalakt. Es gibt viele andere Bewerberinnen und nicht immer der Beste oder die Beste kommt dann auch zum Zug, sondern auch andere Faktoren spielen hinein, die unberechenbar und unabschätzbar sind.

Wie sehen die Verdienstmöglichkeiten in diesem Beruf aus?
In Österreich ist das Gehalt von Universitätsbediensteten und damit auch von Professorinnen im Gesetz geregelt. Dasselbe gilt für die Schweiz. Verhandlungsspielraum gibt es, allerdings begrenzt.

Zusätzliche Verdienstmöglichkeiten ergeben sich etwa aus Publikations- und Vortragstätigkeiten und Anfragen aus der Beratungspraxis (Rechtsgutachten).

Wie sehen die Arbeitszeiten in diesem Beruf im Allgemeinen aus? Besteht zeitliche und örtliche Flexibilität?
Die Arbeitszeiten sind bei mir sehr flexibel. Da mein Team in Zürich ist und die Vorlesungen in Präsenz abgehalten werden, ergibt sich schon daraus eine gewisse Bindung an den Arbeitsort. Aber grundsätzlich bleibt es weitgehend mir überlassen, wo und wann ich arbeite.

Wie sieht es mit der Work-Life-Balance in diesem Beruf im Allgemeinen aus?
Meiner Erfahrung nach und anderen Erfahrungsberichten meiner Kolleginnen zufolge ist die Workload relativ hoch. Das geht natürlich zulasten der Freizeit. Das Gute ist, dass der Beruf doch recht flexibel ist, sodass man zeitlich und örtlich sicherlich ungebundener ist als in anderen Berufen.

Welchen Tipp würde ich Studentinnen/jungen Juristinnen mitgeben?
Ich würde jeder Studentin empfehlen, während und/oder nach dem Studium an einem Lehrstuhl als Assistentin zu arbeiten und so in die Tätigkeit, die so viele Facetten hat, reinzuschnuppern.

Die Lernkurve ist während der ersten paar Jahre sehr steil. Selbst wenn man sich – so wie der Großteil – danach nicht für eine wissenschaftliche Laufbahn entscheidet, sammelt man erste Unterrichtserfahrung; man präsentiert vor einem Publikum, und Studentinnen sind ein kritisches Publikum. Das heißt, die Vortrags- und Präsentationsfähigkeiten werden gestärkt. Man lernt, wie man wissenschaftlich arbeitet, das bedeutet recherchieren, argumentieren, formulieren und zitieren – wie formuliere ich einen Gedanken? Das sind Assets, die man in jedem juristischen Beruf braucht. Und wenn man zum Ergebnis kommt, dass man nach der Dissertation denkt, man ist richtig in der Wissenschaft, dann kann man und sollte man auch den Step wagen, weiterzugehen, wenn man die Möglichkeit dazu hat.

Was ich sonst noch abschließend sagen möchte
Der Beruf als Universitätsprofessorin ist einzigartig und so facettenreich. Besonders gefällt mir die hohe Gestaltungsmöglichkeit, nicht nur in der Ausbildung von jungen Menschen, sondern auch in der wissenschaftlichen Tätigkeit.

2.8. Selbständige Personalberaterin, Personalvermittlerin – Interview mit Mag.ª Carina Stiglbauer MA, MSc (KCL), Assoc CIPD

Kurze Vorstellung der Person
Mein Name ist *Carina Stiglbauer*. Ich habe Jus am Juridicum und an der University of Canterbury (UK, Erasmusaufenthalt) studiert. Weiters habe ich zwei Masterstudien im Bereich Personalmanagement am King's College London und an der FH Burgenland absolviert und bin mit Mitglied der CIPD, dem wichtigsten Berufsverband für die Bereiche Personalwesen und Personalentwicklung, der Verhaltensstandards festlegt.

Ich habe als Rechtsanwaltsanwärterin hauptsächlich mit der Spezialisierung Arbeitsrecht gearbeitet und die Rechtsanwaltsprüfung abgelegt. Danach habe ich als Arbeitsrechtsexpertin und Personalistin in Unternehmen sowie als Leiterin Personal und Recht gearbeitet.

Ich bin selbständige Personalberaterin, Headhunterin, Autorin und Vortragende und führe Karrieregespräche.

Welche Aufgaben habe ich in diesem Beruf?
Die Tätigkeit ist sehr vielfältig. Ich berate Unternehmen, wenn diese Fragen betreffend Personalmanagement haben, immer die arbeitsrechtlichen Problemstellungen mitgedacht. Weiters schreibe ich Bücher und Artikel, ua habe ich ein Praxishandbuch für Arbeitsrecht und Personalmanagement verfasst.[21] Ich bin Vortragende an der FH Burgenland und halte viele Inhouse-Workshops zu den diversesten Themen ab (Employer Branding, Green Human Resource Management, Compensation and Benefits, Arbeitszeit, Arbeitsrecht, Zusammenarbeit mit dem Betriebsrat etc). Als Headhunterin suche ich geeignete Kandidatinnen für Unternehmen und berate insbesondere Juristinnen durch Karrieregespräche bei ihrer Berufswahl.

Welche Ausbildung brauche ich für diesen Beruf? Sind zusätzliche Ausbildungen wie Doktorat oder LL.M. von Vorteil?
Benötigt wird ein Jus-Studium und ein Studium im Bereich Personalmanagement. Ein Doktorat und ein LL.M. können immer einen Vorteil bringen, sind jedoch nicht zwingende Voraussetzung. Da ich auch auf Englisch berate, sind Auslandsaufenthalte in Form von Arbeiten oder Studieren in englischsprachigen Ländern sicherlich ein Vorteil.

Wo findet der Job überwiegend statt? Habe ich Dienstreisen, (interne oder externe) Termine?
Meine Beratungen/Seminare mache ich zumeist bei den Kundinnen vor Ort, das heißt, ich bin dort, wo die Kundinnen das Seminar möchten, zumeist in Wien, doch auch in anderen Bundesländern. Weiters arbeite ich auch remote.

Welche Eigenschaften (Stärken/Fähigkeiten) sollte man für diesen Beruf mitbringen?
Man muss sich in seinem Bereich (Arbeitsrecht, HR) gut auskennen. Weiters muss man bei den Seminaren den Teilnehmerinnen etwas beibringen wollen, das heißt, didaktische Fähigkeiten sind erforderlich und auch die Freude daran, Menschen etwas zu erklären. Für die Personalvermittlung und Karriereberatung sind gute Menschenkenntnis und Einfühlungsvermögen erforderlich.

---

21 *Stiglbauer*, Arbeitsrecht und Personalmanagement für Personalisten und Führungskräfte (2022).

Auch die Bereitschaft, Neues auszuprobieren, sollte gegeben sein. Darüber hinaus muss man eine gewisse Frustrationstoleranz an den Tag legen und einen langen Atem haben, da man Arbeit in einen Pitch hineinsteckt und aus dem Mandat dann entweder etwas wird, nichts wird oder es auf einen späteren Zeitpunkt verschoben wird.

Welche Soft Skills sind für diesen Beruf besonders wichtig?
Emotionale Intelligenz, Teamfähigkeit, Empathie: Man arbeitet mit so vielen unterschiedlichen Personen zusammen und muss Kundinnen auch selbst akquirieren. Meiner Erfahrung nach arbeitet jemand gerne mit Personen zusammen, die fachlich gut sind und zeitgerecht liefern; genauso wichtig ist aber oft, dass sie die Beraterin sympathisch finden.

Flexibilität und Anpassungsfähigkeit: Da jeder Tag anders ist und sich während der Beratung/Seminare ständig neue Herausforderungen ergeben.

Zeit- und Selbstmanagement: Da man seine eigene Chefin ist, muss man sich seine Tätigkeiten selbst gut einteilen, damit man die Kunden-Deadlines auch einhalten kann.

Was sind die Herausforderungen dieses Berufs?
Der Start der Selbständigkeit. Man hat nur etwas zu arbeiten, wenn man Aufträge hat, das heißt, viel Zeit geht (insbesondere am Anfang) auch in unbezahlte Tätigkeiten, wie etwa LinkedIn-Posts, Networking, Kooperationen, Publikationen etc.

Man ist auch in keinem Anstellungsverhältnis, also hat man keinen Krankenstand, keinen gesetzlichen Urlaubsanspruch, Kündigungsschutz etc.

Man hat täglich mit sehr vielen verschiedenen Personen zu tun und sollte wissen, wie man mit diesen kommuniziert und was sie tatsächlich brauchen.

Wie sehen die Verdienstmöglichkeiten in diesem Beruf aus?
Was man verdient, hängt immer von einem selbst ab. Je mehr (gut bezahlte) Aufträge, desto mehr kann man erwirtschaften. Man muss seine Ausgaben im Kopf haben, was bei einer Beratungstätigkeit grundsätzlich nicht so hoch ist.

Wie sehen die Arbeitszeiten in diesem Beruf im Allgemeinen aus? Besteht zeitliche und örtliche Flexibilität?
Meine Arbeitszeiten sind grundsätzlich flexibel. Ich kann meine Seminare jederzeit vorbereiten (untertags, abends, nachts oder auch am Wochen-

ende). Wenn ich Termine mit Kundinnen vereinbare, müssen diese natürlich eingehalten werden, aber in der Terminauswahl bin ich meistens frei.

Ich kann meine Vorbereitungen von zu Hause aus oder von jedem anderen Ort aus erledigen, und auch Seminare finden teilweise online statt, also bin ich auch hier ortsungebunden.

Wie sieht es mit der Work-Life-Balance in diesem Beruf im Allgemeinen aus?

Bei der selbständigen Beratung liegt es an einem selbst, für eine gute Work-Life-Balance zu sorgen. Es hängt immer davon ab, wie viele Aufträge man annimmt, wie schnell diese abgewickelt werden müssen etc. Gutes Zeitmanagement ist für die Work-Life-Balance sehr wichtig. Auch die Vereinbarkeit mit Kindern ist meines Erachtens gut gegeben, da ich eben die Seminare/Beratungen zu jeder Zeit vorbereiten kann und mir die Seminartermine so legen kann, dass sie für mich gut mit dem Familienleben zusammenpassen. Man kann sich die Termine und Projekte zB so legen, dass man in den Sommermonaten mehr Zeit für die Kinder hat und nicht mit den fünf Urlaubswochen, die man bei einem Anstellungsverhältnis hat, auskommen muss.

Welchen Tipp würde ich Studentinnen/jungen Juristinnen mitgeben?

„Growth begins at the end of your comfort zone": Jede (sinnvolle) Chance, die sich einem bietet, nützen! Keine Angst haben, Neues auszuprobieren, für alles offen sein! Richtig priorisieren und ein guter Mensch sein, weil mit denen arbeiten Leute gerne zusammen.

Was ich sonst noch abschließend sagen möchte

Jeder Job hat seine Vor- und Nachteile. Ich empfinde es als Privileg, dass ich das gefunden habe, was mir wirklich sehr viel Spaß macht!

Der Weg ist das Ziel. Hätte man mich vor zehn Jahren gefragt, was ich beruflich machen werde, wäre ich nie auf die Idee gekommen, dass ich das machen werde, was ich heute tue!

2.9. Unternehmerin – Interview mit Mag.ª Larissa Cuturi Mafed

Kurze Vorstellung der Person

Mein Name ist *Larissa Cuturi*, ich bin Gründerin und Unternehmerin des in Wien ansässigen Schmucklabels Lara Lici Jewellery. Ich habe Jus in Wien studiert und nach Absolvierung meines Studiums drei Jahre als Juristin in der Rechtsabteilung der voestalpine Edelstahl gearbeitet. Danach habe ich einen Wirtschaftsmaster in Fashion, Experience & Design Management an der Universität Bocconi in Mailand absolviert und ein Traineeprogramm für den Einkauf bei Peek & Cloppenburg angeschlossen. 2019 habe ich mich schlussendlich nach einjähriger berufsbegleitender Vorbereitung mit meinem eigenen Schmucklabel selbstständig gemacht und bin seitdem als Schmuckdesignerin und Unternehmerin tätig.

Welche Aufgaben habe ich in diesem Beruf?
Da ich Einzelunternehmerin bin, habe ich ein sehr breites Aufgabenfeld. Das ist es auch, was meinen Job so spannend und abwechslungsreich macht. Ich designe und fertige all meine vom Meer inspirierten Schmuckstücke selbst. Dieser Prozess ist sehr kreativ und macht mir ungemein viel Spaß. Aber auch der Einkauf, die Preisgestaltung, die Präsentation der fertigen Schmuckstücke und der Verkauf bzw Vertrieb dieser Schmuckstücke obliegt mir. Ich kümmere mich um das Customer Relations Management, betreue meine Social-Media-Kanäle und bespiele meine Website, und auch die Buchhaltung und steuerliche Angelegenheiten kommen in meinem Arbeitsalltag nicht zu kurz.

Welche Ausbildung brauche ich für diesen Beruf? Sind zusätzliche Ausbildungen wie Doktorat oder LL.M. von Vorteil?
Ich glaube, prinzipiell gibt es für meinen nicht „die" richtige Ausbildung. Ich bin aber der Überzeugung, dass meine juristische und wirtschaftliche Ausbildung jedenfalls bei der Gründung meines Unternehmens geholfen haben, und auch jetzt noch tragen sie zum Erfolg meines Schaffens bei. Beim Schmuckdesign kommen dann noch die Kreativität und das Handwerk hinzu. Hierbei gibt es viele Wege – man kann eine Goldschmiedelehre machen oder sich wie ich als Autodidaktin sein Handwerk step by step aneignen. Da kommt es in Österreich auch einfach ein bisschen darauf an, mit welchen Materialien man im Schmuckdesign arbeitet und ob es deshalb ein reglementiertes Gewerbe ist oder nicht.

Wo findet der Job überwiegend statt? Habe ich Dienstreisen, (interne oder externe) Termine?
Mein Job findet zum einen in meinem Wiener Atelier statt. Dort designe und fertige ich meine Schmuckstücke und empfange Kundinnen. Zum anderen bin ich auch oft unterwegs und stelle meine Schmuckstücke in Boutique-

hotels und hochwertigen Modeboutiquen in Österreich und zukünftig auch im Ausland aus. Für meine hochwertigen und zum Teil einzigartigen Materialien fahre ich zweimal jährlich zu meinen Lieferantinnen ins Ausland und suche dort per Hand die schönsten Muscheln, Perlen und Korallen aus. Für Shootings meiner Schmuckkollektionen geht es zum Teil ebenfalls ins Ausland, und auf der Suche nach neuen Trends und Materialien bin ich auf Messen im In- und Ausland unterwegs.

Welche Eigenschaften (Stärken/Fähigkeiten) sollte man für diesen Beruf mitbringen?
Als Unternehmerin im Schmuckbereich muss man sicherlich allem voran kreativ sein, ein Gespür für Trends und ein breites wirtschaftliches Verständnis mitbringen. Ohne diese Aspekte kommt man sicherlich nicht weit. In meinem Sektor, dem Kunsthandwerk, benötigt man außerdem handwerkliches Geschick – meine Designs werden ja alle von mir per Hand gefertigt. Sicherlich ist es auch wichtig, sich selbst motivieren zu können, strukturiert zu arbeiten (und hier hat mir beispielsweise meine juristische Ausbildung sehr geholfen) und Durchhaltevermögen mitzubringen.

Welche Soft Skills sind für diesen Beruf besonders wichtig?
Zugute kommt mir bei meiner Selbstständigkeit sicherlich meine kommunikative Art – sie hat mir schon einige Türen geöffnet und Kooperationen ermöglicht. Weiters braucht man sicherlich ein gewisses Maß an Flexibilität, man muss gelernt haben, mit Misserfolgen umzugehen und risikobereit zu sein. Und sicherlich muss man auch ziemlich belastbar sein, da man oft weit über das normale Arbeitspensum hinaus arbeitet, um schlussendlich erfolgreich zu sein.

Was sind die Herausforderungen dieses Berufs?
In meiner Selbstständigkeit ist kein Tag wie der andere – es gibt immer wieder neue Herausforderungen, denen ich mich stellen muss. Sei es ein neues Design oder das Verhandeln mit Lieferantinnen (auch hier kommt mir meine Erfahrung als Juristin einer Rechtsabteilung sehr zugute). Es gibt auch immer wieder juristische Fragestellungen, die es zu lösen gibt – das macht mir dann immer besonders viel Spaß, da es mir zeigt, dass mein Werdegang der richtige war. Ich glaube aber, die größte Herausforderung ist sicherlich, all die verschiedenen Themen unter einen Hut zu bekommen, zu wissen, worin man gut ist und was man eventuell auch auslagern kann, um sich auch selbst auf die Dinge konzentrieren zu können, in denen man

gut ist. Das war sicherlich eine meine größten Herausforderungen bisher – zu lernen, dass ich nicht alles selbst machen muss und dass ich mit den richtigen Partnerinnen weitaus effektiver arbeiten kann als ohne.

Wie sehen die Verdienstmöglichkeiten in diesem Beruf aus?
Als Unternehmerin im Kreativbereich braucht man sicherlich einen langen Atem – es dauert einfach ein paar Jahre, bis sich das eigene Design am Markt etabliert hat und man davon leben kann. Da möchte ich nichts schönreden. Es ist nicht wie in einem Angestelltenverhältnis, wo man von Anfang an jedes Monat sein Gehalt überwiesen bekommt. Das muss einem bewusst sein, und ohne ein Startkapital wäre es in meinem Fall auch sicherlich nicht möglich gewesen, die Corona-Jahre finanziell als Unternehmen zu überleben.

Ganz allgemein kann man sagen, dass der Verdienst bei der Selbstständigkeit von vielen verschiedenen Faktoren abhängt, davon, wie viele Kundinnen man hat und Produkte man verkaufen kann. Das ist natürlich auch abhängig von der Zeit und dem Einsatz, den man hineinsteckt. Das Element Glück darf aber auch nicht vernachlässigt werden.

Wie sehen die Arbeitszeiten in diesem Beruf im Allgemeinen aus? Besteht zeitliche und örtliche Flexibilität?
Als Unternehmerin bin ich meine eigene Chefin und bestimme meine Arbeitszeiten natürlich selbst, das heißt, ich bin völlig frei in meiner Zeiteinteilung, arbeite als Mutter zweier Kinder auch oftmals abends und oft auch an Wochenenden (so etwa bei Popup-Veranstaltungen). Ich kann prinzipiell auch von überall aus arbeiten (was ich auch oft tue, wenn ich beispielsweise im Urlaub oder auf Dienstreise bin) und mir meine Zeit flexibel einteilen. Und das ist es auch, was ich an meiner Selbstständigkeit besonders schätze.

Wie sieht es mit der Work-Life Balance in diesem Beruf im Allgemeinen aus?
Ich schätze, einer der Gründe, warum ich so wahnsinnig gerne selbstständig arbeite, ist meine Work-Life-Balance. Vor allem als Mama von zwei Kindern kommt mir das zugute. Einen normalen Arbeitstag mit geregelten Arbeitszeiten gibt es nicht, aber der Vorteil ist, dass ich individuell – und wie es gerade auch gut in meinen Alltag passt – arbeiten kann und die Quality Time mit meinen Kindern und meiner Familie dadurch auch meist nicht zu kurz kommt. Ich kann also zwischen Arbeit und Freizeit mehrmals am

Tag switchen, und diese Flexibilität ist mir persönlich sehr wichtig und trägt ungemein zu meiner Effektivität bei.

Welchen Tipp würde ich Studentinnen/jungen Juristinnen mitgeben?
Wichtig ist, dass ihr euren Job mit Leidenschaft macht und jeden Tag gerne in die Arbeit geht! Nichts ist schlimmer, als sein Leben lang etwas zu arbeiten, für das man nicht brennt. Aus eigener Erfahrung kann ich sagen, es gibt nicht *den* maßgeschneiderten Berufsweg – es hat mir ungemein geholfen, während und nach meinem Studium in vielen unterschiedlichen juristischen Bereichen gearbeitet und somit vieles kennengelernt zu haben. Dadurch habe ich so viel lernen dürfen, und all dieses Wissen hat mir schlussendlich in meiner heutigen Selbstständigkeit etwas gebracht. Ich bin unendlich dankbar, all diese Erfahrungen gemacht zu haben, und bin davon überzeugt, dass mich das Jus-Studium und die Jahre danach prägend auf meine Selbstständigkeit vorbereitet haben und mich zu dem gemacht haben, was ich heute bin.

Was ich sonst noch abschließend sagen möchte
Mein beruflicher Werdegang ist sicherlich kein typischer, er zeigt aber, dass mit einem Jus-Studium vieles möglich ist, und ich habe schon öfter Kolleginnen in der Kreativbranche kennengelernt, deren Basis ebenfalls ein Jus-Studium gebildet hat. Ich hoffe, dass ich insofern einige Jungjuristinnen inspirieren konnte und vielleicht ja die eine oder andere ebenfalls den Weg in die Selbstständigkeit wagt. Ich habe es bislang keinen einzigen Tag bereut. Das Gefühl, eine Kundin mit einem meiner handgefertigten Schmuckstücke glücklich zu machen, ist unbeschreiblich und macht meinen Beruf so einzigartig und speziell.

Hilft mir mein Jus-Studium in meiner täglichen Praxis?
Ich kann nur jeden ermutigen, über den Tellerrand hinauszuschauen und sich auch Berufe abseits der klassischen Juristerei anzusehen. Ich arbeite zudem heute – wenn auch weniger als früher – immer wieder mit juristischen Fragestellungen und habe den Vorteil, durch mein Jus-Studium viele Aspekte meines beruflichen Alltags mit anderen Augen und vielleicht auch ein bisschen abgeklärter und gelassener zu betrachten – sei es im Marken- und Urheberrecht, bei Verhandlungen mit Lieferantinnen, im Unternehmens- und Standesrecht, bei den AGB und Datenschutzerklärungen, bei der steuerrechtlichen Abwicklung von Kooperationen mit Bloggerinnen etc. Ich könnte noch viele Bereiche aufzählen, bei denen ich froh bin, ein breites

juristisches Fachwissen erworben zu haben, das ich auch in meiner Selbstständigkeit oft und gerne nutze.

3. Fazit

All diese Berufe haben gemeinsam, dass fachliches Wissen sehr wichtig ist; man muss sich einfach in seinem Tätigkeitsbereich gut auskennen. Dieses Wissen kann man sich im Rahmen des Studiums sowie durch Berufserfahrung aneignen. Genauso wichtig ist jedoch auch die Fähigkeit, mit den verschiedensten Menschen umgehen zu können, sei es mit Kolleginnen, Vorgesetzten oder Mandantinnen. Diese menschliche Komponente sollte nicht vernachlässigt werden.

Der Karriereweg muss auch nicht ganz geradlinig sein. Man kann zB in der Anwaltei beginnen und seine berufliche Karriere im Notariat oder im Unternehmen fortsetzen. Empfehlenswert ist es jedoch, sich bereits während des Studiums Gedanken zu machen und durch Praktika oder Anstellungen Berufserfahrung zu sammeln. Hier kommen unter anderem Sommerpraktika bei Rechtsanwaltskanzleien, Rechtshörerschaften oder auch Beschäftigungen in Unternehmen in Betracht. Auslandserfahrung und Sprachkenntnisse können für einige Berufe auch sehr vorteilhaft sein.

Abschließend muss man sagen, dass zwar nicht jeder Arbeitstag stets von Freude geprägt ist (auch wenn das natürlich ideal wäre), der Beruf insgesamt jedoch Spaß machen und Freude bereiten sollte.

§ 15

KARRIEREPLANUNG UND BEWERBUNG

Autorin: Carina Stiglbauer

1. Wie plane ich meine Karriere richtig?

Bereits während des Studiums sollte man sich Gedanken machen, in welche Richtung die spätere Karriere gehen könnte. Das heißt nicht, dass man den eingeschlagenen Weg später nicht ändern bzw davon abweichen kann, aber es kann schon einen großen Vorteil bringen. Bei der Gestaltung der Karriere sollten diese Faktoren nicht außer Acht gelassen werden:

1.1. Nachdenken

Wichtig ist, dass man sich Gedanken darüber macht, ob einen ein Rechtsgebiet besonders Spaß macht oder ob man froh ist, wenn das Jus-Studium abgeschlossen ist und man eine andere Karriere anvisieren kann. Ein abgeschlossenes Jus-Studium ist auch in anderen Karrieren ein absoluter Vorteil. Eine HR-Leiterin mit langjähriger Erfahrung merkte nach dem Abschluss des Jus-Studiums an, dass eine berufliche Laufbahn auch ohne Bezug zum Jurastudium möglich sei. Diese Aussage war zunächst ungewöhnlich und schwer vorstellbar, da Jahre in das Studium investiert worden waren. Doch rückblickend erscheint diese Einschätzung durchaus zutreffend. In Österreich ist ein abgeschlossenes Studium immer ein Vorteil, und ein abgeschlossenes Jus-Studium deutet auch auf gewisse Eigenschaften hin, wie etwa Intelligenz, Ausdrucksfähigkeit, logisches Denken und Ausdauer. Diese kann man auch gut in jedem anderen Job einsetzen.

1.2. Spezialisierung

Gibt es eine Spezialisierung (Schwerpunktausbildung), die mich interessiert, zB Bank- und Versicherungsrecht, Medizinrecht, Wohnrecht etc ? Es kann dann natürlich vorteilhaft sein, zu versuchen, in den Fächern, in denen man sich spezialisieren möchte, besonders gute Noten zu bekommen. Bei der Spezialisierung sollte man sich auch immer Gedanken darüber machen, was man mit dieser während der beruflichen Laufbahn machen kann. Wenn man zB im Bereich Arbeitsrecht arbeiten möchte, kann man sowohl Richterin als auch Anwältin und Unternehmensjuristin werden. Allerdings ist man mit Arbeitsrecht international eingeschränkt, weil es ein nationales Rechtsgebiet ist. Aber man kann auch die nichtjuristischen Aspekte einbeziehen und eine zusätzliche Ausbildung im HR-Bereich machen und als Personalistin mit Arbeitsrechtsbackground in einem Unternehmen arbeiten. Dann kann man auch über diese Schiene wieder international arbeiten. Es gibt viele Möglichkeiten, vieles kann man planen, vieles ergibt sich im Laufe der Zeit. Und manchmal braucht man auch ein wenig Glück.

1.3. (Sommer-)Praktika und Beschäftigungen während des Studiums

(Sommer-)Praktika und Beschäftigungen während des Studiums sind in vielerlei Hinsicht vorteilhaft. Es ist eine gute Möglichkeit, in die verschiedenen Berufe hineinzuschnuppern und einen realistischen Eindruck von diesen zu bekommen. Man schaut sich viele Bereiche an, hat viele Jobs, gilt aber nicht als sogenannter Jobhopper. Das Angebot an (Sommer-)Praktika ist sehr vielseitig und reicht von einer Rechtshörerschaft bis zu Tätigkeiten in einer Rechtsanwaltskanzlei, bei der Steuerberaterin oder in einem Unternehmen. Diese Organisationen können klein, mittelgroß, groß, national, international, non-profit oder auf Profit ausgerichtet sein. Man darf auch nicht vergessen, dass man bereits während eines Praktikums oder einer auch nur geringfügigen Beschäftigung wertvolle Kontakte zu Kolleginnen und Führungskräften knüpft und sich auch eine Gelegenheit ergeben kann, dass man wieder zurück in die jeweilige Organisation geht.

1.4. Auslandserfahrung

Die meisten Unternehmen sehen Auslandserfahrung als sehr positiv. Insbesondere sehr gute Englischkenntnisse sind in der heutigen Zeit von sehr großem Vorteil. Auslandserfahrung kann während des Studiums etwa im Rahmen eines Auslandssemesters/Auslandsjahres (zB Erasmus) gewonnen werden, aber auch bei Auslandspraktika während des und nach dem Studium sowie bei postgraduellen Ausbildungen (zB LL.M.). Mehr über die Vorteile der Auslandserfahrung gibt es auch im Kapitel § 9.

Frühzeitig an die Karriereplanung zu denken, ist in mehrerlei Hinsicht wichtig. Man kann viel ausprobieren und sich alles anschauen – was in der heutigen Berufswelt mehr erwartet wird als früher – und man kann herausfinden, was man will und was man eher nicht will. Spezialisierungen frühzeitig zu entdecken, ist kein Muss, aber es kann von Vorteil sein. Ein Karriereweg ist oft nicht ganz geradlinig und man kann zB in der Anwaltei beginnen und dann Notarin werden. Aber wenn man sich bewusst Gedanken macht und sich nicht nur treiben lässt, dann kommt man mit hoher Wahrscheinlichkeit schneller an sein gewünschtes Ziel.

2. Die Bewerbung

Eine Bewerbung ist zumeist sehr zeitintensiv, aufwendig und aufregend. Sie beginnt mit der Suche nach einer geeigneten Stelle. Hat man diese gefunden, schickt man im Regelfall die Bewerbungsunterlagen (Lebenslauf, Motivationsschreiben etc) an die zuständige Person. Danach bekommt man meistens eine Standardnachricht, dass die Unterlagen eingelangt sind. Sollte das Unternehmen Interesse an einem Kennenlernen haben, meldet es sich bei der Bewerberin und macht sich einen Termin für ein persönliches oder virtuelles Bewerbungsgespräch aus. Davor kann auch ein kurzes Telefoninterview stattfinden. Es kann ein Bewerbungsgespräch oder auch mehrere geben. Nachdem sich die Unternehmen bzw Kanzleien zumeist mehrere Kandidatinnen angesehen haben, treffen sie ihre Entscheidung und informieren die Bewerberinnen.

Auf die einzelnen Schritte wird in den folgenden Unterkapiteln näher eingegangen.

3. Wie finde ich eine geeignete Stelle?

Was kann ich machen, wenn ich meine erste Stelle suche – oder einen Wechsel anstrebe?

- → **Selbstreflexion:** Überlegen, welche Interessen und Stärken man besitzt und welche Spezialisierung und welchen Job man anstrebt. Auch der Austausch mit anderen Studentinnen und Absolventinnen kann hier helfen, Impulse zu setzen. Das Gerichtsjahr ist immer ein guter Starting Point, dann auch die Anwaltei. In beiden Berufen lernt man zumeist sehr viel – von Recherche über die Lösung von juristischen Problemstellungen bis hin zur Vertragsgestaltung, Vertragsprüfung und dem Umgang mit Menschen.
- → **Karrieregespräche:** Manchmal – vor allem am Beginn der beruflichen Karriere – weiß man nicht, welche Stärken man hat und in welche Richtung man gehen möchte. Auch gibt es eine Vielzahl von beruflichen Möglichkeiten, die man oft noch nicht kennt und über die man sich deshalb gar nicht bewusst sein kann. Hier kann ein Karrieregespräch helfen, indem man potenzielle Tätigkeitsfelder bespricht.
- → **Karriereplattformen und Online-Jobbörsen:** Weiß man eine grobe Richtung, in die man gehen möchte, sind Karriereplattformen ein schneller Weg, um zu schauen, welche Stellen am Markt sind. Beliebt sind etwa www.karriere.at oder www.lawfinder.at. Einfach einmal die Jobs durchklicken und die relevanten Stelleninserate genauer anschauen. Auch auf LinkedIn findet man regelmäßig interessante Stelleninserate.
- → **Initiativbewerbung:** Bei einer Initiativbewerbung schickt eine Bewerberin eine Bewerbung an ein Unternehmen bzw eine Kanzlei, ohne dass diese zuvor eine Stelle ausgeschrieben haben. Hier darf man nicht enttäuscht sein, wenn oft keine Antwort zurückkommt. Wenn möglich, sollte man versuchen, vorher einen Kontakt, zB über Bekannte oder über LinkedIn, herzustellen und auf diesem Wege sein Interesse an der Organisation, einem Team etc kundzutun.

„Initiative bedeutet, den ersten Schritt zu setzen, etwas zu wagen und sich auch der Möglichkeit des Scheiterns auszusetzten. Eine Initiativbewerbung zeugt von Mut und Interesse. Eigenschaften, die auch in der Anwaltei von Vorteil sind. Wir freuen uns über Ihre Inititativbewerbung!"

Martina Thrainer, Partnerin, Lorenz & Strobl Rechtsanwälte

→ **Headhunterinnen:** Es gibt eine Vielzahl von Personalvermittlerinnen, auch solche, die sich auf die Vermittlung rechtlicher Berufe spezialisiert haben. Entweder wird man von diesen direkt kontaktiert oder man bewirbt sich auf eine Stelle, die von ihnen ausgeschrieben ist, oder man kontaktiert diese selbst. Wichtig ist, dass man der Headhunterin seine Vorstellungen gut kommuniziert und sich auch nicht in irgendeinen Job hineinreden lässt.

→ **Karrieremessen und Veranstaltungen:** Diese bieten einen guten Rahmen, um mit potenziellen Arbeitgeberinnen ins Gespräch zu kommen und um wertvolle Informationen zu erhalten. Hier können auch in zumeist lockererer Atmosphäre Fragen gestellt werden. Ein kleiner Tipp, wenn man nicht alleine hingehen möchte: immer eine Kollegin mitnehmen. Zu zweit oder in einer kleinen Gruppe ist es lustiger, man traut sich wahrscheinlich, mehr zu fragen, und man steht nicht „wie bestellt und nicht abgeholt" herum, wenn man einmal nichts zu sagen hat. Wichtig ist auch, dass man sich Gedanken macht, was man zu diesen Events anzieht, und dass man nicht zu informell erscheint.

→ **Kontakte:** Man hat mehr Kontakte, als man denkt. Kontakte können Familie, Freundinnen, Bekannte, Bekannte von Familienangehörigen etc sein. Wichtige Kontakte erlangt man durch (Sommer-)Praktika und berufliche Tätigkeiten während des Studiums. Es kommt nicht selten vor, dass man eine Stelle in der Kanzlei antritt, in der man bereits ein Praktikum gemacht hat oder während des Studiums gearbeitet hat.

→ **Informationen einholen:** Wenn ein interessantes Stelleninserat gefunden wurde, sollte man auf der Homepage bzw auf LinkedIn nachsehen, ob in dieser Kanzlei bzw in diesem Unternehmen eine Person arbeitet bzw gearbeitet hat, die man kennt. Natürlich sollte man nicht jede Information für bare Münze nehmen, aber diese Hinweise können schon helfen, die richtigen Fragen zu stellen, wenn man sie im Hinterkopf hat.

4. Bewerbungsunterlagen

Die Bewerbungsunterlagen sind das Kernstück jeder Bewerbung. Sie bestehen in der Regel aus einem Motivationsschreiben, einem Lebenslauf (CV), Zeugnissen und Dienstzeugnissen sowie in gewissen Fällen aus Zertifikaten über Weiterbildungen oder Sprachkurse. Die Bewerbungsunterlagen sind die Visitenkarte der Bewerberin. Daher sollte auch genügend Zeit in diese Unterlagen investiert werden. Im Folgenden gibt es Praxistipps zu den einzelnen Dokumenten bzw zu den Bewerbungsunterlagen insgesamt.

4.1. Praxistipps: Bewerbungsunterlagen im Allgemeinen

→ Bewerberinnen sollten unbedingt darauf achten, welche Unterlagen das Unternehmen tatsächlich von ihnen haben möchte und diese – grundsätzlich auch nur diese – mitschicken.

→ Zumeist sind die Bewerbungsunterlagen auf Deutsch gewünscht. Ist die Stellenausschreibung jedoch auf Englisch, dann deutet dies darauf hin, dass auch die Unterlagen (Motivationsschreiben sowie Lebenslauf) in englischer Sprache verfasst werden sollten. Wenn man sich nicht sicher ist, dann sollte man einfach bei der zuständigen Kontaktperson nachfragen.

→ Für manche Jobs gibt es Bewerbungsfristen, die unbedingt einzuhalten sind (zB bei Verwaltungspraktika). Ganz allgemein sollte man bei den Bewerbungen schnell sein, wenn man eine Stellenausschreibung sieht, die einem zusagt, damit man die Bewerbung nicht erst dann abschickt, wenn sich die anderen Kandidatinnen bereits in der zweiten Runde befinden.

→ Unbedingt darauf achten, dass die Unterlagen keine Rechtschreib-, Grammatik- oder Tippfehler beinhalten. Auch darauf achten, dass die Bewerbungsunterlagen gut formatiert sind und dass die Angaben einheitlich sind (zB Datum 01/2024 oder 1/2024) und die Abstände richtig formatiert sind. Daher am besten öfter und in Ruhe durchlesen, auch über Nacht liegen lassen und gerne von einer zweiten Person gegenlesen lassen und ihr ehrliches Feedback einholen.

→ Die Namen der Ansprechperson und des Unternehmens müssen richtig geschrieben werden. Es ist auch empfehlenswert zu googeln, ob die Person einen Titel hat, und diesen im Anschreibe-E-Mail bzw Motivationsschreiben zu verwenden.

→ Die Dokumente sollten immer als PDF abgeschickt werden. Überlegt werden sollte, ob die gesamten Unterlagen in einem PDF übermittelt werden oder in mehreren Anhängen. Die zuständige Ansprechperson sollte jedoch nicht zwanzig separate Anhänge erhalten, da hier leichter etwas übersehen werden kann und es sicherlich auch nicht die Stimmung in einem zumeist ohnehin schon stressigen Arbeitsalltag hebt, wenn man alle Dokumente einzeln öffnen muss. Ganz allgemein gilt, dass man dem Gegenüber so wenig Arbeit wie möglich machen sollte.

→ Es sollte auch überlegt werden, wie man die Dokumente benennt (zB Nachname – CV / Nachname – Motivationsschreiben). Wenn mehrere Dokumente übermittelt werden, dann einheitlich. Namen wie zB „Motivationsschreiben Version 5" oder „CV umstrukturiert" sollten nicht geschickt werden.

→ Inhaltlich ist es für die Bewerbungsunterlagen wichtig, dass überlegt werden muss, wo man seine Schwerpunkte setzen möchte. Hier ist es sinnvoll, die Stellenausschreibung zu nehmen und zu schauen, was von den Bewerberinnen tatsächlich verlangt wird. Im Idealfall sollten sich all diese Punkte in den Bewerbungsunterlagen finden, vor allem aber im CV und im Motivationsschreiben. Wenn also Englischkenntnisse gewünscht sind, dann sollten diese am besten sowohl im CV als auch im Motivationsschreiben Erwähnung finden. Warum ist das wichtig? Personalistinnen und Führungskräfte sind zumeist sehr beschäftigt. Je einfacher man ihnen das Leben macht, desto besser. Finden Personalistinnen bzw Führungskräfte viele Übereinstimmungen zwischen der Stellenausschreibung und den Bewerbungsunterlagen, ist es für diese einfacher, eine Bewerberin zu einem Vorstellungsgespräch einzuladen. Man sollte sich aber auch auf Stellen bewerben, bei denen man nicht 100 % der Kriterien erfüllt. Natürlich muss man unterscheiden, um welches Kriterium es geht. Wenn man sich als Konzipientin bewirbt und ein abgeschlossenes Jus-Studium benötigt, sollte man dieses abgeschlossen haben. Wenn es aber zB um sieben Jahre Berufserfahrung geht und man nur fünf aufweisen kann, sollte man sich auf alle Fälle bewerben. Dasselbe gilt für Ausbildungen, die eher in den Hintergrund rücken. Also lieber einmal zu viel bewerben als einmal zu wenig!

→ Man sollte sich die Unternehmenshomepage ansehen, um Informationen zu gewinnen, die man auch in die Bewerbungsunterlagen einbauen kann. Diese Informationen kann man zudem im Bewerbungsgespräch verwenden, damit das Gegenüber bemerkt, dass man sich auch mit dem Unternehmen auseinandergesetzt hat.

→ Da Personalistinnen und Führungskräfte auch immer wieder Bewerberinnen auf Social Media suchen, ist es empfehlenswert, das LinkedIn-Profil aktuell zu halten und bei zB Facebook und Instagram zu überprüfen, wie die privaten Einstellungen sind, was gepostet wird und wer welchen Post sehen kann.

4.2. Praxistipps: Lebenslauf (CV)

→ Der Lebenslauf ist das Kernstück der Bewerbungsunterlagen, und daher sollte man sich für dieses Dokument auch besonders viel Zeit nehmen. Der Lebenslauf sollte klar und strukturiert sein und die Leserin sollte sich sofort zurechtfinden.

→ Angenehm ist es, wenn alles auf eine Seite passt – ein sogenannter One-Pager. Im Internet findet man gute, modern aussehende Vorlagen. Je mehr Berufserfahrung bzw Ausbildungen man hat, desto länger wird der CV, daher sollte man gegebenenfalls versuchen, zu kürzen und nur auf das Wesentliche einzugehen. Es kann natürlich sein, dass man für verschiedene Bewerbungen unterschiedliche Lebensläufe vorbereitet, um hier die Schwerpunkte besser hervorheben zu können.

→ Auf dem Lebenslauf unbedingt kontrollieren, ob die Kontaktdetails (Telefonnummer, E-Mail-Adresse) aktuell sind und richtig geschrieben wurden. In der Praxis passiert es leider, dass hier Typos vorkommen. Das ist besonders schade, wenn man zu einem Bewerbungsgespräch eingeladen worden wäre, aber die Telefonnummer nicht gestimmt hat.

→ In Österreich ist es üblich, ein Foto im Lebenslauf zu haben, es gilt daher, auch eines zu verwenden. Das Foto sollte professionell sein (also zB kein Foto von einer Hochzeit, auch wenn man dort im Kostüm oder Anzug war). Lieber ein bisschen Geld in die Hand nehmen und ein ordentliches Foto machen lassen. Für das Foto sollte natürlich auch das Outfit passend gewählt werden. Es gibt konservativere Branchen bzw Arbeitgeberinnen als andere. Auf dem Bewerbungsfoto sollte man auch so aussehen, wie man tatsächlich aussieht. Wenn das Bewerbungsfoto fünf Jahre alt ist, man damals blonde lange Haare hatte und in der Zwischenzeit um einiges kürzere Haare hat, sollte man lieber ein neues Foto machen lassen.

→ Jede Information, die eine Bewerberin preisgibt, sollte wohlüberlegt sein. Werden zB Hobbies angegeben, dann sollte überlegt werden, was diese über mich aussagen. Klassisch wird geraten, dass bei Sport ein Mannschaftssport dabei sein sollte, damit die Teamfähigkeit gezeigt wird. Hobbies sind immer ein guter Aufhänger im Bewerbungsgespräch, um Small Talk zu machen. Also sollte ein Hobby gewählt werden, über das man etwas zu sagen hat. Gibt man „Bücher lesen" an und wird nach dem letzten Buch gefragt, das man gelesen hat, sollte man eine gute Antwort parat haben. Auch ehrenamtliche Tätigkeiten oder Tätigkeiten wie zB Klassensprecher oder Ähnliches könnten aufgenommen werden.

→ Man sollte nachprüfen, ob man Lücken im CV hat. Entdeckt man eine Lücke, sollte man überlegen, ob man diese auch bereits im Lebenslauf begründen kann, zB indem man angibt, dass man auf Weltreise war oder eine Weiterbildung gemacht hat.

4.3. Praxistipps: Motivationsschreiben

→ Wird ein Motivationsschreiben ausdrücklich verlangt, sollte dieses unbedingt mitgeschickt werden. Motivationsschreiben brauchen Zeit und schrecken mE auch oft Bewerberinnen ab, weil es ihnen zu mühsam ist dieses zu verfassen. Das ist dann natürlich schlecht für das Unternehmen, aber kann zugleich auch eine Chance für jene Bewerberinnen sein, die sich diese Mühe antun, da sich die Wahrscheinlichkeit bei einer geringeren Anzahl von Bewerbungen erhöht, dass man eingeladen wird.

→ Das Motivationsschreiben sollte sich auch nicht so lesen, als wäre es so allgemein gehalten, dass das gleiche Motivationsschreiben an fünf Unternehmen geschickt wird, und nur die Ansprechpartnerinnen und der Name des Unternehmens ausgetauscht werden. Jedes Motivationsschreiben sollte auch darauf eingehen, warum man genau in diesem Unternehmen arbeiten möchte und in diesem Bereich.

→ Man sollte auch aus der Stellenausschreibung genau herauslesen, wen das Unternehmen sucht und wie man auf diese Stelle passen würde. Werden zB in einer Stellenausschreibung für eine juristische Mitarbeiterin als Tätigkeiten Botengänge, Empfangstätigkeiten, Telefondienste sowie einfache Kanzleiarbeiten ausgeschrieben, deutet das darauf hin, dass diese Tätigkeiten in der Praxis die Haupttätigkeit bilden. Schreibt man nun in sein Motivationsschreiben, dass man nur juristisch arbeiten möchte, besteht die Gefahr, dass man aussortiert wird, weil die Tätigkeiten mit der Erwartungshaltung der Bewerberin nicht zusammenpassen. Natürlich sollte man sich als Bewerberin auch überlegen, ob man diese Tätigkeiten machen möchte und wenn nicht, weitersuchen und sich auf andere Stellen bewerben.

→ Man sollte auch immer Beispiele bringen, warum man in einer gewissen Sache gut ist bzw eine gewisse Fähigkeit besitzt. Also nicht nur etwas schreiben wie „Ich bin gewissenhaft und genau", sondern erklären, wo man diese Eigenschaft schon erprobt hat.

5. Bewerbungsgespräch

Grundsätzlich kommt in jedem Bewerbungsprozess (mindestens) ein Bewerbungsgespräch vor. Es kann auch ein Telefoninterview vorgelagert sein. Bewerbungsgespräche vor Ort können sehr unterschiedlich sein. Meistens sind beim ersten Bewerbungsgespräch die Personalistin und die Führungskraft dabei. Es kommt häufig vor, dass es mehrere Runden gibt und man mehrere Gesprächspartnerinnen kennenlernt.

5.1. Praxistipps: Wie bereite ich mich richtig auf ein Bewerbungsgespräch vor?

→ *Preparation is key!* Es ist ganz ganz wichtig, dass man sich auf ein Vorstellungsgespräch vorbereitet.
→ Wenn man eine telefonische Einladung zu einem Vorstellungsgespräch bekommt, sollte man nachfragen, wer bei diesem dabei ist. Die Namen sollten unbedingt aufgeschrieben werden. Empfehlenswert wäre es auch, die Personen zu googeln, damit man weiß, wie sie aussehen, und auch etwas über die Person und ihren beruflichen Background erfährt. Das kann auch viel Nervosität nehmen.
→ Unbedingt die Unternehmenshomepage anschauen und die relevanten Informationen über das Unternehmen, das Team, den Vorgesetzen, das Rechtsgebiet, die Tätigkeitsbereiche etc herausfinden.
→ Es gehören auch scheinbar banale Dinge zur Vorbereitung, die jedoch trotzdem nicht von jedem befolgt werden: Ein gepflegtes Äußeres ist wichtig (zB Haare waschen)! Man sollte sich einige Tage vorher überlegen, was man anzieht und ob man noch etwas waschen bzw kaufen muss. Am besten dann gleich herrichten, damit man alles zusammen hat. Auch das kann die Nervosität nehmen.
→ Auch sollte man sich anschauen, wie lange man zu dem Unternehmen bzw der Kanzlei fährt und genügend Pufferzeit einplanen.
→ Was eigentlich in jedem Bewerbungsgespräch vorkommt, ist eine Frage wie „Führen Sie mich durch Ihren Lebenslauf". Diese Frage sollte vorbereitet sein, aber nicht auswendig gelernt klingen. Wenn Englisch wichtig ist, kann es auch sein, dass ein Teil des Vorstellungsgespräches auf Englisch ist. Empfehlenswert ist, sich auch hier auf Englisch vorzubereiten, sodass man etwas über seinen privaten und beruflichen Werde-

gang erzählen kann. Wenn gerade zB Sommerurlaub war, dann würde ich zusätzlich auch hier ein paar Sätze im Vorhinein überlegen und auch ein paar Sätze vorbereiten, falls man nach seinen Hobbies gefragt wird.

→ Es kommt auch immer wieder vor, dass man bei einem Bewerbungsgespräch rechtlich geprüft wird. Oft sind es auch Fragen, um herauszufinden, wie Bewerberinnen Problemstellungen angehen und versuchen eine Lösung zu finden. Das heißt, es muss nicht das Problem ganz genau gelöst werden, sondern die Herangehensweise wird angeschaut. Wenn man sich auf ein bestimmtes Rechtsgebiet bewirbt, sollte man sich das Rechtsgebiet vorher ein bisschen ansehen, damit man allfällige Fragen beantworten kann und nicht ganz planlos ist.

→ Wenn man sich unsicher ist, kann man diese Bewerbungssituationen auch mit einer zweiten Person üben, die einem dann konstruktives Feedback geben sollte.

5.2. Praxistipps: Bewerbungsgespräche

→ Es ist wichtig, den richtigen Zeitpunkt für das Erscheinen zu einem Bewerbungsgespräch zu wählen. Eine gute Faustregel ist, etwa zehn Minuten vor dem Termin vor Ort zu sein. Sollte noch ein Besuch der Toilette geplant sein oder Unsicherheit bezüglich des Weges im Gebäude bestehen, empfiehlt es sich, etwas früher zu erscheinen. Zu früh sollte man jedoch nicht ankommen, da das Empfangspersonal in der Regel die Personalistin benachrichtigt, die möglicherweise noch in einem anderen Termin ist oder sich auf das Gespräch vorbereitet und nicht gestört werden will. Unpünktlichkeit ist hingegen völlig inakzeptabel. Schon eine Minute Verspätung gilt als ein absolutes No-Go, da sie entweder mangelnde Wertschätzung oder ein schlechtes Zeitmanagement signalisiert.

→ Bei einem virtuellen Termin sollte man am Vortrag noch prüfen, ob der Laptop aufgeladen ist, alle Updates gemacht sind, der Lautsprecher und die Kamera funktionieren und eine stabile Internetverbindung besteht, und man sollte den Raum und Hintergrund für das Gespräch wählen. Gerne kann das auch mit Freunden getestet werden (zB Microsoft Teams, Zoom). Man sollte überprüfen, ob man den Link zugeschickt bekommen hat. Beim Onlinegespräch selbst muss gewährleistet sein, dass man ungestört ist. Es ist ratsam, sich auf jeden Fall fünfzehn Minuten vorher einzuloggen. Wenn dann etwas nicht funktioniert, hat man immer noch genügend Zeit, um herauszufinden, woran es liegt, und man kann dann auch die Ansprechperson anrufen. Wichtig ist, dass man ruhig bleibt. Technische Probleme stressen jeden, aber wenn man im Vorfeld alles getan hat, um die Probleme zu vermeiden, dann sollte auch Verständnis auf der anderen Seite gegeben sein.

→ Man sollte sich überlegen, was man anzieht. Es gibt Branchen bzw Kanzleien und Unternehmen, die konservativer sind als andere. Danach sollte man sich richten. Ob ein Anzug oder ein Kostüm angebracht ist oder eher Business Casual muss man sich gut überlegen. Natürlich sollte man auch mit Farben aufpassen und den Anschein vermeiden, dass man ein politisches Statement setzen möchte.

→ Zur Sicherheit sollte man gegebenenfalls eine Ersatzstrumpfhose mitnehmen, da diese sehr leicht kaputtgeht.

→ Sehr banal, aber in der Praxis wird es trotzdem nicht immer eingehalten. Man sollte sich überlegen, was man davor isst: Ein Döner mit Zwiebeln oder eine Speise mit viel Knoblauch ist nicht das ideale Gericht vor einem Bewerbungsgespräch.

→ Das Handy sollte während des Gesprächs auf lautlos geschaltet werden. Daher davor kontrollieren, ob man das gemacht hat. Auch ein auf Vibrieren geschaltetes Handy kann störend sein.

→ Das sollte nicht erwähnt werden müssen, aber zur Sicherheit: Alle Personen (Empfang, Assistentinnen etc) wertschätzend behandeln, begrüßen und ein paar Worte mit ihnen wechseln, wenn es die Situation erlaubt.

→ Wenn man in den Raum hineinkommt, in dem das Bewerbungsgespräch stattfindet, sollte man sich überlegen, wo man sich am besten hinsetzt. Wenn man durch die Personalistin hineingebeten wird, zeigt sie einem im Regelfall, wo man sich hinsetzen sollte. Ist man noch alleine im Raum, sollte man sich so hinsetzen, dass man zur Tür sieht.

→ Während des Gesprächs sollte man wertschätzend agieren und die Gesprächspartnerinnen freundlich begrüßen.

→ Man sollte auf seine Körperhaltung und darauf achten, dass man nicht mit seiner Armbanduhr, seinem Ring oder seiner Haarsträhne spielt.

→ Beim Gespräch sollte man sowohl die Personalistin als auch die Führungskraft beachten. Zumeist hat jedoch die Führungskraft das letzte Wort, ob Bewerberinnen eingestellt werden, da sie ja mit ihm im Team arbeiten. Daher sollte der Fokus etwas mehr auf die Führungskraft gelegt werden. Aber natürlich ist jedes Bewerbungsgespräch anders, und man muss auf die jeweilige Situation achten.

→ Irgendwann im Bewerbungsprozess, meist im Bewerbungsgespräch, wird das Thema Gehalt angesprochen. Hier sollte man sich vorab Gedanken gemacht haben – am besten mit Kolleginnen reden und im Juve nachsehen. Im Juve werden regelmäßig die derzeit aktuellen Einstiegsgehälter der Kanzleien veröffentlicht. Bei Kanzleien muss man sich auch darüber Gedanken machen, ob die Kammerbeiträge von der Kanzlei übernommen werden oder ob sie die Bewerberin dann übernehmen muss. Ebenso sollte abgeklärt werden, ob die Kanzlei die Ausbildungsseminare (AWAK-Seminare) übernimmt.

→ Weitere wichtige Informationen rund um das Thema Gehalt findet man im Paragraphinnen-Podcast § 9 Let's Talk About Money:

→ Man sollte auch während des Bewerbungsgespräches herausfinden, ob das Unternehmen bzw die Kanzlei zu einem passt. Daher sollte man sich vorher überlegen, was einem wichtig ist und auch diesbezüglich Fragen stellen, wie etwa über die Ausbildung und den Austausch.

→ Am Ende des Bewerbungsgespräches werden die Bewerberinnen in der Regel gefragt, ob sie noch irgendwelche Fragen haben. Ich würde ein paar Fragen vorbereiten. Mögliche Fragen wären etwa: „Wie sehen die nächsten Schritte aus?" oder „Gibt es noch etwas was Sie von mir wissen wollen?"

6. Netzwerken und Social Media

Ein wichtiges Thema, ist auch jene des Netzwerkens und von Social Media. Netzwerken ist bereits während des Studiums extrem wichtig. Neben der Tatsache, dass es zumeist lustiger ist gemeinsam zu studieren als alleine, kann man sich fachlich austauschen und helfen. Man kann gemeinsam für Prüfungen lernen und auf Veranstaltungen gehen. Dieses Netzwerk ist auch für die Zukunft sehr wichtig – denn während des Studiums ist jede eine Studentin, aber etwa zehn bis fünfzehn Jahre später sind diese Personen oft in wichtigen Positionen, wie Senior Counsel, Geschäftsführerinnen, Partnerinnen in Rechtsanwaltskanzleien etc. Sie können einem daher entweder Mandate bringen oder Jobs verschaffen. Daher ist es gut, wenn man sich frühzeitig ein gutes Netzwerk aufbaut.

Netzwerken ist wichtig! Schaut, was euch weiterbringt und was euch hilft! Legt euch ein LinkedIn-Profil zu und vernetzt euch (gerne auch mit mir) und schreibt dazu, wie ihr auf die jeweilige Person gekommen seid. Geht eure Telefonbücher und andere Social-Media-Kanäle durch und fügt einfach alle Personen hinzu. Das kann man auch ganz gut nebenbei machen, zB während man sich eine Serie ansieht.

Ein wichtiger Gedanke zu Social Media. Bedenkt: Jede Information, die ihr über euch preisgebt, ist eine Information, die preisgegeben ist. Sowohl in Bewerbungsunterlagen als auch auf Social Media wie LinkedIn, Facebook und Instagram. Auch wenn es sich bei gewissen Social-Media-Plattformen um private Inhalte handelt, werden auch diese immer wieder von Personalistinnen, Führungskräften oder auch Kolleginnen angesehen. Daher überlegt gut, welche Informationen ihr mit der ganzen Welt teilt.

§ 16

DAS ERSTE BERUFSJAHR

Autorin: Kerstin Hofreiter

> „Durch Eigeninitiative und proaktives Agieren können Chancen entstehen, die zuvor nicht da waren – die Möglichkeit, sich einzubringen, zu lernen, sich zu zeigen und dadurch großartig voranzukommen. Don't miss the chance – it might be a good one."
>
> *Jana Eichmeyer*, Partnerin, E+H Rechtsanwälte

Kaum die Endorphine vom Ende des Studiums und der anschließenden wohlverdienten Sponsionsfeier überwunden, beginnt auch schon das erste Berufsjahr. Diejenigen, die einen der klassischen Rechtsberufe wie Richterin, Staatsanwältin oder Rechtsanwältin anstreben, finden sich nach dem Ende des Studiums meist in der Gerichtspraxis wieder (dazu mehr in Kapitel § 10). Doch gerade für Rechtsanwaltsanwärterinnen (RAA) endet diese Zeit nach sieben Monaten, und das erste Jahr als Konzipientin beginnt. Alle anderen, die sich gegen die klassischen Rechtsberufe entscheiden, starten meist unmittelbar nach dem Studium in die Arbeitswelt.

Wenngleich sich RAA in ihrem ersten Jahr **besonderen Herausforderungen** gegenüberstehend sehen, lassen sich viele davon auch in anderen Rechtsberufen finden. Gerade die Umstellung von der selbstbestimmten Studienzeit auf teilweise sehr fremdbestimmte Arbeitszeiten fällt nicht jedem leicht. Das kann zu Beginn, bis man sich daran gewöhnt hat, eine große Belastung sein. Kurz gesagt: Am Anfang geht's uns allen gleich!

Schon bevor der erste Arbeitstag ansteht, macht man sich viele Gedanken. Wie sind die Kolleginnen? Wie wird das Zusammenarbeiten mit der

Chefin bzw Ausbildungsanwältin funktionieren? Wie kleidet man sich im Büro oder bei Gericht? Was macht man, wenn man sich überfordert fühlt oder den Aufgaben nicht gewachsen ist? Man weiß vielleicht vieles vom Studium gar nicht mehr, sollte man davor den Stoff wiederholen?

Keine Panik! Es ist noch kein Meister vom Himmel gefallen. Niemand wird verlangen, dass man am ersten Tag alles kann und weiß. Dennoch gibt es ein paar Tipps, die einem den Start ins Berufsleben erleichtern können.

1. Hilfreiche Tipps für das erste Berufsjahr im Überblick

→ Wissen auffrischen
→ Keine Angst vor Fehlern
→ Der gute erste Eindruck – freundlicher Umgang mit Kolleginnen
→ Start in den Arbeitsalltag – vertraut machen mit den internen Abläufen
→ Selbständiges Arbeiten
→ Mut, Fragen zu stellen
→ Eigeninitiative zeigen
→ Gegenseitige Unterstützung im Arbeitsalltag
→ Selbstbewusstes Auftreten vor Mandantinnen und Kundinnen
→ Natürliches Auftreten und ordentliches Erscheinungsbild

1.1. Wissen auffrischen

Vor dem ersten Arbeitstag empfiehlt es sich natürlich, sein Wissen aufzufrischen und sich die Rechtsbereiche näher anzusehen, in denen man sodann vorwiegend tätig sein wird. Dazu reicht es vollkommen, die alten Lehrbücher etwas durchzublättern und Themengebiete zu wiederholen, die vielleicht seit der Prüfung etwas in Vergessenheit geraten sind. Arbeitet man zB in einer reinen Vergaberechts-Kanzlei oder in einer Rechtsabteilung, welche vorwiegend mit vergaberechtlichen Themen beschäftigt ist, so ist es ratsam, sich das Bundesvergabegesetz vorab genau durchzulesen. Gerade bei Tätigkeiten in Rechtsbereichen, welche in der universitären Ausbildung nur angeschnitten werden, sollte man sich die grundlegenden Rechtsnormen im Vorfeld selbst aneignen. Dies erleichtert den Start in den Arbeitsalltag enorm.

Startet man daher in einen Job mit rechtlicher Spezialisierung, so bietet es sich an, die Spezialvorschriften im Vorhinein genauer durchzulesen, sodass man nicht komplett „blank" in seinen Arbeitsalltag startet. Beginnt man jedoch beispielsweise in einer Allgemeinrechtskanzlei, welche auch gerne „Wald und Wiesen"-Kanzlei genannt wird, ist es natürlich unmöglich, sämtliche Rechtsgebiete bei Arbeitsantritt in- und auswendig zu können. Hier empfiehlt es sich, sich auf die Schwerpunkte der Kanzlei zu beschränken und den Fokus auf die Verfahrensrechte zu legen.

Insbesondere bei RAA kann es auch durchaus vorkommen, dass man bereits in der ersten Woche zu einer Verhandlung geschickt wird. Beispielsweise wurde einer Kollegin zwei Wochen vor ihrem Arbeitsantritt ein Zivilrechts-Akt zugesendet, den sie sodann am ersten Arbeitstag verhandeln durfte. Eine andere wiederum bekam in ihrer zweiten Arbeitswoche einen Tag vor der Verhandlung einen Strafrechts-Akt, den sie sodann am nächsten Tag verhandeln musste.

Alles kein Problem, wenn man sich vor Arbeitsantritt nochmals mit dem Ablauf einer Verhandlung und dem dazugehörigen Prozessrecht vertraut macht. Vieles davon erlernt man bereits in der Gerichtspraxis, weshalb es durchaus empfehlenswert ist, diese vor Beginn der RAA-Zeit zu absolvieren.

Trotz allem ist es wichtig zu verinnerlichen, dass jeder mal klein angefangen hat. Niemand verlangt am ersten Arbeitstag einen Wissensstand, der jenem kurz vor der Rechtsanwaltsprüfung, der Notariatsprüfung oder der Richteramtsprüfung nahekommt. Man kann nicht von Beginn an alles können und wissen. **Meist merkt man recht schnell, dass auch die vermeintlich perfekten Kolleginnen, welche oftmals durch ihr selbstbewusstes Auftreten glänzen (ja durchaus sogar die Chefinnen selbst!), nicht immer alles wissen bzw „aus dem Effeff" können.**

Diese Erkenntnis nimmt sehr viel Druck von den Schultern, schafft ein realistisches Selbstbild und schraubt die Erwartungen an sich selbst auf ein gesundes Maß. Ziel ist es, jeden Tag sein Bestes zu geben, Neues zu lernen, sich fachlich und persönlich stetig weiterzuentwickeln und Schritt für Schritt eine erfahrenere Juristin zu werden. Dabei ist es besonders wichtig, auch Fehler zu machen und aus ihnen zu lernen. Aber dazu Näheres im nächsten Punkt.

1.2. Keine Angst vor Fehlern

Der Weg zu einer erfahrenen, kompetenten Juristin bzw Rechtsanwältin ist immer wieder mal mit Steinen und Hindernissen bestückt. Gerade zu Beginn wirken diese oft viel größer, als sie eigentlich sind. Dabei schleicht sich gerne die Angst ein, Fehler zu machen oder bei seinen Tätigkeiten zu scheitern. Oftmals wird diese Angst von Scham begleitet. Man schämt sich vor der Chefin oder Kollegin, nicht ahnend, welche Fehler auch diese Menschen in ihrem Alltag machen. Im schlimmsten Fall führt eine Niederlage vielleicht sogar dazu, dass man seinen Karrierewunsch überdenkt oder sich fragt, ob man für diesen Beruf wirklich geeignet ist.

Um diese Zweifel zu beseitigen bzw sie gar nicht erst aufkommen zu lassen, **braucht es ein gutes internes Fehlermanagement**. Unter Fehlermanagement versteht man den Umgang mit Fehlern und welche Konsequenzen man daraus zieht. Durch ein gutes Fehlermanagement, das man sich übrigens mit einfachen Methoden selbst aufbauen kann, lernt man, in Fehlern nicht etwas Schlechtes zu sehen, sondern sie ins Positive umzulenken.

> *„You live and learn! Ein konstruktiver Umgang mit Fehlern und Misserfolgen ist meiner Meinung nach ganz entscheidend: Fähigkeiten und Stärken sind nämlich nicht angeboren und unveränderbar – im Gegenteil, wir entwickeln sie ständig weiter. Fehler gehören zu dieser Weiterentwicklung dazu und sind zwar ärgerlich, aber bieten gleichzeitig eine Gelegenheit, zu lernen und es beim nächsten Mal besser zu machen."*
>
> Angelika Pallwein-Prettner, Partnerin, Binder Grösswang Rechtsanwälte

Über folgende **drei Punkte** sollte man sich stets im Klaren sein:

→ Es ist ok, Fehler zu machen.
→ Jeder macht Fehler.
→ Ohne Fehler, kein Wachstum.

Entscheidend ist der richtige Umgang mit Fehlern. **Wer nicht riskiert, Fehler zu machen, riskiert, sich nicht weiterzuentwickeln.** Denn sie entstehen meist dann, wenn wir neues Terrain betreten und aus unserer gewohnten Komfortzone heraustreten. Sei es der Schriftsatz, den man noch nie selbst verfasst hat (unter anderem, weil es einem die Universität nie gelehrt hat, einen Schriftsatz selbst zu verfassen), eine Verhandlung in einem neuen Rechtsgebiet zu führen oder für das Unternehmen, in dem man beschäftigt ist, ein Vertragsdokument aufzusetzen. Denn auch abseits des klassischen Konzipientinnentums sind Juristinnen aller Rechtsbereiche wohl in keinem Berufsjahr mit so vielen neuen Tätigkeiten konfrontiert wie in ihrem ersten Berufsjahr.

Es ist daher selbstverständlich, dass gerade dieses Jahr besonders herausfordernd und anfällig für Fehler ist. Aber je schneller man sich damit arrangiert und lernt, die Lehren aus seinen Fehlern zu ziehen, umso schneller wächst man an seinen Herausforderungen und entwickelt sich zu einer erfahrenen Juristin.

Ein großer Vorteil, den besonders RAA genießen, ist die Tatsache, dass die **Konzipientinnenzeit als Ausbildungsphase** anzusehen ist. Das bedeutet einerseits, dass neben dem normalen Arbeitsalltag verschiedenste hilfreiche Seminare zur fachlichen Weiterbildung (sogenannte AWAR-Seminare) zu absolvieren sind. Andererseits ist die Ausbildungsanwältin angehalten, der Konzipientin eine umfassende Ausbildung in ihrer Kanzlei zu bieten.

In dieser Ausbildungsphase liegt die **Endverantwortung** immer auf den Schultern der **Ausbildungsanwältin**. Diese muss im Sinne eines Revisionssystem stets ein Auge auf die Arbeiten der Konzipientin haben (beispielsweise dürfen Schriftsätze nur von der Ausbildungsanwältin unterzeichnet werden, auch wenn sie die Konzipientin alleine konzipiert hat) und schlussendlich auch für die Fehler der Konzipientin einstehen. Trotzdem ist es wichtig zu wissen, dass die Fehlertoleranz mit steigender Entwicklung der RAA sinkt. Schließlich ist das Ziel dieser Ausbildungszeit, am Ende als selbständige Anwältin arbeiten zu können.

So fordernd diese Zeit daher für Konzipientinnen ist, so erleichternd ist das Gefühl zu wissen, dass man in dieser Phase seiner Berufsausbildung für seine eigenen Fehler „nur" vor seiner Ausbildungsanwältin einzustehen hat. Ausgenommen sind von diesem Grundsatz nur Verletzungen des Disziplinar- und Standesrechts der Rechtsanwältinnen, denn dieses umfasst teilweise auch die Tätigkeiten der RAA.

Ein **besonderes Augenmerk** ist hier beispielsweise auf den **Legitimationsumfang** zu legen. Mit der Eintragung in die Liste der RAA bei der zuständigen Rechtsanwaltskammer geht die Beantragung der Ausstellung der „kleinen Legitimationsurkunde", auch **„kleine LU"** genannt, einher (§ 15 Abs 3 RAO).

Diese wird in Form einer kleinen Ausweiskarte mit Foto der RAA und dem genauen Datum der Ausstellung ausgefertigt und berechtigt die Rechtsanwaltsanwärterin zur Vertretung der Ausbildungsanwältin vor Behörden und Gerichten. Sie erleichtert auch den Zugang zu Gerichten und Behörden, da man durch das Vorzeigen dieser Karte an der Sicherheitskontrolle im Eingangsbereich der Gerichte/Behörden schneller hineingelassen und keiner Sicherheitskontrolle unterzogen wird.

Aber Achtung! Der Umfang der Vertretungsbefugnis ist bei der kleinen Legitimation auf Verfahren begrenzt, in welchen kein Anwaltszwang herrscht, das heißt, dass das Einschreiten einer Rechtsanwältin nicht gesetzlich vorgesehen ist.

Aus dieser Einschränkung ergibt sich je nach Fachbereich ein **begrenztes Tätigkeitsfeld**.

Beispielsweise normiert § 27 ZPO die absolute Anwaltspflicht **für zivilrechtliche Verfahren**. Die kleine LU berechtigt daher nur zur Vertretung in zivilrechtlichen Verfahren vor den Bezirksgerichten, wenn der Streitwert unter € 5.000,– liegt oder eine Sonderzuständigkeit gemäß § 27 Abs 2 ZPO vorliegt.

Im **Außerstreitverfahren** berechtigt die kleine LU grundsätzlich zur Vertretung im Verfahren erster und zweiter Instanz (§ 4 AußStrG). Zu beachten ist, dass es auch hier Ausnahmen geben kann.

Im Strafverfahren richtet sich die notwendige Verteidigung nach § 61 StPO. RAA dürfen daher nur in jenen Verfahren vertreten, in welchen Beschuldigte nicht zwingend durch eine Verteidigerin vertreten sein muss.

Wird man als RAA in einem Verfahren tätig, welches die große Legitimationsurkunde voraussetzt, hat dies **neben verfahrensrechtlichen auch disziplinarrechtliche Konsequenzen** für die RAA und ihre Ausbildungsanwältin. Grundsätzlich ist die Ausbildungsanwältin dazu angehalten, zu überprüfen, ob die beauftragte Tätigkeit dem Rahmen der Legitimationsurkunde der Konzipientin entspricht, doch es empfiehlt sich stets selbst zu überprüfen, ob man für die gewünschte Tätigkeit ausreichend Vertretungsbefugnis besitzt, um einem allfälligen Disziplinarverfahren zu entgehen.[22]

Abgesehen von den standes- und disziplinarrechtlichen Grenzen und möglicherweise gewissen Vorgaben der Kanzlei bzw der Ausbildungsanwältin, ist man im Rahmen seiner Tätigkeit als RAA aber sehr frei. Diese Phase der Ausbildung gewährt einem die einzigartige Chance, sich unter

---

22 Mehr Information unter https://www.rakwien.at/userfiles/file/folder_ste/RAA_Infoguide_Stand_2017_03_01.pdf; https://konzipientenverband.at/legitimation/ (21.11.2024).

dem Schutzmantel der Ausbildungsanwältin **persönlich zu entfalten und seinen eigenen juristischen Stil zu entwickeln** – vom eigenen Schreibstil bis zum Umgang mit Mandantinnen. Es gibt viele Tätigkeiten, die einen individuellen Zugang erlauben. Wie groß die Entfaltungsmöglichkeiten sind, ist sehr individuell und hängt stark von der ausbildenden Anwältin und den Kanzleistrukturen ab.

Aber eines ist klar! In dieser Zeit bekommt man die Chance sich auszuprobieren, neue Rechtsgebiete zu erkunden, Stärken zu entwickeln und Schwächen zu erkennen. Und gerade dafür braucht es Fehler, denn man wächst, indem man aus eigenen und fremden Fehlern lernt und diese möglichst nur einmal begeht. Mit jedem entdeckten Fehler fördert man die Fehlerprophylaxe der Zukunft. Alles in allem geht es aber in der gesamten Konzipientinnenzeit nur darum, das an der Universität erlernte Theoriewissen in der Praxis umzusetzen und seinen Platz in der Juristerei zu finden.

Denn früher oder später kommt glücklicherweise der Tag der Eintragung in die Liste der Rechtsanwältinnen und ab diesem Zeitpunkt freut man sich über jeden Fehler, den man als Konzipientin begangen hat und als Rechtsanwältin nicht mehr wiederholen wird.

1.3. Der gute erste Eindruck – freundlicher Umgang mit Kolleginnen

Dieser Punkt mag für viele auf den ersten Blick sehr banal klingen. Nichtsdestotrotz ist der erste Eindruck ein wesentlicher Türenöffner. Bereits im Bewerbungsgespräch entscheidet sich in den ersten Sekunden, welchen Weg das gemeinsame Kennenlerngespräch einschlagen wird. Ein guter erster Eindruck ist federführend für den Beginn und Fortlauf eines Gesprächs. **Denn eines ist klar, für den ersten Eindruck gibt es keine zweite Chance.**

Aber was genau macht einen guten ersten Eindruck aus?

> „Als Rechtsanwältin fällt mein erster Blick auf den Gesichtsausdruck meines Gegenübers, um zu erkennen, ob die Person aufmerksam und an ihrer Umgebung interessiert ist. Auch wenn dies oft unbewusst geschieht, vermittelt eine positive Wahrnehmung das angenehme Gefühl, dass ein wertvoller Austausch nicht nur möglich, sondern auch willkommen ist."
>
> *Melanie Gassler-Tischlinger*, Partnerin, GPK Pegger Kofler & Partner Rechtsanwälte

Um dies beurteilen zu können, muss man sich im Klaren sein, welche Komponenten beim ersten Eindruck schlagend werden. Er setzt sich aus zahlreichen Eindrücken und Wahrnehmungen zu einer Person zusammen. Beginnend bei der **visuellen Komponente**, der Körpersprache (Mimik, Gestik) und Körperhaltung, bis zur **auditiven Komponente**, der Stimme, Sprache und Wortwahl.

Exkurs: Basierend auf einer psychologischen Sichtweise spielen **drei wesentliche Effekte** beim ersten Eindruck eine Rolle. Man nennt sie den Primacy-, Halo- und Recency-Effekt.

Beim ersten Aufeinandertreffen mit der Chefin oder Kollegin wird zu Beginn der sogenannte **Primacy-Effekt** schlagend. Es handelt sich dabei um ein Kurzzeitgedächtnis-Phänomen, welches Erstinformationen prägender und höher bewertet als Gesprächsinhalte in der Mitte des Gesprächs. Wichtige Aussagen sollten daher im Sinne dieses Vorrangeffekts zu Beginn eines Gesprächs platziert werden.

Vom sogenannten **Halo-Effekt** („Halo" = Heiligenschein), der das Pendant zum negativen Horn-Effekt ist, spricht man, wenn vereinzelte prägende Eigenschaften des Gegenübers nicht mehr ausgeblendet werden können und sämtliche weiteren Merkmale einer Person überstrahlen. Beim Horn-Effekt liegt der Fokus auf einer einzigen negativen Eigenschaft, die sodann den weiteren Gesprächsverlauf in ein schlechtes Licht rückt.

Doch nicht nur der erste Eindruck ist von Relevanz. Viele Menschen unterschätzen die Macht der Schlussworte. Vielleicht, weil sie noch nie vom **Recency- bzw Rezenzeffekt** gehört haben. Er bildet das Gegenstück zum eingangs erörterten Primacy-Effekt. Gerade im Bereich des Networkings spielen diese beiden Effekte eine tragende Rolle. Der erste Eindruck entscheidet, ob eine Grundsympathie für die Person vorhanden ist, der letzte Eindruck bestimmt, wie man mit dieser Person verbleibt.

Hier kommen nun ein paar schnelle Tipps für einen guten ersten Eindruck

Höfliches Auftreten
Selbstverständlich begrüßt man beim Betreten der Kanzlei bzw des Unternehmens sämtliche Mitarbeiterinnen, Chefinnen und allenfalls Mandantinnen oder Kundinnen. Bei größeren Unternehmensstrukturen, wo dies nicht möglich ist, beschränkt man sich üblicherweise auf die Abteilung, in der man arbeitet, sowie auf die zugehörigen Abteilungsleiterinnen.

Wie man seine Vorgesetzen und Kolleginnen begrüßt, bleibt natürlich jedem selbst überlassen, solange es in einem **freundlichen, höflichen Umgangston** passiert und man auf die **richtige Wortwahl** achtet.

Eines ist klar, **der gute alte Händedruck** ist immer noch der Klassiker unter den Begrüßungsgesten. In der Regel dauert er drei bis vier Sekunden und muss fest sein, insbesondere bei Frauen. Er zeigt, dass man gute Manieren hat und sein Gegenüber respektiert. Eine gute Ausgangsbasis für das weitere Gespräch!

Ordentliches Aussehen
Neben einer gewissen Grundhygiene sollte auch saubere Kleidung eine Selbstverständlichkeit sein. Gemeint ist damit aber nicht, dass man verpflichtenderweise am ersten Tag im besten Zwirn erscheinen muss. Es empfiehlt sich jedoch, je nach Unternehmens-/Kanzleiumfeld vorab etwas Recherche zu betreiben und sich schon beim Bewerbungsgespräch umzusehen, welchen Kleidungsstil die Mitarbeiterinnen pflegen. An diesem kann man sich dann bei seinem ersten Arbeitstag gut orientieren.

Ein bewährter Grundsatz lautet: „Better overdressed than underdressed!" Im Zweifel kleidet man sich lieber etwas schicker und passt seinen Kleidungsstil in den Tagen danach an, falls die Mehrheit etwas legerer gekleidet ist. Individualität darf auch in der Juristerei gerne gelebt werden, jedoch sollten spezielle Vorgaben der Arbeitgeberinnen jedenfalls beachtet werden.

Anderen Kanzleien wiederum ist die Kleiderwahl vollkommen egal, solange man an Verhandlungstagen ein für Gericht passendes Outfit wählt.

Alles in allem kommt es auf den Gesamteindruck an.

Blickkontakt halten
Wie vielen vielleicht schon von diversen Prüfungsgesprächen bekannt ist, beweist das Suchen und Halten von Blickkontakt Selbstbewusstsein und zeigt, dass man sich nicht verstecken möchte. Blicke an die Decke oder den Boden sind tunlichst zu vermeiden, wenn man seiner Gesprächspartnerin persönliches Interesse und Aufgeschlossenheit symbolisieren möchte.

Schaut man der Person hingegen immer wieder in die Augen, symbolisiert man dadurch, dass man nichts zu verstecken hat und gerne offen ins Gespräch geht. Bei optimalem Blickkontakt klettert die Sympathieskala wie von allein ein paar Punkte nach oben.

Aber Achtung: Bitte nicht starren! Eine Studie des Psychologen *Alan Johnston* und seiner Kollegen vom Universität College London hat ergeben, dass sich nach durchschnittlich 3,3 Sekunden des Blickkontakts ein Gefühl des Unbehagens beim Gegenüber einstellt. Daher besser nicht übertreiben.[23]

---

23 *Harrison/Binetti/Coutrot/Mareschal/Johnston*, Individual differences in preference for mutual gaze duration, Journal of Vision (2015) 15 (12), 173.

Freundliches Lächeln

Ein freundlicher Gesichtsausdruck ist die Visitenkarte jedes Menschen. Ein Lächeln im Gesicht strahlt Offenheit aus und verleitet den Gesprächspartner in spe dazu, sich mit seinem Gegenüber wohlwollend auf das Gespräch einzulassen. Ein angenehmer Start in den Small Talk.

Lächeln verbindet Menschen, öffnet Türen und steigert das Ansehen. Eine Studie von *Alice Isen*, einer Psychologieprofessorin an der Cornell-Universität in New York, zeigte, dass lächelnde Kolleginnen nicht nur beliebter und populärer sind, sie werden auch von ihren Vorgesetzten öfter befördert und erzielten am Ende höhere Einkommen.

Ein Lächeln kostet nicht viel, aber bringt umso mehr!

Gewählte Worte und angenehme Stimmlage

Zu guter Letzt sind natürlich die Wortwahl sowie die gewählte Stimmlage wichtige Merkmale eines guten ersten Eindrucks. Nach den einleitenden Begrüßungsworten und einer kurzen Vorstellung zur Person folgt oftmals ein kleines Small-Talk-Gespräch. Dabei erzeugt eine entspannte, ruhige Tonlage eine bestimmte Wirkung in der Gesprächspartnerin.

Neigt man daher zu Nervosität in Vorstellungsgesprächen, hilft es vorab, dreimal gut und vor allem tief (Bauchatmung!) durchzuatmen, um seinen Puls zu senken und nicht in schrille, hohe Tonlagen abzudriften. Tiefe, ruhige Stimmen werden vom Menschen als angenehmer empfunden und mit Souveränität und Kompetenz assoziiert – Eigenschaften, die man gerade in einem Vorstellungsgespräch gerne präsentieren möchte.

TIPP

Wenn man sich vor Gesprächen mit neuen Personen noch etwas scheut, hilft es, diese Situationen mithilfe von Familie und Freunden nachzuspielen und verschiedenste Gesprächsverläufe durchzuspielen. Ebenso kann man sich bei verschiedenen *Paragraphinnen*-Events rund um das Thema Karriere und Bewerbung der Übung stellen. Solche Rollenspiele geben einem das Werkzeug in die Hand, das man später in realen Situationen gezielt einsetzen kann.

Wer einen Schritt weiter gehen möchte, kann versuchen, Passanten anzusprechen (beispielsweise, indem man sie um die Uhrzeit oder nach dem Weg fragt) und diese in einen kurzen Small Talk zu verwickeln. Bestenfalls lässt man diese Situationen von der Familie oder Freunden beobachten und von diesen hinsichtlich Wortfluss/-wahl und Stimmlage beurteilen.

Gewählte, angemessene Worte sind jedoch in jeder Phase der Karriere wichtig. Gerade wenn der Job mal etwas stressiger wird, ist es umso wichtiger, den respektvollen Umgang mit seinen Arbeitgeberinnen, Kolleginnen und anderen Mitarbeiterinnen zu pflegen.

1.4. Start in den Arbeitsalltag – vertraut machen mit den internen Abläufen

Wer im Rahmen seines Studiums durch diverse Praktika oder Nebenjobs bereits Einblicke in den Berufsalltag gewinnen konnte, merkt schnell, dass jede Kanzlei, jedes Unternehmen oder auch jedes Notariat eigene interne Abläufe pflegt. Je nach Kanzlei- bzw Unternehmensgröße und -struktur ergibt sich zudem eine unterschiedliche Verteilung der Kernbereiche.

Beispielsweise finden sich in Großkanzleien eigene Abteilungen für Mahn-, Grundbuch- oder Firmenbuchwesen, in einer kleinen Kanzlei ist im Vergleich dazu oftmals nur eine einzige Kanzleiangestellte zuständig. **Die internen Abläufe können daher stark variieren.**

Aber auch bei Rechtsabteilungen verschiedener Unternehmen sind die Tätigkeitsbereiche und Prozesse sehr unterschiedlich, weshalb auch hier jedes Unternehmen seine eigenen internen Abläufe pflegt. Es kann daher durchaus einige Wochen bis Monate dauern, bis man sich **mit sämtlichen Arbeitsabläufen vertraut gemacht hat.**

Je schneller man sich jedoch in die bestehenden Strukturen einarbeitet und die typischen, alltäglichen Abläufe verinnerlicht, umso schneller ist man seiner Chefin/Ausbildungsanwältin eine Hilfe und kann diese tatkräftig unterstützen.

Am effektivsten eignet man sich die internen Arbeitsabläufe an, indem man sich **an Mitarbeiterinnen orientiert, die schon länger im Unternehmen/der Kanzlei/der Abteilung tätig sind**. Diese Mitarbeiterinnen bringen einen umfangreichen Erfahrungsschatz mit und sind bereits bestens eingearbeitet. Der große Vorteil daran ist, dass man durch den Erfahrungsaustausch mit den Mitarbeiterinnen die Chefin/Ausbildungsanwältin etwas entlasten kann. Es empfiehlt sich ohnehin, zuerst jene Mitarbeiterinnen zu befragen, die diese Tätigkeiten Tag ein Tag aus ausführen, bevor man gleich an die Ausbildungsanwältinnen herantritt und diese mit derartigen Fragen konfrontiert.

Erfahrungsgemäß erfährt man im Austausch mit Kolleginnen auch sehr schnell, welche Besonderheiten sich die Ausbildungsanwältin/Chefin wünscht, welche Fettnäpfchen man besser umgehen und welche Fehler man besser unterlassen sollte.

Besonders im Kanzleialltag gibt es einige Besonderheiten, mit denen man sich in den ersten Tagen vertraut machen sollte. Um überhaupt zu wissen, wie ein typischer Tag in einer Kanzlei abläuft, muss man sich zuerst damit beschäftigen, welche Tätigkeiten tagtäglich anfallen und von wem diese bearbeitet werden.

BUCHTIPP
Einen guten Überblick bietet das Büchlein **„Knigge für den Kanzleialltag – ihr Fahrplan für mehr Souveränität und Gelassenheit"** von *Gerit Jantschgi*.

Man verschafft sich daher in der Anfangsphase ein erstes Bild, wie die Kanzlei strukturiert ist und welche groben Tätigkeitsbereiche und -abläufe es gibt.

Im Folgenden werden beispielhaft **einige klassische Aufgaben aus dem typischen Kanzleialltag** herausgegriffen und näher ausgeführt:

Mandantinnenbetreuung

In jeder Kanzlei besteht neben einem Team aus Juristinnen ein Team aus Assistentinnen bzw Sekretärinnen, die die Juristinnen in ihrer täglichen Arbeit unterstützen. Während die Juristinnen (damit sind sowohl die fertigen Anwältinnen und Unternehmensjuristinnen als auch die Berufsanwärterinnen usw gemeint) und die juristischen Mitarbeiterinnen die Akten inhaltlich bearbeiten, steht das **Assistenzteam an vorderster Front** und bildet die **Schnittstelle zu den Kundinnen und Mandantinnen**.

Die Kanzleiangestellten bzw Sekretariatsmitarbeiterinnen übernehmen daher die primäre Kommunikation mit der Mandantschaft und übermitteln sämtliche Briefe, Unterlagen und Gerichtsstücke zur Kenntnis- oder Stellungnahme an die Mandantinnen. Zudem sind die Kanzlei-/Sekretariatsmitarbeiterinnen meist in der telefonischen Kette vorgeschaltet und beantworten in erster Linie Terminanfragen oder sonstige einfache Anfragen, sofern diese nicht zu komplex sind und deshalb nur von Juristinnen beantwortet werden können.

Sie nehmen daher den inhaltlich mit den Akten betrauten Juristinnen eine erhebliche Menge an Organisations- und Kommunikationsaufwand ab.

Weiters sitzen diese Mitarbeiterinnen oftmals an einem sogenannten **„Frontdesk"**. Das ist ein räumlich vorgelagerter Schreibtisch (meist in einem eigenen Raum). Dort begrüßen sie die Mandantinnen als Erstes, wenn diese die Kanzlei betreten. Sie sind daher das **Gesicht der Kanzlei** übernehmen die **Gastgeberrolle** in den Räumlichkeiten der Kanzlei.

Termine, Fristen und Kalendierungen

Wie bereits im ersten Punkt kurz erwähnt, beantworten die Kanzlei-/Sekretariatsangestellten die **Terminanfragen** der Mandantinnen großteils eigenständig und vereinbaren die Termine mit den zuständigen Juristinnen. Sie verwalten daher die Termine der Juristinnen und informieren diese darüber. Wie die Termine genau verwaltet werden, ist je nach Unternehmen, Abteilung und Kanzlei unterschiedlich. Manche bevorzugen eine **digitale Terminverwaltung**, die bestenfalls mit mehreren Geräten synchronisiert ist, andere bevorzugen eine **analoge Terminverwaltung** in Form eines Fristenbuchs oder sogar beides.

Wenngleich man üblicherweise nicht schon zu Beginn mit der Mandantinnenbetreuung betraut wird, empfiehlt es sich, sich schon vorab mit der **internen Terminorganisation** vertraut zu machen und auch eigene Termine wie Urlaubstage, Arztbesuche usw in dieses System einzutragen bzw eintragen zu lassen, damit die Kolleginnen aus dem Sekretariat Bescheid wissen, dass man sich zu einem gewissen Zeitpunkt nicht im Unternehmen/der Kanzlei befindet und sie dies bei der Terminkoordination beachten können.

Neben den Terminen werden auch die **Fristen und Kalendierungen** zu den einzelnen Akten von den Kanzleiangestellten verwaltet. Die für den Akt zuständige Rechtsanwältin ist jedoch verpflichtet, ein internes Kontrollsystem einzuführen und die Fristeinhaltung zu überprüfen. Sie darf sich daher nicht auf die Arbeit ihrer Kanzleimitarbeiterinnen verlassen, sondern hat für die Einhaltung der Fristen selbst einzustehen. Eine unrichtige Fristenverwaltung birgt daher ein hohes **Haftungsrisiko** für die Kanzlei und stellt nach ständiger Judikatur auch keinen Wiedereinsetzungsgrund dar.[24]

Als Berufsanfängerin lernt man daher schnell, sich an Fristen zu orientieren und mit diesen zu arbeiten. Es ist ratsam, sich vorab mit den **unterschiedlichen Arten von Fristen** etwas auseinanderzusetzen. Man unterscheidet einerseits zwischen materiellen (zB Schadenersatz- oder Gewährleistungsfristen) und prozessualen Fristen (zB Fristen zur Ausführung

---

24 LG Eisenstadt 5.12.2003, 13 R 303/03m.

eines Rechtsmittels), andererseits zwischen gesetzlichen (zB Rechtsmittelfristen, weil sie im Gesetz normiert sind) und richterlichen Fristen (zB Frist für eine Stellungnahme, weil sie der Richter ohne gesetzliche Vorgabe frei festsetzen darf). Unterschiede in der Behandlung dieser Fristen ergeben sich beispielsweise bei ihrer Berechnung, ihrer Verlängerungsmöglichkeit oder der Beachtung des Postlaufs.

Besonderes Augenmerk bei der Fristenberechnung ist auf die **fristenhemmende Zeit** gemäß § 222 ZPO zu legen. In der Zeit von 15.7. bis 17.8. sowie 24.12. bis 6.1. werden bestimmte Fristen gehemmt. Fällt der Anfang dieser Zeiträume in den Lauf einer solchen Frist oder der Beginn einer solchen Frist in diesen Zeitraum, so wird die Frist um die ganze Dauer oder um den bei ihrem Beginn noch übrigen Teil dieses Zeitraums verlängert. Das bedeutet, dass die Frist während der Zeit der Hemmung nicht fortläuft und in der Zeit der Hemmung die Frist auch nicht zu laufen beginnt.[25]

TIPP
Die Richtervereinigung bietet online einen Fristenrechner an, der Fristen unter Berücksichtigung der fristenhemmenden Zeit berechnet und gerade zu Beginn der Konzipientinnenzeit sehr hilfreich sein kann.

Unter Kalendierung versteht man die Eintragung eines Termins, zu dem man den Akt wieder der zuständigen Juristin zur Bearbeitung vorlegt. Der Akt wird daher in der Zeit, in der er nicht für die Bearbeitung benötigt wird, in einem Aktenablagesystem abgelegt und von der Kanzleimitarbeiterin am kalendierten Datum wieder rausgesucht und der Juristin vorgelegt. Meist werden Kalendierungen mit einem Zusatz versehen, wieso der Akt zu diesem Zeitpunkt wieder vorgelegt werden soll.

Ein Beispiel: Übergibt die Rechtsanwältin der Kanzleiangestellten den Akt mit der Bitte um „Kal. 2 Wochen mit Zusatz Antwort GV?" so bedeutet dies, dass der Akt zwei Wochen im Aktenschrank bzw dem vorhandenen Aktensortiersystem abgelegt werden soll und in dieser Zeit eine Antwort der Gegenvertreterin erwartet wird. Erfolgt in dieser Zeit keine Antwort der Gegenvertreterin (die ohnehin zu einer Vorlage des Aktes bei der zuständigen Juristin geführt hätte), holt die Kanzleimitarbeiterin den Akt nach zwei

---

25 https://www.weka.at/news/Recht-Steuern/Kanzleipraxis/Fristenverwaltung-was-gilt-es-zu-beachten (1.8.2024).

Wochen selbständig hervor, übergibt diesen an die Juristin und wartet auf einen neuen Arbeitsauftrag, wie beispielsweise eine Urgenz bei der Gegenvertreterin.

Kalendierungen sind daher wichtig, um den Akt in Evidenz zu halten, ihn aber gleichzeitig nicht permanent im Büro der Juristin lagern zu müssen.

Aktenverwaltung

Akten können **digital, analog oder hybrid** geführt werden. Welche Form man favorisiert, entscheidet die Kanzlei selbst. Als Berufsanwärterin hat man meist kein Mitspracherecht und ist an die gewählte Form der Kanzlei gebunden.

Viele (vor allem seit Langem bestehende) Kanzleien bestehen noch auf die analoge Aktenführung und drucken jedes einzelne Dokument aus. Der Akt besteht dann aus mehreren Unterordnern, sogenannten **Faszikeln**. Typischerweise gibt es einen Unterakt für Gerichtsstücke (GS), einen für Korrespondenzen (KS) und einen für (Beilagen). Je nach Vorliebe der Kanzlei kann es beispielsweise auch einen Unterakt für Recherche oder Unterlagen geben. Teilweise wird dies auch pro Akt unterschiedlich gehandhabt, je nachdem, wie umfangreich er wird.

Egal ob der Akt digital, analog oder hybrid geführt wird – jede Form hat ihre Vor- und Nachteile. Im Sinne des Umweltschutzes und der voranschreitenden Digitalisierung ist aber jedenfalls schon eine überwiegende Tendenz zu digitaler Aktenführung erkennbar, auch wenn sich der analoge Handakt noch sehr hartnäckig hält.

Für die digitale Aktenverwaltung gibt es diverse **Anwaltssoftwares** wie zB Advokat oder Paragraph/Paraoffice. Diese Softwares enthalten unterschiedliche Features, die die Bearbeitung der Akten kanzleiintern erleichtern.

Auch der **ERV** (=Elektronische Rechtsverkehr), ein elektronisches Kommunikationssystem zwischen Gerichten, Behörden, Rechtsanwältinnen, Notarinnen, Banken, Versicherungen und Unternehmen, ist in diesen Softwares implementiert. Der Betrieb des ERV wurde seit 1. Juli 2007 für Rechtsanwältinnen und Notarinnen verpflichtend eingeführt. Eingaben (samt Beilagen) werden seitdem im elektronischen Rechtsverkehr eingebracht. Es gibt nur wenige Gerichte oder Behörden, die nicht in den ERV eingebunden sind. Schriftsätze an diese werden wie gewohnt postalisch eingebracht.

Sofern man nicht durch diverse Praktika oder Nebenjobs bereits Erfahrungen mit diesen Anwaltssoftwares sammeln konnte, wird man für die Einarbeitung auf die Unterstützung der Kolleginnen angewiesen sein.

Es gibt aber auch diverse Hilfsmittel wie Handbücher oder Seminare. Diese erleichtern den Einstieg enorm und tragen wesentlich zu einer vereinfachten Handhabung bei. Diverse Anbieter bieten von Zeit zu Zeit auch kostenlose Einschulungen an. Eine professionelle Einschulung vorab ist definitiv empfehlenswert.

Postbearbeitung

Üblicherweise überwachen die Kanzleiangestellten die Posteingänge und weisen diese den zugehörigen Akten zu, die folglich den zuständigen Juristinnen zur Kenntnisnahme oder Bearbeitung vorgelegt werden. Im Zuge dieses Posteinlaufes werden auch vor der Vorlage allenfalls gesetzte Fristen in den Terminkalender eingetragen und etwaige Terminkollisionen sofort vermerkt, damit die Juristin eine Verschiebung veranlassen oder eine Vertretung besorgen kann.

Welche Posteingänge gibt es?

Der sogenannte Einlauf besteht einerseits aus der klassischen Post im Brief-/Paketformat, den eingehenden Faxsendungen und Dokumenten, die Mandantinnen persönlich vorbeibringen. Andererseits finden sich Eingänge im elektronischen Rechtsverkehr, welche selbst abgerufen und den digitalen Akten zugeordnet werden müssen, sowie E-Mails, die den größten Anteil an Mitteilungen ausmachen. Je nach gewünschter Aktenführung werden E-Mails ebenso wie die ERV-Eingänge dem digitalen Akt zugeordnet oder ausgedruckt und mit dem Handakt vorgelegt. Bei hybrider Aktenführung wird beides gemacht.

Wichtig ist, dass bei sämtlichen Posteingängen, welche nicht unmittelbar mit dem Eingangsdatum versehen sind, ein Stempel anzubringen ist, wann dieses Dokument bzw Schreiben zugestellt wurde, da an den Tag der Zustellung wichtige Fristen geknüpft sein können.

Nach der Vorlage der Posteingänge bearbeiten die Juristinnen mit Unterstützung der Berufsanwärterinnen den Akt und geben der Kanzleiangestellten neue Arbeitsaufträge.

Recherche

Gerade im ersten Berufsjahr als RAA wird man von seiner Ausbildungsanwältin häufig mit der Recherche zu einer bestimmten rechtlichen Fragenstellung betraut. Es gilt sodann **Literatur und Judikatur zu durchforsten** und eine Antwort auf die gestellte Frage zu finden und diese der Juristin mitzuteilen.

Dabei gibt es unterschiedliche Möglichkeiten, wie man an die Recherche herangehen kann. Für heiße Tipps und Tricks für eine gelungene Recherche lohnt sich der Blick ins Kapitel § 5 dieses Buches.

1.5. Selbständiges Arbeiten

Aller Anfang ist schwer, doch wenn die Einarbeitungsphase erstmal hinter einem liegt und man sich mit den groben Arbeitsabläufen im Unternehmen vertraut gemacht hat, beginnt der wirklich spannende Teil – das selbständige Arbeiten!

Bestenfalls bekommt man von seiner Chefin oder Ausbildungsanwältin dem Ausbildungsstand entsprechende Arbeitsaufträge und kann diese eigenständig bearbeiten. Manchmal jedoch bekommt man Aufgaben übergeben, denen man sich nicht gewachsen fühlt. Sei es, weil man inhaltlich nicht in der Lage ist, das Rechtsproblem zu erfassen und daher gar nicht weiß, in welche Richtung man recherchieren soll, oder aber, weil man zB zum ersten Mal ein Vertragswerk für sein Unternehmen aufsetzen soll und keine Musterverträge zur Verfügung hat, an denen man sich orientieren kann.

Es gibt diverse Aufgaben, die Berufsanwärterinnen bzw -anfängerinnen im ersten Jahr auf die Probe stellen werden. Da heißt es Sitzfleisch zu beweisen und nicht zu verzagen – oder wie schon unsere Großmütter zu sagen pflegten: **„Es ist noch kein Meister vom Himmel gefallen!"**

In so einer Situation wäre es fatal, gleich den Hut zu schmeißen, in Verzweiflung zu geraten oder in Scham zu verfallen, weil man sich nicht schlau genug fühlt. Solche Aufgaben verlangen Durchhaltevermögen und Kampfgeist! Und beides zeigt man, indem man sich **Schritt für Schritt an die Aufgabe herantastet** und einfach mal beginnt.

Im Beispiel des unverständlichen Rechtsproblems könnte man zB so an die Sache herangehen, dass man zu Beginn einige Schritte zurückgeht und sich ansieht, in welchem Rechtsbereich man sich überhaupt befindet. In einem weiteren Schritt grenzt man das Rechtsgebiet ein und nähert sich den einschlägigen Normen. Um diese besser verstehen zu können, ist der Blick in einen einschlägigen Kommentar ratsam. Und so arbeitet man sich Schritt für Schritt in einen Problembereich ein, bis man das Rechtsproblem durchdrungen hat und mit der Problemlösung beginnen kann.

Auch im Beispiel der fehlenden Musterverträge empfiehlt es sich, vorab auf die Suche nach Musterverträgen zu gehen. Teilweise findet man diese in Online-Datenbanken, teilweise vielleicht auch auf lokalen Datenträgern des Unternehmens oder in geteilten Musterordnern. Vielleicht kann man sich auch an alten, ähnlichen Verträgen orientieren und mal einen groben Entwurf erstellen, bevor man sofort die Flinte ins Korn wirft.

Diese zwei Beispiele haben eines gemeinsam: Auch wenn die Aufgabe im Vorhinein nicht bewältigbar zu sein scheint, es lohnt sich immer zu versuchen, die Aufgabe zuerst selbst zu meistern. Der Gang zur Kollegin mag ein leichter sein, aber man sollte nie vergessen, dass auch die Kollegin einen Berg an Arbeit abzuarbeiten hat, der in der Zeit nicht weniger wird, in der sie Hilfe leistet. Selbiges gilt für die Chefin oder Ausbildungsanwältin, die sich Unterstützung geholt hat, weil sie vermutlich in Arbeit „untergeht", und die wohl nicht erfreut sein wird, wenn man bei der kleinsten Überforderung bei ihr im Büro steht. Sie hat schlichtweg nicht die Zeit, sämtliche Arbeiten Korrektur zu lesen oder zu verbessern. Man muss sich einfach von dem Gedanken verabschieden, dass alles wie zu Schul- oder Universitätszeiten von einer Autoritätsperson korrigiert wird. Im ersten Berufsjahr lernt man, auf eigenen Beinen zu stehen.

Und eines ist garantiert: Jeder bewältigte Arbeitsauftrag, der zuerst nicht bewältigbar schien, sich aber dann doch irgendwie meistern ließ, ist ein Erfolg! Denn man wächst an jeder Herausforderung und mit der Zeit merkt man, welch große Entwicklung man hingelegt hat. Rückblickend wirken diese Aufgaben oft gar nicht mehr so schwer, weil man an Wissen und Erfahrung gewonnen hat und mit jedem schweren Arbeitsauftrag wieder ein Stück gewachsen ist.

Wenn man dann nach einigen Monaten des Einarbeitens auch schon selbständig Arbeiten erkennt und diese ausführen kann, ohne zwischendurch immer wieder nachfragen zu müssen, dann weiß man, dass sich die Mühen der anfänglich schweren Zeit gelohnt haben.

Im ersten Berufsjahr wird man einige Male ins kalte Wasser geworfen, aber es lohnt sich, dranzubleiben und nicht gleich nach den Schwimmflügeln zu greifen, nur weil sie in Griffweite sind. Die ersten Schwimmzüge sind beflügelnd und das Gefühl, das damit einhergeht, ist purer Stolz gepaart mit unglaublicher Freude – versprochen!

1.6. Mut, Fragen zu stellen

Für manche wird der Titel dieses Punktes angesichts des vorigen Abschnittes irritierend wirken. Wurde doch soeben herausgearbeitet, wie wichtig selbständiges Arbeiten ist. Doch wie so oft im Leben einer Juristin „kommt es darauf an", in welcher Situation man sich gerade befindet.

Es gibt durchaus Momente im Rahmen des ersten Berufsjahres (natürlich auch später), in denen es Sinn macht, **nach Hilfe zu fragen** und sich diese von seinen Arbeitskolleginnen oder der Chefin/Ausbildungsanwältin einzuholen. Beispielsweise, wenn man beim Mandantinnen- oder Kundinnengespräch nicht dabei war und für die Aufgabenbewältigung wesentliche Informationen fehlen. In diesem Fall kann man die Mandantin oder Kundin selbstverständlich einfach selbst kontaktieren. Im Sinne des Ansehens der Kanzlei empfiehlt es sich aber, vorab Rücksprache zu halten, ob diese Informationen nicht vielleicht schon besprochen, aber nicht verschriftlicht wurden. Bei der Kundin/Mandantin könnte sonst das Gefühl entstehen, die Kanzlei hätte ihr bei der Informationsaufnahme nicht richtig zugehört. Diese und viele weitere Situationen verlangen danach, mit der Ausbildungsanwältin Rücksprache zu halten und das weitere Vorgehen abzuklären.

Es kann aber auch zB im Rahmen der Rechtsrecherche immer wieder vorkommen, dass man zu einem spezifischen Rechtsproblem keine geeignete Literatur oder Judikatur finden kann. Auch in einem solchen Fall ist es sinnvoll, bei der Ausbildungsanwältin nachzufragen, in welche Richtung man noch weiter recherchieren könnte, um eventuell einen anderen Lösungsweg zu finden.

Fühlt man sich daher bei einer bestimmten Tätigkeit festgefahren und weiß keinen Ausweg, ist man gut beraten, wenn man sich je nach Aufgabengebiet bei Kanzleikolleginnen, anderen Berufsanwärterinnen oder der Ausbildungsanwältin selbst **Hilfe holt und diese um Rat bittet**. Dafür muss man sich auch in keiner Weise schämen oder sich deshalb schlecht fühlen. Es ist absolut verständlich und nachvollziehbar, dass die Berufsanwärterinnen in ihrem ersten Jahr die „Informationswelle" überrollt, dass einige Fragen auftauchen und dass manche selbst nach eigenständiger Recherche vorab noch offenbleiben. Suchmaschinen sind toll, keine Frage, aber das Internet beantwortet eben nicht alle Fragen. Bevor man Gefahr läuft, einen Fehler zu begehen, sollte man immer den Gang zu einer erfahrenen Person vorziehen und nachfragen. Gerade wenn es um Erfahrungssätze und Abwägungsentscheidungen geht, braucht man zB den Rat seiner erfahrenen Ausbildungsanwältin.

Manchmal fühlt man sich auch einfach nur sicherer, wenn man sich vorab den **Rat einer erfahrenen Ausbildungsanwältin** einholen kann. Dieser Wunsch ist völlig legitim. Viele Tätigkeiten von Juristinnen basieren auf guter Vorbereitung. Man spinnt alle Eventualitäten durch, um im Ernstfall bestmöglich vorbereitet zu sein und gut reagieren zu können. Es macht daher durchaus Sinn, auch mit seiner Ausbildungsanwältin vorab verschiedene Eventualitäten durchzugehen und zu hinterfragen, wie diese bestimmte Situationen bzw Aufgaben meistern würde.

Der Mut zur Frage bedeutet daher nicht, mit jeder kleinsten Frage zu anderen Personen zu laufen, sondern zuerst zu versuchen, die Frage eigenständig zu lösen und danach um Hilfe zu bitten, wenn man merkt, dass man alleine nicht mehr vorankommt. Man kann nie alles wissen, aber die Häufigkeit der Fragen wird mit steigender Erfahrung von Monat zu Monat weniger.

1.7. Eigeninitiative zeigen

Um auftretende Fragen beantwortet zu bekommen, muss man proaktiv auf seine Arbeitskolleginnen oder Chefinnen zugehen. Dafür braucht es einen Impuls, den man auch **Eigeninitiative** nennt. Man erkennt die für sich selbst unlösbare Frage und agiert aus eigenem Antrieb heraus, indem man auf Vorgesetzte zugeht und diese um Unterstützung bittet. Dies erfordert auch ein **gewisses Maß an Mut**.

Das Wort „Initiative" stammt aus der lateinischen Sprache und **bedeutet „Anfang"**. Sie bildet den Anstoß, etwas aus eigenem Impuls zu starten, eine Handlung zu beginnen. Kennzeichnend ist die Zusammensetzung aus **drei Merkmalen**:

→ Der eigeninitiative Impuls stammt **von der Person selbst**. Das bedeutet, dass **kein Dritter** den Anstoß gegeben hat und es **kein Auftrag von außen** war.
→ **Eigeninitiative schließt Passivität aus.** Eine Person die Eigeninitiative zeigt, ist einen Schritt voraus. Sie erkennt Situationen, in denen es nötig ist, Handlungen zu setzen, und entwickelt aus eigenem Ansporn **proaktiv** Lösungsvorschläge.
→ Wer Eigeninitiative zeigt, beweist **Durchhaltevermögen und Kritikfähigkeit**. Diese Personen geben nicht beim ersten Hindernis auf, sondern sehen dieses als eine Herausforderung, die es zu überwinden gilt. Dazu braucht es auch eine gute Basis an Selbstvertrauen.

Eigeninitiative ist ein wesentlicher und sehr wichtiger Bestandteil für den Eintritt ins Berufsleben. Während der Schulzeit ist man gewohnt, dass einem die Lehrerinnen vorgeben, welchen Stoff man aufgrund welcher Unterlagen zu lernen hat. Was man sich wie aneignen kann, wird einem ganz klar vorgegeben. Eigeninitiative ist da selten gefragt.

Das ändert sich jedoch stark mit Beginn des Studiums an der Universität. Der Lehrplan der Universität gibt zwar vor, welche Stoffgebiete zu lernen sind. Teilweise werden sie auch von Professorinnen je nach Vorliebe nochmals näher eingegrenzt oder erweitert. Das „Wie" gestaltet sich auf der Universität allerdings schon um ein Vielfaches flexibler.

Das Curriculum gibt zwar grundsätzlich vor, welche Vorlesungen oder Übungskurse verpflichtend zu besuchen sind, bietet aber noch eine Vielzahl weiterer Lehrveranstaltungen an, die ergänzend besucht werden können, zB freiwillige Vorlesungen, Repetitorien, Seminare usw.

Man wird in gewisser Weise vor die Wahl gestellt, ob man sich den Prüfungsstoff in Eigenregie durch Bücher-Wälzen beibringen oder man sich lieber in auditiver Form bei einer ergänzenden Vorlesung weiterbilden möchte. Diese Entscheidung trifft man am besten basierend auf dem eigenen Lerntyp. Auf die verschiedenen Lerntypen und -techniken wird im Kapitel § 3 dieses Buches näher eingegangen.

Der Großteil der Studierenden eignet sich den Lernstoff durch mehrfaches Lesen und Markieren der einschlägigen Fachbücher an. Doch auch hier bietet die Universität mehrere Möglichkeiten an. Die Professorinnen geben zwar Literaturhinweise und Tipps zu einschlägiger Fachliteratur und Lehrbüchern, verweisen aber darauf, dass man sich das Werk zum Lernen suchen soll, das den individuellen Bedürfnissen am meisten entspricht. Man entscheidet sich daher nicht mehr für ein standardisiertes Werk, sondern für das, das in Wortfluss und Erklärungstechnik den besten Lernerfolg verspricht. Hier wird bereits auf die Eigenverantwortung der Studierenden gebaut und der Antrieb gefördert, sich eigeninitiativ das – für sich – beste Lernmittel zu organisieren. Wer sich proaktiv darum bemüht, seinen Lernstil herauszufinden und hilfreiche Lernmittel bzw -methoden zu finden, dem wird das Studium um einiges leichter fallen als demjenigen, der sich an die klassischen Lehrmittel hält, obwohl er dem Lerntyp entsprechend auf andere Weise viel leichter und besser lernen würde.

Dies ist nur ein Beispiel von vielen, welches hervorhebt, wie stark das Studium die Eigeninitiative der Studierenden fördert und herausbildet. Es beginnt bei so kleinen Schritten wie „Welches Buch kaufe ich?" und endet mit den großen Fragen wie „Wie bekomme ich nun einen Job?" Aus eigenem Antrieb zu handeln, sein Leben selbst in die Hand zu nehmen und zu gestalten, ist für die Gestaltung eines zufriedenen, glücklichen Lebens unumgänglich. Umso wichtiger ist es, dass diese Eigenschaft vor dem Eintritt ins Berufsleben mitgegeben wird. Denn gerade im Laufe des ersten Berufsjahres profitiert man sehr stark davon, wenn man gelernt hat, Dinge selbst in die Hand zu nehmen. Eigeninitiative zählt zu den wichtigen Soft Skills, die bei Arbeitgeberinnen hoch im Kurs stehen.

Doch was genau bedeutet es, **Eigeninitiative im Beruf** zu zeigen?

1.8. Die Motivation, freiwillig mehr zu geben

Eine durchschnittliche Mitarbeiterin erledigt ihre Arbeiten gewissenhaft in angemessener Zeit. Eine Arbeitnehmerin, die neben ihren täglichen Arbeitsaufträgen noch **zusätzliche Aufgaben freiwillig übernimmt**, sticht im Gegensatz dazu besonders hervor. Die Arbeitgeberinnen erkennen meist recht schnell, wer nur „sein Soll erfüllt" und wer darüber hinaus die sogenannte „Extra-Meile geht" und auch unaufgefordert bereit ist, Tätigkeiten zu übernehmen, die man eigentlich nicht tun müsste, oder mal freiwillig länger zu bleiben.

Vorsicht ist hier einerseits im Umgang mit den Kolleginnen geboten, da permanente Fleißarbeit schnell **negativ ausgelegt** werden kann. Andererseits gilt es, sich im ersten Berufsjahr nicht zu übernehmen. Aufgrund der großen Informationswelle und dem Umstand, dass viele Arbeitsaufträge zum ersten Mal ausgeführt werden, kann die Übernahme weiterer Aufgaben schnell zu **Überforderung** führen. Man sollte darauf achten, dass dies zu keinem **Qualitätsverlust** der eigentlichen Arbeit führt. Es ist daher ratsam, erst nach der Einarbeitungszeit freiwillige Mehrarbeit anzubieten.

Aufgaben erkennen und ausführen

In den ersten Wochen und Monaten einer Berufsanwärterin liegt der Fokus definitiv auf dem Kennenlernen des Unternehmens/der Kanzlei, der internen Arbeitsabläufe und der Mitarbeiterinnen. Mit der Zeit wird die Berufsanwärterin zunehmend mit verantwortungsvolleren Aufgaben betraut. Zuerst beginnt man vielleicht noch mit einfacheren Arbeiten am Schreibtisch, doch schon bald sitzt man in der ersten Vertragsverhandlung, im Kundinnen- oder Mandantinnengespräch oder gar in einer Verhandlung.

Während dieses Wachstums kann die Berufsanwärterin besonderes Engagement und Interesse zeigen, indem sie **lernt, ein paar Schritte vorauszudenken, neue Aufgaben zu erkennen und allenfalls für die Chefin oder Ausbildungsanwältin vorzubereiten.** Je schneller man selbst erkennt, was als Nächstes zu tun ist, desto schneller entwickelt man sich von einer Berufsanfängerin zu einer vollwertigen Stütze des Unternehmens. Jede Aufgabe, die man seiner Ausbildungsanwältin abnehmen kann, ist für sie eine große Hilfe – sei es ein Telefonat, das man versucht, selbst zu beantworten, anstatt die Mandantin sofort mit der Ausbildungsanwältin zu verbinden, oder einfach nur die Tatsache, dass die Chefin keinen Arbeitsauftrag delegieren musste, weil man ihn bereits selbst erkannt und ausgeführt hat.

Proaktives Arbeiten ist der Schlüssel zu fortschreitender, beruflicher Weiterentwicklung!

Optimierungspotenzial erkennen und vorschlagen

Schon im Rahmen der Einarbeitungsphase des ersten Berufsjahres kann es sein, dass man an manchen Stellen im Prozessablauf ein gewisses **Optimierungspotenzial erkennt**. Manche Arbeitsabläufe werden nur durch Kleinigkeiten behindert oder könnten anderweitig effizienter gestaltet werden. Vielen Vorgesetzten ist es aufgrund der jahrelangen Tätigkeit gar nicht mehr bewusst, welche Prozesse sich – eventuell mithilfe der fortgeschrittenen Digitalisierung – verbessern oder beschleunigen ließen.

Teilweise könnte man **Arbeitsabläufe verkürzen**, indem man hinfällige Korrekturschlaufen einspart oder drei Arbeitsschritte zu zwei verkürzt. All diese Optimierungsmöglichkeiten erkennen objektive Beobachterinnen oftmals schneller als jene Personen, die sich jahrelang als Teil dieses Prozesses sehen. Da Berufsanwärterinnen in ihrer Anfangszeit viel Zeit mit Beobachten und Kennenlernen der internen Arbeitsläufe verbringen, können sie sich proaktiv einbringen, indem sie **Optimierungsmöglichkeiten und ihre Lösungsvorschläge erfassen und ihren Vorgesetzten präsentieren.** Diese werden über jede Mitarbeiterin dankbar sein, die motiviert ist, das Unternehmen bzw die Kanzlei auf ein höheres Level zu bringen.

Proaktiv in Besprechungen einbringen

Eine weitere Möglichkeit, Eigeninitiative zu zeigen, ist, sich **in Besprechungen mit Kolleginnen oder Vorgesetzten aktiv einzubringen.** Wer an einem Gespräch teilnimmt, zeigt Interesse und Aufmerksamkeit. Die aktive Teilnahme an Meetings ist eine gute Gelegenheit, um zu beweisen, dass man sich aktiv für die Gestaltung seines Arbeitsumfeldes einsetzt und etwas

Positives bewirken will. Dabei gilt auch hier: **Vorbereitung ist die halbe Miete**. Beispielsweise ist es ratsam, sich bereits im Vorhinein darüber klar zu sein, welche Dinge man beitragen will und wie diese klar vermittelt werden können.

Firmen-/Kanzleiinterne Meetings bieten eine tolle Chance, **eigene Ideen einzubringen** und langjährige Mitarbeiterinnen oder Vorgesetzte zum Hinterfragen eingesessener Strukturen zu bewegen. Möglicherweise hat sich das bestehende Team zu gewissen Themen noch nie Gedanken gemacht, bis sie von dieser neuen Idee gehört haben.

Wird der neue Vorschlag nicht umgesetzt, so hat man nichts verloren. Wichtig ist, sich davon **nicht entmutigen zu lassen**, sondern sich weiterhin bei gemeinsamen Besprechungen einzubringen und Initiative zu zeigen.

Etwas **Vorsicht** ist bei thematischen Meetings geboten, die zB von einer besser eingearbeiteten oder einfach nur länger im Unternehmen befindlichen Kollegin vorbereitet wurden. Es kann einem möglicherweise negativ ausgelegt werden, wenn man die Vorschläge dieser Kollegin „übergeht", indem man sofort seine eigenen Ideen einbringt. Diese könnte sich dadurch herabgesetzt fühlen. **Man sollte daher niemals den Fehler machen, Ideen anderer Kolleginnen schlechtzureden.** Hier gilt es besonders, auf seine **Ausdrucksweise zu achten**. Ratsam wäre es in so einer Situation, sachlich und wohlwollend auf den Vorschlag der Kollegin einzugehen und zu ergänzen, welche Aspekte man dabei noch beachten sollte und an welche Alternativen man allenfalls denken könnte.

Feedback einfordern und geben

Einige Unternehmen und Kanzleien haben **regelmäßige Feedbackrunden bzw Mitarbeiterinnengespräche** bereits in ihrem Arbeitsalltag integriert. Sie sind ein wichtiger Aspekt eines gut funktionierenden Arbeitsumfeldes und steigern die Mitarbeiterinnenmotivation.

Üblicherweise werden Mitarbeiterinnengespräche nach dem **Vier-Augen-Prinzip** lediglich zwischen der Vorgesetzten und ihrer Mitarbeiterin geführt. Beide geben sich gegenseitig Feedback über ihr Arbeitsverhalten und besprechen beispielsweise, in welche Richtung sie sich weiterentwickeln möchten und an welchen Punkten man noch arbeiten könnte. Sinn dieses Gespräches ist es, seiner Vorgesetzten ehrlich Rückmeldung zu erstatten, wie man sich im aktuellen Arbeitsumfeld fühlt, wo man bei sich selbst noch Verbesserungsbedarf erkennt und wie man an diesen Schwächen gezielt arbeiten möchte.

Meist finden diese Feedbackgespräche **einmal jährlich** statt. Man steckt sich dabei im Stil von Neujahrsvorhaben sozusagen die **neuen Ziele für das kommende Jahr** und lässt Revue passieren, ob man die Ziele des letzten Jahres gut umsetzen konnte. Es ist daher auch für Berufsanfängerinnen empfehlenswert, im Laufe des ersten Berufsjahres immer wieder selbst zu reflektieren, wo man sich in seiner **Entwicklung** befindet und welche Stärken und Schwächen man an sich selbst erkennt.

Eigeninitiative zeigt aber nicht nur der, der Feedback einfordert, sondern auch der, der Feedback gibt. Bei der Kommunikation von Feedback ist es wichtig, auf die Art und Weise zu achten. Feedback im Sinne von Verbesserungsmöglichkeiten darf nie destruktiv sein. Der **Fokus** sollte stets **auf konstruktiver Kritik in Verbindung mit konkreten Verbesserungsvorschlägen** liegen.

Wer Feedback gibt, sollte aber auch betonen, dass er selbst gerne Feedback erhalten möchte. Damit vermeidet man, als Besserwisser dazustehen, und legt den Fokus auf die eigene persönliche und berufliche Weiterentwicklung.

Feedback ist toll, wenn man es richtig einsetzt und seine Lehren daraus zieht!

All diese Handlungen haben eines gemeinsam: Es braucht Mut, um sie umzusetzen. Auch wenn in der Folge manche Verbesserungsvorschläge nicht umgesetzt oder Feedbackvorschläge nicht angenommen werden, bleibt der Eindruck bei der Vorgesetzten bestehen, dass man Initiative gezeigt hat und sein Arbeitsumfeld proaktiv mitgestalten möchte.[26]

1.9. Gegenseitige Unterstützung im Arbeitsalltag

In einem Punkt sind sich branchenübergreifend alle einig: **Aller Anfang ist schwer!** Das erste Berufsjahr bringt viele Eindrücke und Informationen mit sich. Täglich findet man sich vor neuen Herausforderungen wieder. Die Tätigkeiten sind so umfangreich, dass man nie wirklich das Gefühl bekommt, nun endlich alles zu können, und zeitweise fragt man sich, ob man denn jemals alles können bzw. wissen kann. Das **Gefühl der Überforderung** wird in der Anfangsphase zum täglichen Begleiter, und immer wieder kommt die Frage auf, ob dies wirklich der richtige Weg war.

---

26 https://www.workwise.io/karriereguide/soft-skills/eigeninitiative (21.11.2024).

Zudem befindet man sich in einem gänzlich neuen Arbeitsumfeld mit neuen Gesichtern und unterschiedlichen Charakteren und muss sich neben der Arbeitsbewältigung erstmal an die neuen Abläufe gewöhnen.

Bei all der Anstrengung und teilweise auch Verzweiflung **tut es besonders gut, sich an Kolleginnen zu wenden**, die gerade dasselbe durchmachen oder vielleicht erst vor Kurzem durchgemacht haben. Diese Kolleginnen findet man vielleicht im eigenen Unternehmen bzw in der eigenen Kanzlei oder – bei geringerer Mitarbeiterinnenanzahl – bei einer Berufsvereinigung, wie zB dem Juristenverband (Österreichischer Juristenverein-Konzipientenverband), dem Verein der Notariatskandidaten, der Vereinigung österreichischer Unternehmensjurist:innen (VUJ) oder regionalen Verbänden wie dem steirischen Konzipientenverband (SKV). Die Vereinigungen veranstalten regelmäßig diverse Zusammenkünfte und Ausflüge und fördern dadurch den **Zusammenhalt und Austausch** ihrer Mitglieder. Man muss sich daher nicht sorgen, wenn man aus der Studienzeit oder der Gerichtspraxis keine länger währenden Freundschaften oder Kontakte mitnehmen konnte. Es gibt viele weitere Chancen, **Kolleginnen kennenzulernen und wertvolle Kontakte zu knüpfen**.

> *„Ein starkes Netzwerk kann für Rechtsanwält:innen eine Quelle des Wissens, der Empfehlungen und neuer beruflicher Chancen sein. Es schafft die Möglichkeit, Mandanten zu gewinnen, den eigenen Horizont zu erweitern sowie neue Perspektiven zu entdecken. Durch die komplexe juristische Landschaft lässt es sich dadurch gezielter und effizienter navigieren."*
>
> *Sebastian Cortolezis*, Partner, CORTOLEZIS Rechtsanwälte

Der gemeinsame Austausch ist unfassbar wichtig – zum einen, weil es einfach der Seele guttut, sich mit Gleichgesinnten über alltägliche Herausforderungen auszutauschen und persönliche oder berufliche Erfolge zu feiern; zum anderen, weil es einen unsagbaren **Mehrwert** bringt, **von den Erfahrungen und Lehren anderer zu lernen**. Aus dem gemeinsamen Diskurs kann man sich viele wertvolle Tipps und Tricks für den eigenen Berufsalltag mitnehmen.

Möglicherweise berichtet eine Kollegin beim Juristinnen-Stammtisch von einem Fauxpas, der ihr vor Kurzem im Umgang mit einer Mandantin passiert ist, und welche Lehre sie daraus gezogen hat – einer Situation, die man möglicherweise selbst noch gar nicht erlebt hat, und trotzdem nimmt man aus ihrem Erfahrungsbericht mit, wie man später in so einer Situation selbst besser reagieren könnte.

Es sind aber nicht nur die Fauxpas, Fehler und negativen Erfahrungen der Kolleginnen, die uns wachsen lassen, sondern natürlich auch ihre Erfolge, Durchbrüche und positiven Erlebnisse. **Aus jeder Erfolgsgeschichte lassen sich Erfahrungssätze und ein Stück Know-how mitnehmen.** Gerade in einer Branche, die uns seit dem Studium lehrt, wir müssten die Ellenbogen ausfahren, um durchzukommen, ist es umso wichtiger, neue Kolleginnen in der Praxis willkommen zu heißen und ihnen zu zeigen, dass hier die **Kollegialität im Fokus** stehen soll. Erfolge sind da, um gemeinsam gefeiert zu werden! Denn der eigene Erfolg wird nicht größer, wenn wir den Erfolg unserer Kollegin schlechtreden.

Im Gegenteil, **zusammen geht es immer besser!** Durch gegenseitige Unterstützung spornen wir uns zu Höchstleistungen an und entwickeln uns zu immer besser werdenden Juristinnen. Wie bereits weiter oben beim Punkt „Feedback geben und einfordern" kurz erwähnt, ist es umso wichtiger, bei Zusammenkünften unter Kolleginnen nicht nur Feedback und Ratschläge anderer Kolleginnen zu hören, sondern auch selber jüngeren bzw weniger erfahrenen Kolleginnen Hilfe und Unterstützung anzubieten. Denn **Kollegialität und Support** funktionieren nur, wenn sie im Sinne eines beweglichen Systems gelebt werden. Dazu braucht es eine gesunde Balance von Geben und Nehmen.

Gegenseitige Unterstützung und Hilfeleistung sind zudem **auch** innerhalb des Unternehmens, des Notariats bzw der Kanzlei **im Umgang mit „nicht-juristischen" Mitarbeiterinnen und Kolleginnen** gefragt. Besonders in kleineren Unternehmens-/Kanzleistrukturen mit wenigen Mitarbeiterinnen ist man in der Anfangszeit besonders auf die Hilfe und Unterstützung langjähriger Mitarbeiterinnen angewiesen, die einen in die internen Arbeitsabläufe einschulen und zB in die Funktionsweise bestehender Software-Programme einweisen.

Anfänglich wird man auf die Hilfe dieser Personen besonders angewiesen sein, da die Vorgesetzen meistens keine oder nur wenig Zeit für Einweisungen haben. Man sollte daher besonders **dankbar sein**, dass sich diese Mitarbeiterinnen neben ihrem alltäglichen Arbeitsaufwand die Zeit nehmen, die Berufsanfängerinnen in die Strukturen des Unternehmens einzuführen und sie einzuschulen. Im Rahmen der Ausbildungszeit wird früher oder später der Zeitpunkt kommen, an dem man sich für die Unterstützung in der Einschulungsphase revanchieren kann, zB indem man den Kolleginnen bei juristischen Fragen Hilfestellung leistet.

1.10. Selbstbewusstes Auftreten vor Mandantinnen und Kundinnen

Üblicherweise tritt man nicht von Beginn an in Kontakt mit Mandantinnen oder Kundinnen, sondern arbeitet sich erst ein wenig ein. Je nach Chefin oder Ausbildungsanwältin wird man sodann zuerst mit vereinzelten Aufgaben im Kontakt mit der Mandantin betraut, beispielsweise indem man Korrespondenzen vorbereitet oder vielleicht sogar schon selbst führt. Anfänglich begleitet man seine Vorgesetzten gerne zu Kundinnengesprächen, bevor man sie nach einer Phase der Eingewöhnung selbst führt.

Der richtige Umgang mit Mandantinnen und Kundinnen ist kein „Hexenwerk", er erfordert aber ein gutes Fingerspitzengefühl. So wie alle Menschen besitzen auch sie die unterschiedlichsten Charaktere und Wesenszüge. Dementsprechend benötigt man die grundlegenden Soft Skills, um den Umgang mit ihnen so angenehm wie möglich zu gestalten. Die Aneignung dieser **Soft Skills** ist für viele eine Herausforderung für sich. Es lohnt sich aber, daran zu arbeiten. Nützliche Tipps zur persönlichen Weiterentwicklung und Aneignung einiger Soft Skills findet man in Kapitel § 8 dieses Buches.

Neben dem fachlichen Know-how verlangt die Mandantinnenbetreuung aber auch ein selbstbewusstes Auftreten. Man möchte doch einen möglichst professionellen und routinierten Eindruck vermitteln. Wer will schon von einer Juristin betreut bzw vertreten werden, die Gefahr läuft, beim ersten Gegenwind einzuknicken? Unsicherheit und Willensschwäche sind hier fehl am Platz. Im Umgang mit Kundinnen heißt es zu zeigen, dass man sich für sie vollends einsetzt und das bestmögliche Ergebnis erzielen will.

Dazu ist es nötig, mit **Empathie** an die Kundin heranzugehen und im Rahmen eines Gespräches deren Zielsetzung herauszufinden. Wie man gerade zu Beginn der Mandantinnenbetreuung schnell merkt, geht es bei Rechtsstreitigkeiten beispielsweise nicht immer darum, Recht zu haben und zu bekommen. Oftmals sind andere Motive für einen Rechtsstreit ausschlaggebend. Um nur ein paar Beispiele zu nennen: „aus Prinzip", „um Zeit zu schinden", „um bewusst von anderen Problemen abzulenken", „um den Nachbarn in seine Schranken zu weisen", „damit die anderen sehen, dass man nicht alles mit mir machen kann" usw. Für die weitere Betreuung ist es daher unumgänglich, das wahre Ziel der Mandantin zu kennen.

Man sucht daher zuerst eine gute Gesprächsbasis und versucht, die Mandantinnen davon zu überzeugen, dass man die bestmögliche Person ist, um sie auf ihrem Weg rechtlich zu begleiten. Sie soll das Gefühl haben, verstanden zu werden und mit der Auftragserteilung an die eigene Kanzlei die **richtige Entscheidung** getroffen zu haben.

Fühlt man sich noch nicht sattelfest genug, um Mandantinnen oder Kundinnen selbst zu betreuen, kann man dies seiner Vorgesetzten ehrlich mitteilen und sie bitten, bei den nächsten Mandantinnen bzw Kundinnengesprächen dabei sein zu dürfen. Je mehr Gespräche man sich angesehen hat, umso leichter fällt es einem, ein solches Gespräch selbst zu führen.

Nachfolgend sind **zehn schnelle Tipps für einen gelungenen Umgang mit Mandantinnen und Kundinnen**:

→ Freundliche Begrüßung im Wartebereich und Begleiten ins Besprechungszimmer.
→ Vorstellung der eigenen Person mit Titel und Namen sowie kurze einleitende Worte, dass man die heutige Besprechung durchführen wird (falls nicht vorab besprochen wurde, dass eine Berufsanwärterin einschreitet).
→ Abklären der Formalitäten (Kontaktdaten, Vollmacht usw).
→ Mandantin/Kundin erzählen lassen, warum sie hier ist – wie kann man behilflich sein?
→ Notwendige Informationen erfragen (Unterlagen, Zeugen, sonstige Beweise) und Unklarheiten im Sachverhalt sofort aufklären.
→ Auf die Emotion der Mandantin eingehen – Empathie zeigen!
→ Sachverhalt rechtlich erörtern sowie Lösungsmöglichkeiten aufzeigen.
→ Persönliche Zielsetzung besprechen.
→ Abklären der weiteren, gewünschten Vorgehensweise – wie verbleibt man?
→ Höfliche Verabschiedung und Vertrauensgewinnung durch Betonung jederzeitiger Erreichbarkeit

Beherzigt man diese zehn Tipps bei seinem ersten Mandantinnen-/Kundinnengespräch, kann nicht mehr viel schiefgehen.[27]

---

27 https://www.rakwien.at/userfiles/file/folder_ste/RAA_Infoguide_Stand_2017_03_01.pdf (21.11.2024)

1.11. Natürliches Auftreten und ordentliches Erscheinungsbild

Da waren's auch schon zehn ... Der letzte Punkt der Reihe „Hilfreiche Tipps für das erste Berufsjahr" mag für einige banal klingen, doch wie bereits bei den Tipps für einen guten ersten Eindruck angeschnitten wurde, ist der äußerliche Eindruck für künftige Kundinnen, Geschäftspartnerinnen oder Mandantinnen sehr wichtig. **Oder wie so manche Großmutter sagen würde: „Kleider machen Leute!"**

Das Thema an sich ist nicht ganz unheikel, wenn man bedenkt, wie schnell in unserer Gesellschaft mit dem äußeren Erscheinungsbild auch Wertungen verbunden werden. Menschen bilden sich über alles ein Urteil. Es ist daher ganz natürlich, dass man sich im Laufe des ersten Eindruckes auch ein Bild über das Auftreten eines Menschen und sein äußeres Erscheinungsbild macht.

Dabei sollte man stets bedenken, dass insbesondere der Beruf der Rechtsanwältin ein **Dienstleistungsberuf** ist. Als selbständige Anwältin ist man darauf angewiesen, Mandate zu lukrieren und zu halten. Ein Stamm von Mandantinnen bildet sich leider nicht von allein. Man muss daher versuchen, sich vor seinen Mandantinnen bestmöglich zu präsentieren, und dazu zählen zuerst – weil sie als Erstes sichtbar werden– die äußeren Werte.

Es gibt viele unterschiedliche wissenschaftliche Studien sowie psychologische Untersuchungen, die analysiert haben, welche **Auswirkungen unsere Kleiderwahl** darauf hat, wie wir uns gegenseitig wahrnehmen und bewerten. Dabei hat man herausgefunden, dass sich die Auswahl der Kleidung sowohl auf das eigene Selbstbild als auch auf den Eindruck, den man auf andere hat, sowie auf das Verhalten, das andere einem gegenüber zeigen, auswirken kann. Bei all diesen Untersuchungen ergab sich ein klares Bild: Kleidung kann alles beeinflussen!

Beispielsweise fand man bei einer dieser Untersuchungen heraus, dass die „Männlichkeit" der getragenen Kleidung für die Beurteilung der Managementqualitäten einer Person ausschlaggebend war. Je „männlicher" der Kleidungsstil war, umso energischer und aggressiver wurden die Bewerber wahrgenommen, und sie erhielten folglich bessere Empfehlungen, um eingestellt zu werden. Kleidung kann daher die Wahrnehmung einer Interviewerin in Bezug auf die Entscheidung, Bewerberinnen einzustellen, wesentlich beeinflussen.[28]

---

28 https://gedankenwelt.de/psychologie-der-mode-die-sprache-deiner-kleidung/ (1.8.2024).

Nicht anders verhält es sich bei der Mandantinnenakquise. In der Praxis zeigt sich leider, dass es nicht nur auf die inneren Werte, das fachliche Know-how und/oder die Erfahrung ankommt. Wer keinen Wert auf ein ordentliches, sauberes Erscheinungsbild legt, hinterlässt einen schlechten (ersten) Eindruck.

Aber warum ist das so?

Schon der Kommunikationswissenschaftler *Paul Watzlawick* sagte einst: **„Man kann nicht nicht kommunizieren."** Neben verbalen Kommunikationsformen finden **sich auch nonverbale Mittel der Kommunikation**, wie zB die Kleidung als Mittel zur Selbstdarstellung. Die Wahl unserer Kleidung sagt etwas über uns aus. Wir können sie gezielt nutzen, um uns Respekt zu verschaffen und unsere Professionalität zu unterstreichen. In der Art, wie wir uns kleiden, verdeutlichen wir unseren Beruf und betonen unsere Kompetenz.

Nicht falsch verstehen! Niemand würde behaupten, mit eleganter Kleidung geht Kompetenz einher. So leicht ist es leider nicht. Aber **die passende Kleidung kann die eigene Kompetenz und die persönlichen Fähigkeiten wesentlich unterstreichen**.[29]

Insbesondere bei Gericht achtet man daher darauf, **angemessene Kleidung** zu wählen. Üblicherweise tragen Juristinnen an Verhandlungstagen schlichte Kleidung in gedeckten Farben, wie zB Schwarz, Blau, Grau, Weiß, Beige oder Pastellfarben. Auf knallige Farben wird eher verzichtet. Vom eleganten Kleid über die Stoffhose mit Bluse und Blazer bis zur Rock-Blazer-Kombination à la „klassisches Kostüm" ist alles erlaubt. Man sollte unbedingt Wert darauf legen, dass man sich in dem gewählten **Outfit wohlfühlt**. Sitzt es nicht richtig oder fühlt man sich darin wie ein Clown gekleidet, ist es nicht die richtige Wahl für eine Verhandlung vor Gericht, in der der Fokus auf den Prozess und höchste Konzentration gefordert sind.

An „normalen" Arbeitstagen kann man sich durchaus etwas legerer kleiden. Man orientiert sich dabei am besten an seinen Kolleginnen oder fragt zu Beginn der Ausbildungszeit bei der Chefin nach, welcher Kleidungsstil gewünscht ist. Manche Berufsanwärterinnen haben in ihrem Büro zB immer einen „Not-Blazer" griffbereit, den sie sich schnell überwerfen können, wenn plötzlich mal eine Mandantin unangekündigt im Büro steht. Denn mit Blazer

---

29 https://www.unternehmerweb.at/marketing/dresscode/die-sprache-der-kleidung/#:~:text= Kleidung%20ist%20ein%20Mittel%20nonverbaler,von%20vielen%20verschiedenen%20Faktoren %20geleitet (1.8.2024).

sieht jedes Outfit sofort um ein Vielfaches eleganter und professioneller aus.

Bis man seinen präferierten Kleidungsstil für den Berufsalltag gefunden hat, wird es vielleicht etwas dauern, aber auch dafür ist das erste Berufsjahr gemacht.

2. Fazit

Zusammenfassend kann man sagen: **Das erste Berufsjahr gleicht einer Achterbahnfahrt.** Es gibt viele Ups and Downs. Die Erfolgserlebnisse beflügeln stärker als jedes Looping, und die ersten großen Herausforderungen lassen das Adrenalin in die Höhe schießen. Riesige Informationswellen und massenhaft neue Eindrücke überrollen einen. Aber wenn die Zieleinfahrt ins zweite Berufsjahr beginnt, merkt man, wie weit man schon gekommen ist und dass es Zeit wird, ins nächste Level aufzusteigen.

§ 17

WISSENSWERTES ÜBER DIE STUDIENSTANDORTE

1. Linz

Linz hat sich in den letzten Jahren zu einem echten Hotspot für junge Leute entwickelt. Die Stadt, die früher hauptsächlich für ihre Industrie bekannt war, ist heute eine Universitätsstadt, in der ständig etwas los ist. Ein zentraler Dreh- und Angelpunkt ist dabei die Johannes Kepler Universität Linz, kurz JKU, die Studierende aus ganz Österreich und darüber hinaus anzieht.

Die JKU ist weit mehr als nur ein Ort zum Lernen. Sie ist das Herzstück einer lebendigen Community, in der Studierende nicht nur in Vorlesungen sitzen, sondern auch Projekte umsetzen, Start-ups gründen und einfach das Leben genießen. Der Campus selbst ist ein moderner Ort mit entspannten Lernzonen, coolen Cafés und grünen Flächen rund um den JKU-Teich, wo man sich trifft, um Ideen auszutauschen oder einfach nur die Sonne zu genießen.

Doch auch abseits der Uni hat Linz jede Menge zu bieten. Die Stadt ist jung, dynamisch und steckt voller kreativer Energie. Egal, ob man durch die Altstadt schlendert, sich ins Nachtleben stürzt oder an einem der zahlreichen Events teilnimmt – hier ist immer was los. Highlights wie das Ars Electronica Center, das Lido Sounds oder das alljährliche Pflasterspektakel zeigen, dass Linz eine Stadt ist, die sich immer wieder neu erfindet und ihren eigenen Weg geht.

1.1. Studienangebot

Mit rund 24.000 Studierenden hat die Johannes Kepler Universität eine beachtliche Größe und bietet den juristisch interessierten Köpfen viele Möglichkeiten. So kann man sich an der JKU für das klassische Diplomstudium Rechtswissenschaften oder den LL.B. in Wirtschaftsrecht inskribieren. Aufbauend darauf kann im Masterstudium Recht und Wirtschaft für Technikerinnen, im Masterstudium Steuerrecht und Steuermanagement, im Masterstudium Digital Society oder im klassischen Doktorat Rechtswissenschaften noch tiefer auf die bereits bestehenden juristischen Kenntnisse eingegangen werden.

Eine echte Besonderheit, die die Johannes Kepler Universität als einzige Universität in ganz Österreich anbietet, ist das Multimedia-Diplomstudium Rechtswissenschaften,

das es seit 2004 gibt und durchschnittlich 850 Studierenden pro Jahr einen digitalen Studienplatz bietet. Richtig gehört! Die JKU ermöglicht es weltweit, am Studium mit größtmöglicher Flexibilität unabhängig vom Ort und unabhängig von starren Zeit- und Stundenplänen teilzunehmen. Lehrveranstaltungen werden dabei digital besucht, und Klausuren können in ganz Österreich bzw sogar bei Auslandsvertretungen im Ausland absolviert werden.

Auch nach dem Studium können die juristischen Fähigkeiten spezialisiert und die universitäre Laufbahn über die diversen Weiterbildungsmöglichkeiten verlängert werden. Ob im ao Masterstudium Medizinrecht, im ao Masterstudium Medizin- und Bioethik oder im Universitätslehrgang für Patentanwaltsanwärter.

1.2. All about JKU

Die ersten Tage an der Uni können überwältigend sein. Häufig kommt es vor, dass man sich im Trubel auch noch verirrt. Keine Sorge, auch höhersemestrigen Studentinnen geht es immer wieder so. Um das Beste aus der Studienzeit rausholen zu können, gibt es viele hilfreiche Tipps und eine kleine Übersicht mit den wichtigsten Gebäuden am JKU Campus.

Der Linzer Campus ist außergewöhnlich und lädt aufgrund der vielen Freizeitmöglichkeiten zum Entspannen ein. Am modernen „Hauptcampus", an dem sich auch das Juridicum befindet, ist alles möglich, egal ob Mensafest, Kaffee trinken oder Volleyball spielen. Neue Leute kennenzulernen, ist hier am Campus garantiert.

Für Erstis empfiehlt sich der JKU Welcome Day in der letzten Ferienwoche vor Studienbeginn beziehungsweise auch die JKU Welcome Week. In dieser Woche lernt man die Uni kennen, kann Kontakte zu künftigen Studienkolleginnen knüpfen und bekommt alle wichtigen Infos für einen gelungenen Studienstart.

GEHEIMTIPP
Ein Highlight ist die JKU-Campus-Tour, die die *Paragraphinnen Linz* wärmstens empfehlen können.

150 verschiedene USI-Sportkurse und das eigene Campus-Fitnessstudio stehen bewegungshungrigen Studentinnen zur Verfügung – ein leichter Weg, um neue Freundschaften zu schließen, wobei das Angebot keine Wünsche unerfüllt lässt und von Pilates bis zum Lauftraining alles angeboten wird.

Nicht zu vergessen sind auch die ganzjährigen JKU-„MensafestIn", das ÖH-Sommerfest sowie der JKU-Sommerball. Ein Highlight folgt dem anderen – die Erfolgschancen, neue Leute kennenzulernen, sind dabei garantiert. Ein Highlight des JKU-Sommerballs ist definitiv das Erfolgsformat „Dein Prof ist dein DJ". Die Professorinnen bringen dabei die Tanzfläche mit ihren DJ-Fähigkeiten zum Glühen. Spaß ist hier vorprogrammiert, denn wer kann schon behaupten, mit den eigenen Professorinnen im Mensakeller gefeiert zu haben.

Möchte man im Sommer mit den Kommilitoninnen nach den Lehrveranstaltungen bzw zwischen dem Lernen kurz an die frische Luft, lohnt es sich auch, die Spritzerstände der ÖH zu besuchen. Hier kann man nicht nur den Tag ausklingen lassen, sondern ist auch gut aufgehoben, wenn es darum geht, neue Leute kennenzulernen.

Das **Juridicum** ist das Zuhause der Rechtswissenschaftlichen Fakultät und sehr zentral am Hauptcampus angesiedelt. Neben einigen Seminarräumen findet man hier sowohl die Fachbibliothek des Juridicums als auch die Büros der Professorinnen, die man im Laufe des Studiums für diverse mündliche Fachprüfungen das eine oder andere Mal besucht.

Im **Hörsaaltrakt bzw Keplergebäude** findet man die wohl wichtigsten Hörsäle – Nummer 1 bis 7. Zahlreiche Seminarräume befinden sich hier im 1. oder 2. Stock. Ins Auge sticht auch die große Lernzone in Halle B.

Weiters gibt es das **Hörsaal- und Bankengebäude**, in dem man nicht nur die Hörsäle HS 9 und HS 10 findet, sondern auch einige kleinere Lernplätze und Getränkeautomaten. Durch dieses Gebäude kann man zudem auch in Richtung Portier gehen, der gleichzeitig auch die „Lost-and-Found"-Anlaufstelle ist. Er kann aber auch weiterhelfen, wenn man Probleme mit der KeplerCard am Parkplatz hat.

1.3. Die besten Lernplätze

Neben dem Juridicum und der bereits erwähnten Fachbibliothek, die im Laufe des Studiums zum zweiten Zuhause einer jeden Studentin werden, gibt es an der JKU eine Vielzahl von Plätzen, die zum Lernen einladen. So auch die Hauptbibliothek, in der sich die 24/7-Lernzone befindet. Unser Tipp für die Nachteulen: Während der Öffnungszeiten der Bibliothek mal an der Leihstelle vorbeischauen und einen Zugriff für die 24/7-Lernzone beantragen.

Ein weiterer idealer Platz ist das JKU Learning Center,

in dem länger als in den anderen Campus-Bibliotheken und auch während der Ferien gelernt werden kann. Die fantastische Aussicht, die man über den Campus hat, sollte dabei nicht unerwähnt bleiben. Um mit Kolleginnen zu diskutieren und in Ruhe zu lernen, können für Gruppenarbeiten jederzeit Glasboxen und Lern-/Besprechungsräume gebucht werden.

GEHEIMTIPP

Auf der Dachterrasse des Learning Centers kann in den Pausen entspannt oder auch ein Kalt- bzw Heißgetränk aus dem Kuyo – einem netten Cafe mit saisonalen Kaffeekreationen (auch mit pflanzlicher Milch) im Erdgeschoss der Hauptbibliothek – getrunken werden.

Um sich optimal auf Prüfungen vorzubereiten, bedarf es neben guter Lernplätze aber auch hilfreicher Buch- und Erholungstipps.

Gebrauchte Bücher kann man über diverse Kanäle erwerben. Die ÖH Jus JKU bietet direkt am Campus eine Bücherbörse an, in der man während der Öffnungszeiten diverse Unterlagen, Skripten und Lehrbücher zu einem günstigeren Preis erwerben kann. Bevor man sich alle empfohlenen Lehrbücher und Unterlagen selbst kauft, lohnt es sich, auch den Hörerschein für den ÖH-Shop zu erwerben. Mit diesem erhält man im ÖH-Shop bis zu minus 20 % auf diverse Lehrbücher und Kodizes – wenig Aufwand, aber in Summe eine hohe Kostenersparnis. Da gerade auch Kodizes gerne neu erworben werden, sollte man als Ersti in die Studienausgabe des Startkodex Linz investieren. Dieser enthält alles, was man im ersten Studienabschnitt benötigt.

Wenn die besagte Lernpause am Ende des Tages dann doch etwas länger dauern sollte oder im Sommer der Bedarf an Vitamin D zwischen den Vorlesungen sehr hoch ist, können wir den kleinen Park oder die Bänke und Liegen rund um den Teich am JKU-Campus herzlichst empfehlen. Vielleicht erhascht man dabei auch einen Blick auf die kleine JKU-Entenfamilie und versüßt sich damit die Lernzeit.

Ein weiteres Highlight stellt hier mit Sicherheit auch das schwimmende Restaurant – das JKU Teichwerk[30] – dar. Hier kann man in gemütlicher Atmosphäre auf ein Getränk gehen, weiters gibt es kulinarisch alles, was das Herz begehrt.

GEHEIMTIPP

Unser *Paragraphinnen*-Geheimtipp ist der Teichwerk-Brunch am Wochenende, den man mindestens einmal besucht haben muss.

---

30 https://dasteichwerk.at/ (1.8.2024).

1.4. Immer am aktuellen Stand

Zu Beginn des Jus-Studiums sind viele der verfügbaren Datenbanken und Ressourcen an der jeweiligen Uni noch unbekannt. Die wichtigsten Informationsquellen, die wir hier auflisten, sollen dazu beitragen, immer am neusten Stand zu sein – nicht nur im Hinblick auf rechtliche Entwicklungen, sondern auch mit Blick auf Neuigkeiten an der Johannes Kepler Universität.

Das Online-Forum „MMJUS"[31] ist dabei die „beste Freundin" von Studentinnen im Laufe des Studiums. Dort findet man alle wichtigen Unterlagen, von Prüfungserfahrungen über Altklausuren bis hin zu Zusammenfassungen und Karteikarten. Einfach anmelden, durchklicken und stöbern. Vorsicht ist jedoch auch hier geboten – denn auf Richtigkeit und Vollständigkeit sollte man sich bei Dokumenten wie Zusammenfassungen etc nie verlassen.

Um immer auf dem neusten Stand zu sein, sollte man auch unbedingt der @oeh_jku bzw der @oeh_jus auf Instagram folgen – so verpasst man keine Anmeldefrist und erfährt alles Wissenswerte über das Studium.

• •

TIPP

Für Interessierte der Bereiche Europarecht und Öffentliches Recht empfehlen wir den Newsletter „Öffentliches Recht und Europarecht Aktuell". Dieser wird vom Institut für Europarecht und vom Institut für Verwaltungsrecht und Verwaltungslehre herausgegeben und informiert wöchentlich über die neusten Entwicklungen in Rechtsprechung und Gesetzgebung.

• •

---

31 https://www.mmjus.de/ (15.11.2024).

1.5. Bucket-List für die Studienzeit in Linz

1. Ein Praktikum in einer Kanzlei machen / Hörerschein machen
2. Ein Event der *Paragraphinnen Linz* besuchen
3. Mit Freundinnen beim JKU-Teichwerk brunchen
4. Sonnenuntergang am Somnium genießen
5. Mindestens einmal ein Mensafest sowie den JKU Sommerball besuchen
6. Hitzekoller in der Juridicum-Bibliothek bekommen
7. Sich am Campus verlaufen
8. Am Pflasterspektakel staunen
9. Sich an den Spritzerständen am Campus durchkosten
10. Am Lido Sounds abshaken

2. Graz

2.1. Studienangebot

Neben dem Uhrturm zieht auch die Universität Graz seit 1585 viele Menschen unterschiedlicher Herkunft in die steirische Bundeshauptstadt. Die Karl-Franzens-Universität Graz trägt mit ihren sechs Fakultäten und 74 Instituten einen wesentlichen Teil zum internationalen Ruf der Universitätsstadt Graz bei.

Im Wintersemester 2022/23 zählte die Universität Graz fast 30.000 Studierende. Davon waren 62 % Frauen und 17 % internationale Studierende. Über 10 % aller Studierenden waren in diesem Semester für ein Studium der Rechtswissenschaften (REWI) eingetragen – ein beachtlicher Wert, wenn man bedenkt, wie viele unterschiedliche Studienrichtungen die Universität Graz anbietet.

Die rechtswissenschaftliche Fakultät in Graz bietet aufbauend auf das Diplomstudium ein Doktoratsstudium und den PHD, ein Bachelorstudium Wirtschaftsrecht für technische Berufe sowie ein Masterstudium Recht, Wirtschaft und Gesellschaft.

2.2. All about KFU

Um das Beste aus seiner Studienzeit rausholen und diese Zeit vollends genießen zu können, gibt es viele hilfreiche Tipps und Tricks. Folgendes solltest du über das Studium in Graz auf jeden Fall wissen!

2.3. Die besten Lernplätze

RESOWI-Bibliothek
Diese Bibliothek ist sehr begehrt unter den Studentinnen. Unter anderem, weil sie tolle Öffnungszeiten hat. Es lohnt sich daher, rechtzeitig da zu sein und die Randzeiten (morgens und abends) zu nutzen.

RESOWI (höhere Etagen oder andere Bauteile)
Für Erstsemestrige wirkt das RESOWI-Gebäude anfangs recht verwirrend. Bei einer Erkundungstour durch die höheren Etagen entdeckt man aber super Lernplätze. Auch in den anderen Bauteilen (zB A3 und A4) findet man oft freie und gemütliche Lernplätze. Hat man nur kurz Zeit, ist der Computer- und Leseraum unter dem Hörsaal 15.03 besonders praktisch.

•••

GEHEIMTIPP
Beim Computer- und Leseraum gibt es übrigens auch das größte Klo im gesamten RESOWI, immer frei und schön, weil selten besucht.

•••

Hauptbibliothek
Wenn man mit eigenen Unterlagen lernt, ist das Lernen in der Hauptbibliothek ratsam. Im Obergeschoss gibt es schöne Lernplätze (zB Couch, Stiegen, abgetrennte Bereiche), und man kann sogar selbst Räume zu buchen. Eine tolle Möglichkeit für Gruppenarbeiten oder Seminare!

Wer gerne im Stile *Harry Potters* lernen möchte, sollte sich im alten Lesesaal ein Plätzchen sichern. Dieser Saal bringt ein besonderes Lernambiente mit sich. Für Nachteulen oder Frühaufsteher hält die Hauptbibliothek auch eine 24/7-Lernzone bereit. Die Tür lässt sich außerhalb der Öffnungszeiten mit der UniGrazCard öffnen. Dem Lernen sind hier wahrlich keine Grenzen gesetzt.

Bibliotheken anderer Universitäten in Graz
Beispielsweise findet man in der Hauptbibliothek der technischen Universität angenehme Lernspots in ruhiger, moderner Atmosphäre. Im letzten Stock kann man dabei sogar einen Blick auf den Grazer Schlossberg erhaschen.

Im Sommer draußen
Die Stadt Graz pflegt im Sommer viele wunderschöne Grünflächen, die zum Verweilen und Lernen einladen – vom Stadtpark über den Burggarten bis zum Schlossberg, Rosenhain oder Augarten. Auch das Schloss Eggenberg besticht mit einer wunderschönen (aber kostenpflichtigen) Grüngartenanlage.

2.4. Tipps für Sparmäuse

Bücher ausborgen
In der Lehrbuchsammlung der Bibliothek kann man sich so gut wie alle Lehrbücher gratis ausborgen und spart sich damit viel Geld. Die Ausleihfrist beträgt 60 Tage. Es ist ratsam, sich rechtzeitig zum Semesterbeginn eine Liste mit der Literatur zu erstellen, die man für die kommenden Prüfungen brauchen wird, denn begehrte Exemplare sind recht schnell vergriffen.

Gebrauchte Bücher kaufen
Gebrauchte Bücher bekommt man über diverse Facebook-Gruppen (zB Bücherbörse Jus Uni Graz, Jus @ Graz) oder in der Studo-App. Weiters bietet die Fakultätsvertretung Jus (kurz FV Jus) eine Bücherbörse an, in der man ebenfalls während der Sprechstunden Lehrbücher und Unterlagen billiger erwerben kann. Bevor man sich alle empfohlenen Lehrbücher und Skripten selbst kauft, lohnt sich auch immer ein Blick in die digitale Datenbank der Universität. Diese ist für alle Studierenden frei zugänglich und enthält unzählige Werke aus allen Fachbereichen.

Kodizes zum Hörerscheinpreis erwerben
Gerade Kodizes werden gerne neu erworben, da man sich diese beim Lernen gerne selbst markiert. Ein guter Tipp ist, sich diese beim ÖH Service-Center zu einem vergünstigten Hörerscheinpreis zu holen. Dazu muss man beim Kauf einfach darauf hinweisen, dass man den Kodex zum Hörerscheinpreis erwerben will und bekommt sodann ein Formular, in welches man seine aktuelle Matrikelnummer einträgt. Wenig Aufwand und doch einiges an Kostenersparnis!

Essensvergünstigungen

Neben den günstigen Grazer Bausatzlokalen (siehe unten) gibt es auch in anderen Lokalitäten Vergünstigungen für Studierende. In der Nähe der Uni befindet sich zB die Pizzeria Galliano, in der es unter Vorlage des Studierendenausweises Pizzen zu vergünstigten Preisen gibt. Zusätzlich gibt es viele Mensen in Graz, wo man unter Vorlage des Mensastempels (zu holen im ÖH-Büro) günstig essen kann. Besonders beliebt sind die TU Graz Rooftop Mensa in der Stremayrgasse, die Mensa im afro-amerikanischen Institut (Café Global) und die Mensa der Uni Graz am Sonnenfelsplatz.

Mobilitätsermäßigung

Alle Studierenden bis zum vollendeten 26. Lebensjahr, die eine Universität oder Fachhochschule in der Steiermark besuchen, bekommen mit dem „Top-Ticket Studierende" ein vergünstigtes Ticket für alle öffentlichen Verkehrsmittel im steirischen Verbundgebiet (Bahn, Bus und Straßenbahn). Dieses Ticket ist sechs Monate gültig und gilt somit auch in der vorlesungsfreien Zeit (WiSe von 1. September bis Ende Februar, SoSe von 1. März bis 31. August).

Kulinarik

Wer Studium in Graz sagt, muss auch Bausatzlokale sagen! Der Klassiker für jede Studentin in Graz. Viele Lokale bieten dieses System an. Man findet vor Ort am Tisch bunte Zettel zu verschiedensten – meist recht günstigen – Gerichten. Man trägt dann auf dem Zettel das Gericht, das man gerne hätte, seinen Namen und die gewünschten Zutaten ein und gibt diesen Zettel bei der Kellnerin ab. Man baut sich sozusagen sein Gericht selbst. Von Burger über Pizza bis zu Pfandl – jedes Bausatzlokal bietet unterschiedliche Gerichte zu unterschiedlichen Preisen an. Beliebte Lokale dieser Art sind zB Posaune, Propeller, Bierbaron oder Grammophon.

Café-Tipps für eine gelungene Kaffeepause sind Beanery, Libresso, Café Fotter, Tribeka, Greenhouse, Geeks, Parks, Ducks Coffee Shop, Baristas sowie die klassischen Kaffeehausketten Martin Auer und Tribeka, die beide einen Stempelpass anbieten.

2.5. Besondere Must-Knows

Die App Studo
Viele Studierende in Graz nutzen die App Studo, um die Organisation ihres Studienalltags zu vereinfachen. Sie bietet eine All-in-one-Lösung und vereint sämtliche studienrelevanten Informationen wie zB Kursübersichten, Kalenderfunktionen, E-Mails usw.

Neben dem Verkauf gebrauchter Bücher werden auch gerne Erfahrungen zu Prüfungen und Lehrveranstaltungen ausgetauscht. Etwas Vorsicht ist jedoch bei den Studocu-Zusammenfassungen geboten. Die App überprüft nicht, ob diese veraltet oder fehlerhaft sind. Man sollte sich daher nie auf die Richtigkeit und Vollständigkeit dieser Dokumente verlassen. Alles in allem ist Studo aber eine begehrte App, die den Studienalltag wesentlich erleichtern kann.

Uni Graz Newsletter
Der Uni Graz Newsletter hält alle über Wissenswertes zum Studium und kommende Veranstaltungen auf dem Laufenden.

2.6. Bucket-List für die Studienzeit in Graz

1. Essen gehen in einem Bausatzlokal
2. Einen der zahlreichen USI-Kurse besuchen
3. Bis Mitternacht in der Resowi-Bib lernen
4. Spritzer trinken am ÖH-Stand
5. *Paragraphinnen* am REWI-Praxistag besuchen
6. „Legal English"-Kurs bei treffpunkt sprachen absolvieren
7. Kaffee trinken bei Martin Auer oder Tribeka
8. Ein spannendes Praktikum über die REWI-Praxisbörse organisieren
9. Bei einem Pubquiz im Das Liebig, 2 Brothers Irish Pub oder The Pub teilnehmen
10. Wichtiges Know-how bei einem *Paragraphinnen*-Event sammeln

3. Innsbruck

Der Charme der kleinen Stadt: von der Skipiste direkt zur Lernsession in die Bibliothek oder mit der besten Freundin auf dem Weg zur Uni noch auf ein kurzes Coffee-Date in ein kleines lokales Café? Lernen mit einer traumhaften Aussicht auf die schönsten Berge Tirols? Die Stadt, die im Herzen der Alpen liegt – das ist Innsbruck. Wer hier studiert, merkt schnell, dass der Bergsport eine große Rolle im Leben der (Wahl-)Tirolerinnen einnimmt, bei Naturliebhabern ist die Stadt hoch im Kurs. Wanderschuhe finden in jedem Schuhschrank Platz, und Ski auf dem Fahrrad balancieren zu können, ist ein notwendiges Skill. Die Hauptstadt der Alpen ist jedoch nicht nur für ihre traumhafte Landschaft bekannt, sondern schafft mit ihrer historischen Altstadt und den bunten Häuschen entlang der Innpromenade auch ein ganz besonderes Flair. Zudem hat Innsbruck eine ausgeprägte Start-up-Szene, von kleinen Cafés und Restaurants bis hin zu erfolgreichen IT-Konzepten – es findet jeder einen Platz und kann seiner Kreativität freien Lauf lassen.

FUN FACT
Die vergoldeten Kupferschindeln des „Goldenen Dachls", das als Wahrzeichen der Stadt gilt, lockten in den letzten Jahrhunderten immer wieder Diebe an. Der erste Diebstahl ereignete sich im Jahr 1750, der letzte Schindeldiebstahl sorgte 2012 für jede Menge Aufsehen. Die Diebe konnten im Zuge der Renovierungsarbeiten sieben der 2657 Schindeln entwenden. Diese tauchten jedoch nach und nach wieder auf – denn die Übeltäter deponierten das Diebesgut (vorsichtig eingepackt und unversehrt) nicht nur leicht auffindbar an unterschiedlichen öffentlichen Plätzen, sondern hinterlegten zwei der Schindeln in einem Postkasten in Hall und schickten eine weitere Schindel postalisch direkt an das Bundesdenkmalamt. Wer sich diesen Streich wohl ausgedacht hat? Das bleibt bis heute ein Rätsel.

3.1. Studienangebot

Mit 3.275 von insgesamt 29.787 Studierenden (Stand: 2023) hat die Rechtswissenschaftliche Fakultät der Leopold-Franzens-Universität für eine so kleine Stadt eine beachtliche Größe und bietet eine breite Vielfalt an Studienrichtungen – vom klassischen Diplomstudium und dem Doktoratsstudium der Rechtswissenschaften über den Bachelorstudiengang Wirtschaftsrecht (LL.B.) und das neue Masterstudium Recht der Wirtschaft, Digitalisierung und Nachhaltigkeit (LL.M.) bis hin zum Integrierten Diplomstudium Italienisches Recht, das in Kooperation mit den Universitäten Padua und Trient angeboten wird. Auch Berufserfahrene kommen auf ihre Kosten und können über postgraduale Weiterbildungsmöglichkeiten in Form von Universitätslehrgängen, außerordentlichen Masterstudien zu den Themen Medizinrecht und Immobilienrecht sowie Universitätskursen ihr Rechtswissen auffrischen und erweitern. Darüber hinaus bietet das Management Center Innsbruck (MCI) als unternehmerische Hochschule den praxisorientierten Bachelorstudiengang Management & Recht sowie das Masterprogramm International Business & Law an. Einen guten und detaillierten Überblick über das aktuelle Studien- und Postgraduate-Programm bietet die Homepage der Rechtswissenschaftlichen Fakultät.

3.2. All about LFU

Der Campus der Leopold-Franzens-Universität Innsbruck hat so einiges zu bieten, allein die Vorlesungen der Rechtswissenschaftlichen Studien verteilen sich auf mehrere Schauplätze. Das Herzstück ist jedoch zweifelsohne das Hauptgebäude der Universität am Christoph-Probst-Platz, in welchem sich auch die Rechtswissenschaftliche Fakultät befindet – ein schöner und imposanter Altbau, der daran erinnert, dass die Fakultät als eine von vier bereits in der Gründungsphase im Jahr 1669 an der Universität etabliert wurde.

3.3. Die besten Lernplätze

Während die Hörsäle der Rechtswissenschaftlichen Fakultät mit historischem Charme punkten, trumpft der Innsbrucker Campus wahrlich mit einer Vielzahl von Orten, an denen man sich Wissen aneignen kann, auf. Stilles Lernen ist zum einen natürlich in einer der vielen Bibliotheken der Uni Innsbruck möglich – einfach über die App „anny" einen Leseplatz buchen und schon kann es losgehen. Muss jedoch das ein oder andere Thema mit den Studienkolleginnen diskutiert oder besprochen werden, stehen jederzeit auch aus den Lesesälen der Bibliothek „ausgelagerte" Lernplätze in den Gängen der Hauptbibliothek sowie im Student Center der Fachschaft Jus zur Verfügung. Wer ein klein wenig Abwechslung braucht, kann seine Lerntage auch in die Stadtbibliothek, in den warmen Sommermonaten auch an die Innpromenade, in den Hofgarten oder den Rapoldipark verlegen.

TIPP
Unsere persönlichen Lieblings-Study-Spots sind die neue Bibliothek im Ágnes-Heller-Haus am Campus Innrain (Vorsicht – die Aussicht lädt zum Tagträumen ein/) und die Fachbibliothek in der Theologischen Fakultät, die auch an heißen Sommertagen ein kühles Raumklima bietet. Übrigens ist das neue Ágnes-Heller-Haus das erste Gebäude der Universität Innsbruck, das nach einer Frau benannt wurde.

3.4. Geld sparen beim Bücherkauf? So einfach geht's!

Grundsätzlich werden stets ein paar (wenige) Lehrbücher in der Bibliothek zur Ausleihe zur Verfügung gestellt. Um jedoch ein aktuelles und nicht bereits veraltetes Exemplar zu erhaschen, braucht es auch eine ordentliche Portion Glück. Um Lehrbücher und sonstige Lernunterlagen zu studentenfreundlichen Preisen zu ergattern, lohnt sich daher immer ein Sprung zur Bücherbörse der Fachschaft – dort werden auch stets nur die neueste und die vorherige Auflage ausgelegt. Ist das gesuchte Buch nicht im Bestand vorhanden, können wenigstens mit den dort erhältlichen Hörerscheinen knapp 20 % auf die neuen Lehrbuchauflagen gewisser Verlage gespart werden.

TIPP
Auch auf Studydrive bieten einige Studierende ihre alten Bücher für einen guten Preis an – und nicht nur das, dort findet man auch viele nützliche Zusammenfassungen und Skripta!

3.5. Informationsquellen

→ Die Website der Fachschaft „Juristenblatt" ist zweifelsohne die „Go-to"-Website während der Prüfungsphasen. Dort sind alle wichtigen Informationen übersichtlich aufbereitet – von Prüfererfahrungen, Altfragen und Bücherguides bis hin zu (zumindest vor Ort einsehbaren) Prüferchecks.

→ Wer gerne wichtige Termine verbummelt, folgt der Fachschaft am besten auch direkt auf Instagram @fv_jus_ibk. Dort wird an die Anmeldefristen erinnert, und auch sonstige wichtige bzw wissenswerte Informationen rund um das Studium werden gepostet.

→ Die Einteilung der Prüfungskandidatinnen wird stets ca 14 Tage vor der jeweiligen Prüfungswoche auf den jeweiligen Institutsseiten sowie der allgemeinen Studienwebsite unter „Termine" veröffentlicht.

→ Alte Diplom- und Gesamtprüfungsfälle für Fach- und Diplomprüfungen aus dem Öffentlichen Recht können in der Institutsbibliothek bei Herrn Dr. *Gerhard Leo* (Innrain 52d, 6. Stock, Zimmer 40623) abgeholt werden. Dies gilt auch für die Gesetzessammlung „Ster". Vorsicht, Bargeld nicht vergessen!

→ Auch die Rechtswissenschaftliche Fakultät informiert Studierende auf ihrem Instagram-Account @rechtswissenschaften_uibk sowie via Newsletter über aktuelle Entwicklungen, studienbezogene Neuerungen und Events.

→ News, ein Lehrveranstaltungskalender, LFU:online, Mails, einen Campus-Wegweiser und das aktuelle Menü der Mensen – die App der Universität Innsbruck sammelt alles an einem Ort!

→ Für nicht-juristische News lohnt es sich, zu Beginn eines jeden Monats Ausschau nach der neuen Ausgabe des Stadtmagazins „6020" zu halten, die kostenfrei in der ganzen Stadt verteilt wird – oder direkt online darin zu stöbern.

Innsbrucker Tipps & Tricks

→ Mündliche Prüfungen sind öffentlich – zuschauen hilft ungemein! In der Regel sind die Prüfungen am Ende nicht so schlimm, wie oft gemunkelt wird. Sich selbst einen Eindruck zu verschaffen, bereitet vor und nimmt Angst. Eine vorherige Anmeldung ist in aller Regel nicht notwendig.

→ Ein wahrer Geheimtipp für die große Gesamt- bzw Diplomprüfung aus Bürgerlichem Recht ist der „Zelger-Kurs" – ein privater Klausurenkurs für Fortgeschrittene, in welchem man mittels alter Prüfungsfälle zu sämtlichen Themenkomplexen optimal vorbereitet wird. Aber Vorsicht: Der Kurs ist nichts für Zartbesaitete, Herr RA *Zelger* nimmt kein Blatt vor den Mund, die Lernkurve ist dafür sehr hoch. Für mehr Infos und die Kontaktdaten schreibt gern eine kurze E-Mail an innsbruck@paragraphinnen.at, denn es gibt keine offizielle Website!

Neue Stadt – was nun?

→ Radfahr-Liebhaberinnen aufgepasst: Der beste Weg, Innsbruck zu erkunden, ist definitiv mit dem „Radl" – so lässt sich nicht nur das wunderschöne Panorama genießen, sondern man kommt über die breit ausgebauten Radwege auch einfach schneller von A nach B, als dies mit dem Bus oder der Bahn der Fall wäre. Das Schöne daran: Man muss noch nicht einmal ein eigenes Rad besitzen. Die Innsbrucker Stadträder sind an wirklich jeder Ecke zu finden, und die ersten 30 Minuten für Studierende sind sogar kostenfrei.

→ Für alle Kultur- oder Sportenthusiastinnen muss natürlich auch das Freizeitticket erwähnt werden. Das Ticket ist eine „Jahres-Eintrittskarte" zu den meisten Skigebieten bzw Liften, Museen und Schwimmbädern in der Umgebung. Wer das Innsbruck- bzw Tirol-Feeling sowohl im Winter als auch im Sommer voll aufnehmen will, sollte über diese Investition definitiv nachdenken.

→ Ob im USI-Kurs (Universitäts-Sport-Institut Innsbruck) oder direkt als Mitglied in einem Sportverein: Beim gemeinsamen Sporteln ist es wirklich um einiges leichter, neue Leute kennenzulernen. Und es ist wirklich für jeden etwas dabei, von Yoga über Klettern bis hin zu Volleyball oder Schwimmen.

→ Für all jene, die gern wandern gehen, die Berge lieben und auch sonst gern draußen unterwegs sind, lohnt sich ein Blick in die Facebook-Gruppe „GIRLS OUTDOORS || Innsbruck und Umgebung". Auch das Profil @austrian.mountaingirls auf Instagram hat eine schöne Community für bergverliebte Mädels. Dort finden sich immer Gleichgesinnte für neue Adventures!

→ Und nicht zu vergessen – *Paragraphinnen*-Events! Dort haben sich schon wirklich schöne Freundschaften gebildet.

3.6. Bucket-List für die Studienzeit in Innsbruck

1. Eine neue Bergsportart ausprobieren – Skifahren, Touren, Klettern, Wandern, Trail Running, Mountainbiken oder (Nacht-)Rodeln
2. Eine Nacht auf dem Berg schlafen und mit einer heißen Tasse Kaffee den Sonnenaufgang genießen
3. Mit Freundinnen das Nordkette-Wetterleuchten erleben
4. Kaspressknödel auf der Umbrüggler Alm, Brunch auf der Bergiselschanze und Törggelen auf der Buzihütte
5. Sonnenuntergang am Salfeiner See
6. Kultursommer und Open-Air-Kino im Zeughaus
7. Ugly Skiing Day an der Axamer Lizum
8. Lake Hopping im Sommer
9. Einen Abend (oder eine Nacht) auf dem Bogenfest verbringen
10. Feierabend-Drink an der Innpromenade mit Freunden genießen

TIPP
Ganz nach dem Motto „Das Beste kommt zum Schluss": Für alle Foodies und Coffee-Lovers lohnt sich ein Blick auf die *Paragraphinnen-Map*: Einfach den QR-Code scannen und alle auf der Karte eingezeichneten Cafés, Restaurants und Bars quer durchprobieren – es ist sicher für jede was dabei!

4. Salzburg

Salzburg ist den meisten bekannt als die „Mozartstadt" oder „Festspielstadt", normalerweise jedoch nicht so sehr als Studentenstadt. Allerdings hat die Universität Salzburg, besonders die Rechts- und Wirtschaftswissenschaftliche Fakultät, sehr viel zu bieten.

Wenn man die Fakultät schon einmal gesehen hat, weiß man: Hier steckt Geschichte dahinter. Biegt man falsch ab, kann es einem schon einmal passieren, dass man im Museum landet, denn das Gebäude der Fakultät „Toskanatrakt" gehört zur Residenz Salzburg. In den vergangenen Jahrhunderten wurde es von Mitgliedern adliger Familien, Bischöfen und der Kaiserwitwe Karolina Augusta bewohnt.

Eine der Besonderheiten von Salzburg ist das Verhältnis von Studentinnen und Lehrenden. Da Salzburg eine etwas kleinere Universität ist, gibt es verhältnismäßig viele Lehrende. Das hat den Vorteil, dass beispielsweise während der Lehrveranstaltungen viel Austausch zwischen den Studentinnen und Lehrenden stattfindet oder dass man nach einer Vorlesung schnell mit den Lehrenden ins Gespräch kommt.

Damit man aber nicht nur die Geschichte der Fakultät, sondern auch das Studentenleben genießen kann, sind hier einige Tipps, Tricks und Besonderheiten mit Blick auf die Rechts- und Wirtschaftswissenschaftlichen Fakultät Salzburg.

4.1. Studienangobot

Die Rechts- und Wirtschaftswissenschaftliche Fakultät der Universität Salzburg bietet ein umfassendes Studienangebot. Im Diplomstudium Rechtswissenschaften erwirbt man fundiertes Wissen im Bereich des österreichischen und internationalen Rechts und legt eine solide Grundlage für eine erfolgreiche juristische Karriere. Parallel dazu bieten der Bachelor- und Masterstudiengang „Recht & Wirtschaft" eine interdisziplinäre Ausbildung, die juristische und wirtschaftliche Kompetenzen kombiniert.

4.2. Die besten Lernplätze

Bibliothek Toskanatrakt
Die Bibliothek in der Rechts- und Wirtschaftlichen Fakultät erstreckt sich über viele Stockwerke. Wenn man beim Lernen gerne seine Ruhe hat, sind die Untergeschosse sehr zu empfehlen, besonders im Sommer, da es hier schön kühl bleibt. Einer der besten Spots in der Bibliothek ist wohl im ersten Stock. Dort gibt es einen Raum voller juristischer Kommentare und einen Lernplatz mit direktem Blick auf die Altstadt Salzburg.

Bibliothek Unipark

Ein Stückchen weiter in der Altstadt befindet sich der Unipark der Universität Salzburg. Dort findet man eine große unterirdische Bibliothek. In dieser wird man zwar keine bzw nur wenige juristische Bücher finden, allerdings ist hier alles groß und offen angelegt. Es gibt viele Tische, und auf einer extra dafür ausgerichteten Stiege kann man auch mal gemütlich im Liegen etwas Lernen. Zudem kann man sich hier für gemeinsame Lernsessions einen Raum reservieren.

Cafés

Die Salzburger Altstadt ist voller schöner Cafés. Da sich die Rechts- und Wirtschaftswissenschaftliche Fakultät direkt im Zentrum befindet, besteht hier also eine große Auswahl! Besonders guten Kaffee und einen schönen Platz, um sich auch mal alleine mit dem Laptop hinzusetzen, bietet das Café 220 Grad, welches sich im Umkreis von ein paar hundert Metern befindet.

4.3. Salzburger Tipps

Studentenmittwoch

Salzburg ist eine teure Stadt, das kann man nicht bestreiten. Damit man sich als Studentin aber alles etwas besser leisten kann, gibt es in sehr vielen Lokalen und Kaffees den „Studentenmittwoch", an dem vieles reduziert ist (so kostet beispielsweise ein Cappuccino vielerorts 2 € weniger). Auch die Partyszene ist an Mittwochen meist extra auf Studentinnen ausgelegt.

Kostenloser Kaffee

Zwischen dem Lernen und den Vorlesungen können sich Studentinnen während der Öffnungszeiten im Büro der Studierendenvertretung an der Uni kostenlosen Kaffee holen.

USI-Kurse/USI-Gym

Wer gerne Sport macht, ist richtig beim USI Salzburg. Hier gibt es für alle etwas, vom Tenniskurs über die Pilates-Klasse bis hin zum gemeinsamen Skifahren. Auch ein eigenes Fitnessstudio zu einem günstigen Studentenpreis ist vorhanden.

Spritzerstände
Möchte man gerne neue Leute kennenlernen oder gemeinsam mit seinen Kommilitoninnen feiern, ist man bei den Festen der Studierendenvertretungen richtig. Hier gibt es direkt an der Rechts- und Wirtschaftswissenschaftlichen Fakultät Spritzerstände, ein Oktoberfest und vieles mehr. Aber auch bei den Studierendenvertretungen der anderen Fakultäten lohnt es sich, einmal vorbeizuschauen (zb zum Pub Hopping).

Studienergänzungen
Die Universität Salzburg bietet auch viele Studienergänzungen, die gut während des laufenden Jus-Studiums zu absolvieren sind. Sprachkurse und Rhetorik eignen sich als Ergänzung zum Jus-Studium besonders gut!

Gretchen-App
Die kulturelle Welt Salzburgs bietet Studentinnen auch etwas: die Gretchen-App. Hier findet man unter anderem Karten von klassischen Konzerten im Großen Festspielhaus oder auch von Aufführungen im Mozarteum. Das Besondere: Für Studentinnen gibt es (fast) immer große Rabatte. Eine Karte kostet hier oft beispielsweise 13 € statt 150 €.

4.4. Bucket-List für die Studienzeit in Salzburg

1. Shoppingtrip zwischen den Vorlesungen in der Getreidegasse
2. Ruperti Kirtag
3. *Paragraphinnen*-Event in Salzburg besuchen
4. Brauereiführung in der Stiegel Brauwelt
5. Mit einem Eis die Salzach entlang spazieren
6. Kaffeehauskultur genießen
7. Salzburger Festspiele („Jedermann") besuchen
8. Open-Air-Konzerte und Kinos im Sommer genießen
9. Eislaufen im Volksgarten
10. Sternhimmel am Gaisberg bewundern

5. Wien

Mit rund 193.924 Studierenden ist Wien die größte Studentenstadt in Österreich. Egal, ob man Rechtswissenschaften am Juridicum, Wirtschaftsrecht an der WU oder an der SFU studiert: Wien bietet viele Möglichkeiten.

5.1. Universität Wien (Juridicum)

Die rechtswissenschaftliche Fakultät der Universität Wien, kurz das Juridicum, kann wohl zu Wiens bemerkenswertesten Bauwerken gezählt werden – ein Gebäude mit einer Fassade vollkommen aus Glas, dessen Innenleben kein Tageslicht kennt. Doch dies tut nichts zur Sache, denn die tägliche Dosis Vitamin D können sich die Studentinnen durch den berühmt-berüchtigten orangen Boden holen. Viele Mythen ranken sich um das Gebäude, welches 1984 fertiggestellt wurde. So kann man ein Orakel konsultieren (mehr dazu weiter unten) oder, wie manche munkeln, eine Runde schwimmen gehen im Dachterrassenpool.

Studienangebot
Heutzutage bietet die Fakultät Studierenden die Studiengänge Diplomstudium Rechtswissenschaften, Bachelor- und Masterstudiengang International Law, Doktorat Rechtswissenschaften sowie etliche Masterstudiengänge und postgraduale Ausbildungen an.

Neben den architektonischen Besonderheiten des Juridicum Wiens, einer der ältesten rechtswissenschaftlichen Fakultäten der Welt, gibt es noch etliche Tipps und Tricks, wie man sich in der Hauptstadt am besten zurechtfindet:

Die besten Lernplätze

Bibliothek Juridicum
Die Bibliothek des Juridicums, welche sich über vier Stockwerke erstreckt, ist einer der wenigen Orte, an dem man zwischen Kodex und Textmarker tatsächlich ein paar Sonnenstrahlen erhaschen kann. Für die Nachteulen empfiehlt sich die Bibliothek im 6. Stock, welche bis 22:00 geöffnet hat.

Die Lesesäle im 1. Stock
Wenn die Bibliothek für Nachteulen gedacht ist, so sind die Lesesäle für die Early Birds und „Samstag-Lerner" wie gemacht. Im 1. Stock (ebenso mit

Licht) auf beiden Seiten des Stockwerks findet man unzählige Lernplätze. Die Nähe zur Mensa oder dem Gratis-Kaffee im Büro der Fakultätsvertretung sind ein definitiver Bonus.

Hauptbibliothek der Uni Wien
Wer hat noch nie davon geträumt, gemeinsam mit *Harry*, *Ron* und *Hermine* Hogwarts zu besuchen? Im alten Lesesaal der Universität Wien wird dieser Traum Wirklichkeit. Damit die Paragraphenhexerei losgehen kann, muss man nur am Vortag über das Online-Buchungstool einen Platz reservieren.

Parlamentsbibliothek Wien
Dort lernen, wo Gesetze beschlossen und Geschichte geschrieben wird? Das ist möglich in der hauseigenen Bibliothek des österreichischen Parlaments. Wenn man es durch den Sicherheitscheck geschafft hat (keine Sorge, es dauert nicht so lange wie am Flughafen), steht einem produktiven Lerntag nichts mehr entgegen. Das Beste: In der Bibliothek gibt es immer die aktuellsten Kodizes zur Handentlehnung.

MAK-Lesesaal
Als Abwechslung zu den klassischen Lernplätzen kann man auch wunderbar im Museum der angewandten Kunst lernen. Die Lernplätze sind besonders geeignet für Liebhaberinnen des ästhetischen Minimalismus, die einen ruhigen Arbeitsplatz suchen.

Nationalbibliothek
Die Nationalbibliothek am Heldenplatz im Herzen der Hofburg bietet wohl die großzügigsten Lernplätze mit den bequemsten Sesseln. Der Zugang ist allerdings nur mit Tagespass oder Jahreskarte möglich.

Juridicum-Tipps

„Orakel"
Jeder kennt es: endlos lange Literaturlisten für Prüfungen. Wer wissen möchte, welche Bücher man tatsächlich braucht, und nebenbei noch einige andere nützliche Tipps bekommen möchte, der ist beim „Facultas" im Juridicum und dem fachkundigen Personal bestens aufgehoben.

Bücherflohmarkt
Direkt bei den Lesesälen des Juridicums befindet sich ein Bücherflohmarkt, bei dem man Kodizes und nützliche Literatur schon um 1–2 € erwerben kann. Oft reicht die Ausgabe aus dem Vorjahr komplett aus, und man muss

nicht immer das neueste Format kaufen – hierfür ist die Bücherbörse ein echter lifesaver.

Kostenloser Kaffee
Zwischen dem Lernen und den Vorlesungen können sich Studentinnen während der Öffnungszeiten im Büro der Studierendenvertretung an der Uni kostenlosen Kaffee holen. Außerdem gibt es eine Mikrowelle, mit der man sich mitgebrachtes Essen aufwärmen kann, und jede Menge Textmarker und Post-its.

Spritzerstände
Wer zwischen den Vorlesungen und Prüfungen neue Leute kennenlernen und ein bisschen feiern möchte, der ist bei den regelmäßigen Spritzer-, Punsch- oder Cocktailständen der Fakultätsvertretung, welche meistens am Ende der Prüfungswochen besucht werden können, bestens aufgehoben.

Cafés
Wien ist bekannt für seine Kaffeehauskultur und seine zahlreichen Cafés. In der Nähe des Juridicums sind das Café Diglas, das Café Stein, das Jonas Reindl oder das Café Votiv auf jeden Fall einen Besuch wert. Wer lieber einen Kaffee zum Mitnehmen möchte, wird an der Kaffeeküche nicht vorbeikommen. Weitere Institutionen in Juridicum-Nähe sind das Monte Ofelio (die Pistazien-Croissants sind sehr empfehlenswert) oder das Cin-Cin nach einem langen Lerntag.

Jussuccess-Karrieremesse
Die Jussucess ist die größte Karrieremesse am Juridicum. Sie findet einmal im Jahr (meistens im Herbst) statt und sollte jedenfalls auf dem Terminkalender stehen. Dort lernt man nicht nur die spannendsten Arbeitgeberinnen kennen, sondern kann auch an informativen Veranstaltungen teilnehmen.

5.2. Wirtschaftsuniversität Wien (WU Wien)

Das rechtswissenschaftliche Studium an der WU ist Wirtschaftsrecht. Oft wird es aber als JUS+ (JUSPLUS) bezeichnet, denn schließlich ist es auch genau das: Jus plus Wirtschaft. An der WU ist Wirtschaftsrecht in ein Bachelorstudium (LL.B.) und ein Masterstudium (LL.M.) unterteilt. Hat man beide absolviert, erhält man Zugang zu allen juristischen Kernberufen.

Außerdem bietet das Studium, wie der Name schon verspricht, eine wirtschaftliche Zusatzausbildung – nicht umsonst ist die WU die größte Wirtschaftsuniversität im deutschen Sprachraum. Zusätzlich bietet die WU auch das Doktoratsstudium Wirtschaftsrecht an. Neben Wirtschaftsrecht kann man an der WU im rechtswissenschaftlichen Bereich zudem einen Master in Steuern und Rechnungslegung (MSc) erwerben. Die WU Executive Academy bietet Berufserfahrenen einen LL.M. Recht für Führungskräfte, einen LL.M. International Tax Law sowie zahlreiche Weiterbildungsmöglichkeiten an. Genauere Informationen über alle Studiengänge können online auf der Webseite der WU gefunden werden.

All about WU
Allein der von Stararchitekten entworfene Campus im 2. Bezirk wäre eigentlich Grund genug, sich für ein Studium an der WU zu entscheiden. Jedes Gebäude wurde von einem anderen Architekten oder einer Architektin entworfen, weshalb das Spazieren über den Campus nie langweilig wird. Das Hauptgebäude (Library & Learning Center, LC) wurde sogar von der berühmten Architektin Zaha Hadid erdacht! Bei der Errichtung des Campus wurde außerdem großer Wert auf Nachhaltigkeit gelegt, seit 2019 ist er der erste klimaneutrale Universitätscampus in Österreich.

FUN FACT
Interessierte können beim Urban Garden an der WU in eigenen Beeten „garteln". Neben den gewöhnlichen Besuchern des Campus haben auch Bienen dort ihr zu Hause, ihr Honig kann im WU-Shop gekauft werden.

Lernplätze
Die WU punktet mit einer großen Zahl an Lernplätzen (rund 3.000), die über den ganzen Campus verteilt sind.

→ Klassisch ist das **Library & Learning Center (LC)**, wo in der großen Bibliothek in sechs Stockwerken die meisten Plätze zur Verfügung stehen. Neben ruhigen Lernzonen gibt es auch Kommunikationsbereiche, die sich gut für Gruppenarbeiten eignen. Für alle, die es ganz still haben wollen, gibt es in den oberen Etagen Räume für besonders ruhiges und konzentriertes Lernen. Highlight ist die wunderschöne Aussicht über den Prater aus den obersten Stöcken!

→ Im **Teaching Center (TC)** findet man über dem Audimax einen großen offenen Lernbereich, der ideal für Gruppenarbeiten und Austausch ist, da man sich dort unterhalten darf. Auch in allen anderen Stockwerken im TC stehen Plätze zur Verfügung.

→ Gerade für Wirtschaftsrechts-Studierende ist zudem die **Rechtsbibliothek im D3** interessant, wo man umgeben von juristischer Fachliteratur büffeln kann. Auch abseits der Bibliothek stehen im D3 zahlreiche Lernplätze bereit.

→ Ein Tipp für intensives Lernen vor den Prüfungsphasen sind außerdem die **PC-Räume (LC)**: Sie haben 24 Stunden geöffnet und bieten sich daher optimal für die ein oder andere Nachtschicht an.

→ Für konzentriertes Arbeiten oder Gruppenarbeiten besteht darüber hinaus die Möglichkeit, über das interne Tool **„Rooms"** Projekträume zu buchen. Alle, die zwischendurch ins Grüne wollen, können die Lernsession selbstverständlich jederzeit in den Prater direkt neben dem Campus verlegen.

Bücherbörse

Alle Bücher für das Studium zu kaufen, kann recht schnell recht teuer werden. Deswegen bietet die WU-Bücherbörse der ÖH die perfekte Möglichkeit, gebrauchte Bücher und Skripten zu kaufen. Bücher, die nicht mehr benötigt werden, können dort genauso verkauft werden. Es lohnt sich auch, sich im Freundeskreis und bei anderen Studierenden umzuhören, oftmals ergibt sich die Gelegenheit, gebrauchte Bücher zu guten Preisen zu kaufen. Außerdem besteht die Möglichkeit, Lehrbücher in der Bibliothek auszuborgen. Hier ist es wichtig, schnell zu sein, der Bestand ist begrenzt!

Informationsquellen

→ Eine detaillierte Übersicht über alle Deadlines ist auf der **Webseite der WU** (unter „Termine und Fristen") verfügbar. Dort sind alle wichtigen Informationen zu finden: von den Prüfungswochen über Anmeldefristen bis hin zu Ferienzeiten und Rückmeldefristen. So bleibt der Überblick über alle relevanten Termine stets gewahrt.

→ Der offizielle **Instagramkanal @juspluswu** bietet die neuesten Infos zum Studium, Einblicke in spannende Veranstaltungen, persönliche Erfahrungsberichte ehemaliger Studierender und Kommentare von WU-Professorinnen und -Professoren zu aktuellen juristischen Themen.

→ Der **LV-Planer** der ÖH ist der perfekte Begleiter für die Semesterplanung. Mit ihm werden die Lehrveranstaltungen ganz einfach organisiert, und man kann sicherstellen, dass später keine Überschneidungen entstehen.

Insider Tipps & Tricks

→ Die Fachprüfungen an der WU sind mündliche Prüfungen. Daher kann es sich lohnen, einmal vor der eigenen Prüfung als Zuhörerin dabei gewesen zu sein. So lässt sich nicht nur besser einschätzen, was erwartet wird, und die Vorbereitung kann gezielter erfolgen, sondern es zeigt sich auch, dass es tatsächlich gar nicht so schlimm ist.

→ Anmeldungen für Kurse und Prüfungen erfolgen über das Online-Portal der WU, LPIS. Wichtig dabei: An der WU gilt das sogenannte „First-come-first-serve"-Prinzip – die Schnellsten erhalten einen Kursplatz. Es empfiehlt sich daher, einen ruhigen Ort zu suchen, auf eine stabile Internetverbindung zu achten und zusätzlich eine Atomuhr zu öffnen, um die Seite rechtzeitig zu aktualisieren und den Anmeldebutton zum optimalen Zeitpunkt zu klicken. Viel Erfolg bei der Anmeldung!

→ Die Sommer- und Winteruni, offiziell als Studienbeschleunigungsprogramm bezeichnet, ermöglichen es, auch in der vorlesungsfreien Zeit Lehrveranstaltungen zu absolvieren. So können Verzögerungen im Studium vermieden werden, und der Druck während der regulären Semester kann reduziert werden. Aber Achtung: Die Plätze sind begrenzt und sehr begehrt!

→ „Moot Courts" bieten die Gelegenheit, bereits während des Studiums Fälle aus der Praxis zu verhandeln und dabei das eigene Verhandlungsgeschick sowie rhetorische Fähigkeiten unter Beweis zu stellen. Sie werden in zahlreichen Rechtsbereichen angeboten, von Zivilrecht, Steuerrecht und Umweltrecht bis hin zu Menschenrechten und Arbitration. Hier ist für jede etwas Passendes dabei!

→ Der Wirtschaftsrecht-Stammtisch findet jedes Semester statt und richtet sich an alle Wirtschaftsrechtstudierenden. Hier besteht die Gelegenheit, sich mit Professorinnen und Professoren sowie der ÖH WU auszutauschen und sich zu vernetzen. Ein idealer Rahmen, um Fragen zu klären, wertvolle Einblicke zu gewinnen und das eigene Netzwerk auszubauen.

Bucket-List für die Studienzeit in Wien
1. Sich mindestens einmal am Campus verlaufen
2. *Paragraphinnen*-Event in Wien besuchen

3. An einer Karrieremesse teilnehmen
4. Das Orakel im Facultas-Shop besuchen
5. Die Prüfung bei einem Spritzerstand feiern
6. Das Kultur-Angebot in Wien wahrnehmen
7. Einen Ball besuchen
8. Eislaufen am Rathausplatz in der Winterzeit
9. Lernpause im Volksgarten oder Burggarten
10. Weinwanderung mit Freundinnen am Kahlenberg

KARRIEREMÖGLICHKEITEN BEI AUSGEWÄHLTEN *PARAGRAPHINNEN-PARTNERINNEN*

  CZERNICH
RECHTSANWÄLTE

Wir bewegen Wirtschaft.

Viele Wege führen zu uns - sei es als Anwärter:in, Assistent:in oder Praktikant:in - unser Team befindet sich in stetigem Wachstum und sucht ständig Verstärkung.

Wage den ersten Schritt und schicke deine Bewerbung an: karriere@chg.at

**Im Team sind wir stark.
Mit dir wären wir noch stärker.**

www.chg.at/karriere

Freshfields Bruckhaus Deringer

Freshfields Unplugged
Das Praktikum

challenge **today**
**excellent
and not too
serious.**

Jetzt bewerben!

austria.freshfieldscareers.com → Apply now

Enthusiastisch, ehrgeizig, humorvoll – wenn das nach dir klingt, bist du bei FSM genau richtig! Du möchtest erste praktische Erfahrungen sammeln und Einblicke in den Alltag einer Rechtsanwaltskanzlei gewinnen? Du brennst darauf die Welt des Rechts zu erobern und dein juristisches Talent in einem jungen, kreativen Team auszubauen?

Wir bieten laufend die Möglichkeit der studentischen und juristischen Mitarbeit (geringfügige Anstellung) sowie Praktikumsplätze (Februar und Sommermonate, Vollzeit) an.

Schau gerne auf unserer Homepage oder unseren Social Media Kanälen vorbei, bei vakanten Stellen freuen wir uns auf deine Bewerbung per E-Mail an bewerbung@fsm.law.

fellner wratzfeld partner

Wir schreiben TEAMWORK groß!
That's law.

Mit fwp den nächsten Karrieresprung machen: Anspruchsvolle Mandate, Top-Weiterbildung und die Chance, Verantwortung zu übernehmen – perfekt für deinen nächsten Schritt!

Starte jetzt durch: Scanne den QR-Code für unsere offenen Stellen!

Fellner Wratzfeld & Partner Rechtsanwälte GmbH
A-1010 Wien, Schottenring 12 | office@fwp.at | +43 1 537 70-0

#joinGPK Karrierestart mit GPK?

Die GPK-Rechtsanwältinnen:
Silvia Moser, Alexandra Eder, Melanie Gassler-Tischlinger, Andrea Pegger, Laura Neururer-Blum, Barbara Egger-Russe

GPK Pegger Kofler & Partner Rechtsanwälte GmbH & Co KG
Maria-Theresien-Straße 24 | A-6020 Innsbruck | Tel. +43 512 571811 | www.lawfirm.at

Karrieremöglichkeiten bei ausgewählten Paragraphinnen–Partnerinnen

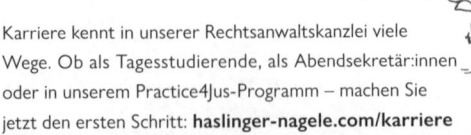

→ kwr.at

A COMMUNITY THAT SUPPORTS YOUR CAREER!

KARASEK WIETRZYK
RECHTSANWÄLTE

Lorenz & Strobl
Rechtsanwälte GmbH

Wir schauen auf Ihr Recht.

Lorenz & Strobl
Rechtsanwälte GmbH
Adamgasse 11
A-6020 Innsbruck

T. +43 (0)512 585323
F. +43 (0)512 58532313
office@lorenz-strobl.at
www.lorenz-strobl.at

Karrieremöglichkeiten bei ausgewählten Paragraphinnen–Partnerinnen

We are looking for you: Rechtsanwaltsanwärterin

Wir sind eine Wirtschaftskanzlei in Linz und im Salzkammergut und betreuen in- und ausländische Unternehmen. Unser Focus liegt in den Bereichen des Unternehmens- und Gesellschaftsrechts, Restrukturierung, M&A, Immobilienrecht, Familien- und Eherecht, Finanzstrafrecht sowie Verfahrensrecht.

Wenn Sie motiviert sind, unser Team weiter zu verstärken, freuen wir uns auf Ihre Bewerbung. **Lebenslauf samt Foto an waitz@whr.at**

ÜBERSICHT ÜBER AUSGEWÄHLTE *PARAGRAPHINNEN-*PARTNERINNEN IN ÖSTERREICH

BEURLE
RECHTSANWÄLTE GMBH & CO KG

CH∧BERTON PARTNERS
HUMAN EXPLORERS

DORDA

E∧
+H

GPK | Rechtsanwälte

HASLINGER NAGELE

HERBST KINSKY

KARASEK WIETRZYK
RECHTSANWÄLTE

SCHIEFER
VERGABE · RECHT · ANWÄLTE

schönherr

WAITZ · HASELBRUNER
RECHTSANWÄLTE